drava Diskurs

Gedruckt mit Unterstützung
des Bundesministeriums für Wissenschaft und Forschung in Wien
sowie des Forschungsrats der Alpen-Adria-Universität Klagenfurt

Drava

KLAGENFURT/CELOVEC – WIEN/DUNAJ
9020 Klagenfurt/Celovec · Tarviser Straße 16
office@drava.at · www.drava.at

ISBN 978-3-85435-593-9

Alice Pechriggl | Kirstin Mertlitsch
Utta Isop | Brigitte Hipfl

Herausgeberinnen

Über Geschlechterdemokratie hinaus

Beyond Gender Democracy

Drava Verlag Klagenfurt/Celovec

Inhalt

Vorwort der Herausgeberinnen

Die vorliegende Publikation geht auf eine Arbeitstagung zurück, die im Dezember 2007 unter dem Titel »Die Zukunft der Geschlechterdemokratie« an der Universität Klagenfurt stattfand.

Die Tagung versuchte aus feministischer, politikphilosophischer, rechts-, sozial- und kulturwissenschaftlicher Sicht zweierlei Fragen auf den Grund zu gehen:

1. In welchem Spannungsverhältnis stehen repräsentationspolitische bzw. partizipativ-demokratische Elemente zur Ausgrenzung bzw. Teilhabe von Frauen an der Machtausübung?
2. Welche Implikationen haben die Veränderungen in der Normsetzung bezüglich gleich- bzw. verschiedengeschlechtlicher PartnerInnenschaften für die demokratische Verfasstheit der Gesellschaften insbesondere der EU-Länder – und umgekehrt: Welche Demokratisierungseffekte haben mit zu diesen Normsetzungsprozessen geführt?

Die nun in diesem Band versammelten Aufsätze decken das disziplinäre Spektrum der Tagung weitgehend ab und wurden um zwei Aufsätze erweitert: einen aus philosophisch-politiktheoretischer Perspektive von Alice Pechriggl und den empirischer ausgerichteten von Kirstin Mertlitsch mit einem Fokus auf Frauenförderung. Die Beiträge der beiden eingeladenen JuristInnen kamen für die vorliegende Publikation leider nicht zustande, was die politologischen bzw. rechtsphilosophischen Beiträge von Klapeer und Mesquita durchaus zu kompensieren vermögen.

Nun lassen sich die beiden zur Diskussion gestellten Fragen nicht in einer einzigen Frage miteinander verknüpfen, zu unterschiedlich sind ihre Gegenstände, auch wenn es immer wieder Verweise auf die je andere Fragestellung gibt.

Was allerdings eine teilweise Verknüpfung ermöglichte, war der etwas vage Terminus »Geschlechterdemokratie«, dessen Bedeutung eher in pragmatischer als in begrifflich-systematischer Hinsicht Sinn macht. So versuchen die Beiträge diese nützliche aber zugleich verwirrende Vagheit im Sinne einer präziseren Auseinandersetzung mit dem Spannungsverhältnis zwischen Demokratie und Geschlechterverhältnissen zu überschreiten. Das geschieht sowohl auf begrifflich-theoretischer also auch auf empirisch-sozialwissenschaftlicher Ebene. Eine Zugangsweise, die mehr utopische, also noch nirgends verwirklichte Perspektiven einbezieht, verweist auf die Möglichkeiten, die aktuellen Beschränkungen sowohl von Demokratie als auch von Geschlechtergleichheit und -gerechtigkeit zu benennen und gegebenenfalls zu überwinden. Beides, die Perspektive auf begriffliche wie auch politische Überschreitung, veranlassten uns, den Titel im doppelten Sinne von *Beyond Gender Democracy* abzuändern, also im Sinne von »Über Geschlechterdemokratie« und von »Über Geschlechterdemokratie hinaus«.

Die Gliederung der Beiträge folgt nun, analog zur Tagung, den beiden Leitfadenfragen.

Der Frage nach dem Zusammenhang zwischen Repräsentativität (in) der Demokratie und tendenziellem Ausschluss von Frauen aus den Sphären der expliziten Machtausübung gehen die vorwiegend demokratietheoretischen Beiträge von Alice Pechriggl und Utta Isop nach.

Der Artikel »Demokratie versus Heteronomie: zu einer systematischeren Verknüpfung von Gleichheit, Freiheit und Gerechtigkeit« von Alice Pechriggl geht den Erfahrungen politischen Handelns begrifflich umfassend aber dennoch nuancenreich auf den Grund. Dabei geht Pechriggl von der Frage aus, wie sich Parteienherrschaft in repräsentativen Demokratien sowohl antidemokratisch als auch strukturell Frauen ausschließend auswirkt. Vor dem Hintergrund einer Skizzierung der Arten und Weisen, wie sich unbewusste Strukturen des Geschlechterimaginären und deren »Instituierung« sowie »Verkörperung« auf der explizit politischen Ebene auswirken, behandelt der Aufsatz die Frage, warum Freiheit immer noch vordergründig als Freiheit der Einzelnen verstanden wird und kaum als politische Freiheit (bzw. kollektive Autonomie). Dieser Begriff wird nicht nur durch die im Untertitel benannte Verknüpfung weiter zu konkretisieren versucht, sondern auch in Hinblick auf die Verwirklichung egalitärer Geschlechterverhältnisse.

In ihrem Beitrag »Geschlechterbasisdemokratie. Fünf Forderungen queerer Politik?« verknüpft Utta Isop die Kritik an verschiedenen Gebräuchen von »Geschlechterdemokratie« mit anarchafeministischen Ansätzen, welche die elitären bzw. oligarchischen Implikationen herkömmlicher Gleichstellungsmaßnahmen in Frage stellen. Demgegenüber bringt sie queere und basisdemokratische Ansätze ins Spiel, welche die demokratietheoretischen Widersprüche wie auch die elitenbildenden Implikationen von »Geschlechterdemokratie« auflösen bzw. umgehen könnten. Der Text stellt dazu verschiedene Ansätze und politische Handlungsstrategien vor und diskutiert sie in Hinblick auf eine Stärkung der demokratischen und herrschaftskritischen Elemente feministischer bzw. egalitärer Politik.

Ebenfalls in diesem Feld angesiedelt, aber stärker die ökonomischen Verhältnisse einbeziehend, ist der Text von Frederike Habermann: In »Queeremos! – Emanzipatorische Politik jenseits repräsentativer Demokratie« ist es ihr ein Anliegen, aufzuzeigen, dass die punktuelle Integration von einzelnen Frauen in eine mit dem Ideal des »Homo Oeconomicus« eng verknüpfte repräsentative Demokratie den systematischen Ausschluss einer Mehrheit von Frauen weltweit nur sehr unzureichend ändert. Emanzipatorische Politik sollte, deshalb nicht nur in erster Linie danach streben, die eigene Interessensgruppe durch Strategien des Lobbyings innerhalb repräsentativer Demokratie durchzusetzen, sondern vor allem danach, die eigenen Privilegien zu erkennen, zu kritisieren und zu verlernen. Die eigene Identität zu queeren bedeutet, Interessenspolitik bis zu einem gewissen Grad und ohne Naivität zu verlassen, um in einer Bewegung utopischen Suchens neue gesellschaftliche Verfahren mit weniger Ausschlüssen sowie geringerer Hierarchie- und Gewaltförmigkeit zu ermöglichen.

Einem spezifischeren Bereich, nämlich jenem der Frauenförderung an den Universitäten, widmet sich der Beitrag von Kirstin Mertlitsch »›... das Gebot der Stunde!‹. Gleichstellungspolitiken und Frauenförderungen an österreichischen Universitäten«. Mertlitsch weist auf die problematischen Seiten von Frauenförderung im Sinne einer Symptombekämpfung hin, bei der die Benachteiligung von Frauen als ein »Frauenproblem«, und nicht als ein gesellschaftliches Problem, dem nur mit einer Veränderung der Strukturen der Geschlechterverhältnisse beizukommen ist, gesehen wird. Die Autorin führt am Beispiel eines aktuellen Frauenförderprogrammes des österreichischen Bundesministeriums zur Erhöhung des Universitätsprofessorinnenanteils vor, wie dieses aufgrund der ökonomischen Ausrichtung seiner emanzipatorischen Ansprüche verlustig geht.

Der zweiten Frage nach dem Verhältnis zwischen demokratischen Normsetzungsprozessen und Veränderungen im Ehe- und Partnerschaftsrecht widmen sich die Beiträge von Christine M. Klapeer und Sushila Mesquita.

Christine M. Klapeer untersucht in dem Aufsatz »Mit der ›Homo-Ehe‹ in Richtung einer sexuellen Demokratie? Demokratietheoretische Überlegungen zur Bedeutung aktueller veränderter partnerschaftlicher Normsetzungen», inwieweit Veränderungen von diesbezüglichen Normsetzungen, d. h. die Ausweitung von Heirats- und Partnerschaftsrechten auf lesbische und schwule Beziehungen, einen Indikator für Demokratisierung darstellt. Diese Frage kann nicht eindeutig beantwortet werden. Die unterschiedlichen demokratischen Konzepte (rechtsdiskursiv-liberal, pluralistisch-kulturalistisch, partizipatorisch-deliberativ etc.), die Klapeer hier vorstellt, beurteilen – je nach Perspektive – Demokratieprozesse in Hinblick auf die Institutionalisierung schwuler und lesbischer PartnerInnenschaft verschieden.

Sushila Mesquita analysiert in ihrem Artikel »Alte Normen – neue Normsetzungen? Betrachtungen zum Schweizer Partnerschaftsgesetz« den betreffenden Normsetzungsprozess lokaler und arbeitet darin die Ambivalenzen der Ausweitung des politischen Rechts für gleichgeschlechtliche Paare heraus: Zum einen bedeutet die eingetragene Partner_innenschaft für Lesben und Schwule einen politischen Erfolg, weil dadurch eine rechtliche Anerkennung geschaffen wird, was ein mehr an Freiheit bedeutet. Zum anderen werden dadurch neue Regeln und Normen geschaffen, die wiederum einschränkend wirken. Mesquita verdeutlicht diese neuen Einschränkungen u. a. am Beispiel der »Verweigerung des Rechts auf Adoption für eingetragene Partner_innen«.

Diesseits und zugleich jenseits der Geschlechterdemokratie, ja von demokratisch verhandelbaren Angelegenheiten, siedelt sich jenes Feld an, das Thema des Beitrags von Jacob Guggenheimer ist. Mit »Du bist Deutschland – Psychohistorische Überlegungen zu den Zusammenhängen von Großgruppenphantasien, Körper und Geschlecht am Beispiel zweier Werbekampagnen« legt er eine spekulative aber durchaus plausibel argumentierende Auseinandersetzung mit dem Symbolischen bzw. dem Geschlechterimaginären vor. Der struktural- und psychoanalytischen Untersuchung der nationalistischen Werbekampagne zur Fussball-WM 2006 in Deutschland folgt eine Verknüpfung mit den kollektiv-psychischen Aspekten totalitärer Hysterisierung der Menge und der Rolle, welche der weibliche Körper bzw. Gestalten des Weiblichen darin spielen.

›Jenseits der Geschlechterdemokratie‹: Utopien, welche über die repräsentative Demokratie hinausreichen, und die damit verbundenen begrifflichen Überschreitungen sind auch das Thema des abschließenden Beitrags, einer ins Deutsche übersetzten Transkription des von Oliver Ressler geführten Video-Interviews mit Marge Piercy über »Utopistische feministische Visionen«. Piercy verweist auf das Potenzial fiktiver Literatur, alternative Gesellschaftsentwürfe zu entwickeln und damit die Vorstellungskraft als Ausgangspunkt für gesellschaftliche Veränderungen zu aktivieren. In ihren eigenen Büchern entwickelt sie Alternativen zu einer »sexistischen, rassistischen und von Wettbewerb geprägten, imperialistischen Gesellschaft«, in denen Verantwortung gemeinschaftlich geteilt wird und Bildungs- und Entwicklungsprozessen eine zentrale Rolle zukommt.

Dieses Buch entstand inmitten eines surreal anmutenden, aber umso deprimierender sich auswirkenden Verfalls der geschlechter- und demokratiepolitischen Kultur in Kärnten[1], aber auch darüber hinaus, insbesondere in Italien. Wir hoffen, damit weitere Diskussionen anzuregen und einen politiktheoretischen Beitrag zu leisten, damit diesem durchaus auch gezielt betriebenen Verfall zumindest Einhalt geboten werde.

1 Der vom 2009 neu gewählten Landtag gekürte Landeshauptmann Kärntens, Herr Dörfler, verkündete im März, dass Frauen nicht für die Politik geschaffen seien, weil sie dafür nicht hinreichend belastbar wären. Dementsprechend besteht die Kärntner Landesregierung wieder aus *men only.*

Alice Pechriggl

Demokratie versus Heteronomie Zu einer systematischeren Verknüpfung von Gleichheit, Freiheit und Gerechtigkeit[1]

Einleitung

Im Folgenden werde ich das Projekt egalitärer Geschlechterverhältnisse mit jenem einer verwirklichteren Demokratie zu verknüpfen suchen, ohne jedoch den Anspruch zu erheben, dem Terminus »Geschlechterdemokratie« mehr Sinn zu verleihen, als er in seiner begrifflichen Inkonsequenz herzugeben vermag. Diese Inkonsequenz besteht in erster Linie darin, dass »Demokratie« die Bezeichnung für ein politisches Regime, eine Verfassung, eine Herrschaftsform ist, die weit über die Geschlechterfrage hinausgeht, und dass umgekehrt die Geschlechterherrschaftsverhältnisse sich nicht auf das Feld der expliziten Politik im Sinne der Normsetzung, der Verfassung bzw. des Regimes oder der Herrschaftsform und der dazugehörigen Institutionen beschränken lassen. Dennoch erscheint es mir sinnvoll, die beiden semantischen Felder über den bloß pragmatischen, zuweilen sogar leeren Gebrauch von »Geschlechterdemokratie« hinaus miteinander zu verknüpfen, um beide Bedeutungsfelder, das der Geschlechtergleichheit (im Sinne egalitärer Geschlechterverhältnisse) und das der Demokratie, sowohl theoretisch als auch politisch zu vertiefen bzw. zu radikalisieren.[2]

---

1 Eigene Übersetzung des gekürzten und stark überarbeiteten Schlusskapitels von *Du corps à l'imaginaire civique. Corps transfigurés* Band I, l'Harmattan, Paris 2000.

2 Ich danke Eva Blimlinger, Elisabeth Holzleithner, Ela Hornung und Hanna Hacker für ihre anregenden Kommentare zu ihrer – durchwegs skeptischen – Verwendung des Terminus »Geschlechterdemokratie«, die sich zwischen Basisdemokratie, repräsentativer Demokratie, Gender Mainstreaming und Diversity Managment ansiedelt. Wie Eva Blimlinger diese Skepsis treffend zuspitzt, »kann der Begriff Geschlechterdemokratie nicht wirklich Sinn machen, denn es würde aus meiner Sicht bedeuten, dass dem Begriff Demokratie nicht grundgelegt ist, »Geschlechter« auch zu umfassen, dem Diversity-Ansatz folgend müsste es dann auch eine Race-Demokratie geben, vielleicht eine Generationendemokratie, oder eine Disability-Demokratie oder – spiele ich das in diesem Ansatz weiter – eine Religionen-Demokratie, also all das, was Diversity-(Management) berücksichtigt.«

Wahlrecht, Namensrecht, Sexualstrafrecht, Ehe- und Partnerschaftsrecht haben in den vergangenen Jahrzehnten einschneidende Veränderungen erfahren aber ihrerseits auch nach sich gezogen und damit den traditionell »patriarchal-androkratischen«[3] *contrat sexuel* (Monique Wittig, Geschlechtervertrag) zumindest *de jure* revolutioniert. Dennoch: Schon was das Wahlrecht anlangt, so korreliert das gleiche Recht zu wählen und gewählt zu werden auf der Ebene des *de facto* mit einer geschlechtspezifischen Asymmetrie, angesichts derer die *de jure* Gleichheit wie ein *a priori* unerreichbarer Horizont erscheint. Dabei gäbe es durchaus Möglichkeiten, *de facto* mehr Gleichheit auf dieser Ebene der expliziten Machtausübung herzustellen. Allein, diese – immer auch problematischen – Möglichkeiten (etwa eine Männer- und eine Frauenliste) werden, sowohl mit juristischen als auch mit demokratietheoretischen Argumenten, etwa dem der Universalität der politischen Gleichheit, hierzulande bereits im Keim abgewehrt, bevor es noch (wie etwa in Frankreich) zu einer öffentlichen Diskussion darüber käme.

Die Verwirklichung der Gleichheit auf der explizit politischen Ebene scheitert aber vor allem im konkreten Alltag der politischen Kultur, insbesondere jenem der Parteiapparate. Wir haben es in den repräsentativen Demokratien mit einer Parteienherrschaft zu tun, wie sie der italienische Philosoph und Politologe Norberto Bibbio bereits in den 1980er Jahren analysiert hat (Bobbio 1988). Die Parteien stellen den wichtigsten Souverän repräsentativer Demokratien dar, der in der Ausübung der Macht das Volk nur vertritt.[4] Sie können, insbesondere aufgrund ihrer oligarchischen Tendenz,

---

3 Patriarchal« spricht hier die durch das antike »Vaterrecht« geprägte Vorherrschaft des Vaters an, dem sich alle, vor allem die Frauen, aber auch die Söhne unterzuordnen haben, während »androkratisch« die Vorherrschaft der Männer(bünde) anspricht, welche sich ebenfalls bereits mit der antiken Polis politisch institutionalisiert und fixiert hat. Letztere hat im »Westen« vor allem seit der Amerikanischen und der Französischen Revolution über die patriarchalen Elemente zu überwiegen begonnen und gegen Erstere in gewisser Hinsicht auch die Frauenbewegungen und das Frauenwahlrecht sowohl mitbedingt als auch massiv behindert.

4 So heißt es denn auch in der österreichischen Verfassung nicht: Die Macht geht vom Volk aus, sondern das Recht geht vom Volk aus. Nun trifft dies allerdings, ohne so ausgesprochen zu werden, nur mittelbar, d. h. vermittels

ebenso als parademokratische wie als (repräsentativ)demokratische Institutionen der Machtausübung bezeichnet werden. Von ihrer Entstehungsgeschichte her sind sie männerbündisch strukturiert und die damit verbundene Marginalisierung von Frauen stellt ein von Politologinnen seit Jahrzehnten untersuchtes Hemmnis politischer Geschlechtergleichheit dar. Nämliches gilt für die um die traditionellen Parteien sich rankenden und sie zugleich konstituierenden Bünde (in Österreich Bauernbund, Wirtschaftsbund, Gewerkschaftsbund etc.).

Nun lehnt sich diese männerbündische Kultur an eine viel ältere Kultur an, nämlich jene des politischen Raums als solchem. Das »wirkliche Imaginäre« des formierten Männerkorps steht einem ins Reich der Abstraktionen verbannten »Projektionsflächenimaginären der Weiblichkeit« gegenüber (Pechriggl 2007: 151–181), in dem allegorische oder metaphorische Frauengestalten dominieren. Das heißt, dass explizit und effektiv gestaltende Frauen in dieser Komplementarität der Geschlechtersphären nicht vorgesehen sind. Es heißt nicht, dass Frauen diese historisch-kulturelle Aufspaltung nicht durchbrochen hätten und immer wieder durchbrechen würden. Allein, die Auswirkungen dieser Durchbrüche sind – analog zu den randständigen Effekten der *de jure* Gleichheit – von prekärer Dauer. Was Joan Scott das Paradox zwischen Universalität der Menschenrechte und substantialisierter Geschlechterungleichheit nennt (Scott 1996), ist tief im politischen Imaginären verwurzelt und insofern schwer zu umgehen. Eine politische Philosophie, welche diesem Paradox zur Auflösung verhelfen soll, muss es möglichst in all seinen Dimensionen freilegen.

---

der von allen Wahlberechtigten gewählten Abgeordneten zu. Zuweilen verstoßen die militaristisch geprägten Praktiken der Parteien (Clubzwang) gegen die Verfassung. Für Deutschland wurde dies vor kurzem wieder anlässlich des angedrohten Parteiausschlusses von drei Abgeordneten diskutiert, die im hessischen Landtag anders gestimmt hatten, als die »Parteilinie« vorgeschrieben hatte: Georg Paul Hefty, »Die gesetzlichen Grenzen der Partei«, Frankfurter Allgemeine Zeitung: www.faz.net/s/.../Doc~EFBC11B03269546ADAE713C53C8033ACB~ATpl~, 2. Dezember 2008. Doch auch abseits solcher Zuspitzungen unterminiert der Clubzwang das Prinzip der Gewaltenteilung ganz prinzipiell.

Auch erschöpft sich die Problematik des »politischen Individuums« nicht in der Frage, ob es sich dabei um eine abstrakte oder konkrete Auffassung davon handelt; um eine eher kontraktualistische oder eine eher kommunitaristische; vielmehr ist die Analyse zweier oftmals in der politischen Theorie und Philosophie vernachlässigter »Faktoren« unumgänglich: Zum einen geht es dabei um den Körper an der Schnittstelle zwischen Einzelkörper und kollektivem Körper sowie in seiner Rolle als metaphorische Inkarnation der je konkreten politischen Institution, welche die Individuen ihrerseits als deren »Mitglieder« zu verkörpern haben; zum anderen geht es um die Veränderung des geschlechterkomplementären Imaginären, welche mit der Transformation und *Transfiguration* dieser metaphorischen, aber durchaus wirklichen Körper einhergeht, sobald Frauen in die vormals exklusiv männlichen »Korps« eindringen, sei es im Zuge von Insurrektionen, Revolutionen oder mit der *de jure* wie auch *de facto* gültigen Einsetzung des Frauenwahlrechts. Ohne hier auf die politologischen und historiographischen Details einer vergleichenden Analyse der politischen Beteiligung von Frauen in verschiedenen Ländern eingehen zu können, sei dennoch auf die Relevanz diesbezüglicher, konkreter Veränderungen für die demokratietheoretischen und menschenrechtsphilosophischen Diskussionen hingewiesen. Deshalb werde ich mich im Folgenden punktuell auf die genannten Analysen und ihre politikphilosophischen Implikationen beziehen.

Ich gehe von einer – nicht quantifizierbaren – Korrelation aus zwischen der Präsenz eines starken abstrakt-transzendenten Weiblichkeitsimaginären (gepaart mit einer akzentuiert hierarchischen Geschlechterkomplementarität) und einer nicht bzw. nur marginal vorhandenen politischen Partizipation der Frauen, die als effektiv Handelnde (und nicht mehr nur als Ikonen männlicher Projektionen) einen »Fremdkörper« besonderer Art innerhalb der politischen (Männer)Korps darstellen. Sie tun dies nicht nur auf der Ebene des gesellschaftlichen Imaginären (Castoriadis), d. h. der kollektiv geteilten und zu Bedeutungen gelangten Vorstellungen, sondern ebenso in den Aus- und Einschlusspraktiken, der konstitutiven Struktur dieser Korps. Dabei geht es nicht nur um Ideologie, sprich um scheinbar rational erklärende Diskurse zur Legitimierung von Frauen ausschließenden Herrschaftsverhältnissen. Vielmehr geht es um die Verwobenheit zwischen dem Projektionsflächenimaginären der Weiblichkeit (sowie seinen Überschneidungen mit dem effektiven Imaginären des Frauseins) und den strukturalen bzw. organisationalen Dimensionen der betreffenden Institutionen. Um genauer zu sein, müsste eher von Bahnungen denn von Strukturalem und Organisationalem die Rede sein, weil es sich hier um nicht klar verortbare und beständig voneinander abgrenzbare, d. h. diskrete Phänomene handelt. Am ehesten kommen die formalisierten, rechtlich sanktionierten Praktiken und Organisationsprinzipien den Anforderungen nach, die unsere Wahrnehmung an diskrete Phänomene stellt. Was jedoch die »imaginären Elemente« betrifft, so haben wir es mit Vorstellungen zu tun, die sich ständig im Prozess wiederholter und teilweise veränderter, affektiv bzw. emotional geladener Verkörperung befinden.

Diese Bahnungen also korrelieren mit einer impliziten und subtileren Ausgrenzung, welche sich dann in quantitativen Disproportionen manifestiert. (Diese können am besten durch Netzwerkanalysen erhoben werden, ohne dass diese schon die darunter, d. h. im Bereich des »korpor(e)alen« Imaginären »liegenden« Bahnungen erhellen müssen, ja könnten). Doch es kann zumindest festgehalten werden, dass die umrissenen Ausschlusseffekte sich, das politische Imaginäre betreffend, insbesondere als geschlechtsspezifische politische Arbeitsteilung konkretisieren. Eine solche trennt die aus der »professionellen« Politik strukturell bzw. durch die Auflage der Parteizugehörigkeit bedingt Ausgeschlossenen von denen, welche diese Politik machen bzw. verkörpern.

Nun stand und steht die politische Partizipation, also die *de facto* (und nicht nur die *de jure* oder die potentielle) Gleichheit von Frauen im Zentrum der Forderungen fast aller Frauenbewegungen. Die so genannte Wahlrechtsbewegung der vorvorigen Jahrhundertwende war durch die Diskussion um Gleichheit oder Komplementarität der Geschlechter hinsichtlich der konkreten Ausgestaltung politischer Bürgerschaft *(citoyenneté)* gespalten. Als mit der 2. Frauenbewegung in den 70er Jahren des 20. Jahrhunderts die Gleichheit in den »westlichen Demokratien« zumindest rechtlich erlangt war, kehrte diese Diskussion unter anderen Vorzeichen in Europa und den USA wieder. Es ging nun darum, die männliche Vorherrschaft nicht nur auf der Ebene der politischen und staatlichen Institutionen zu brechen, sondern auf allen Ebenen des gesellschaftlichen, ja vor allem auch des »privaten« Lebens. Es schien, als ob erst jetzt, gewissermaßen nachträglich zur *de jure* Einsetzung der politischen Gleichheit, die Frauenbewegungen in der Lage gewesen wären, die Auflösung einer so tief verwurzelten hierarchischen Geschlechterkomplementarität explizit und gemeinsam in Angriff zu nehmen.

Schließlich waren »Freiheit« bzw. Autonomie im Sinne der politischen wie auch privaten Selbstbestimmung von Frauen ein zentrales Thema, das nicht nur für die Legalisierung der Abtreibung relevant geworden war. Die Organisationsformen und die erwähnte Diskussion bezüglich der Haltung gegenüber tradierten politischen Institutionen waren davon bestimmt.

Politische Partizipation der Frauen zwischen Staatskosmetik und Separatismus

Im Zuge des 20. Jahrhunderts haben die Frauen in fast allen liberalen Demokratien des »Westens« das Wahlrecht erkämpft bzw. erlangt. Worin besteht nun aber im Konkreteren die mangelnde Verwirklichung der politischen Geschlechtergleichheit auf der Ebene der Institutionen? Was die Kluft zwischen effektiver Teilhabe an der Machtausübung und dem aktiven wie auch passiven Wahlrecht angeht, so ist diese – wie erwähnt – den repräsentativen Demokratien auf der konkreten Ebene immanent. (Die effektive Machtausübung ist zwar *de jure* und potentiell für alle offen, *de facto* aber nur für diejenigen, die innerhalb eines Parteiapparats den Status professioneller Politiker oder Politikerinnen erlangen.) Diese politische »Klasse« konstituiert eine spezifische Schicht, deren Status aufgrund ihrer Verwobenheit mit den finanziellen, industriellen und bündischen Eliten oligarchisch zu nennen ist. Dennoch ist diese in der indirekten Demokratie implizierte Oligarchie durch den »offiziellen« Souverän, d. h. durch den wählenden Demos, sanktioniert. Dabei geht es nicht um die effektive Souveränität, sondern um eine übertragene Souveränität im doppelten, d. h. sprachlichen wie auch realen Sinn von Übertragung. Zentral ist dabei die *Legitimierung* des repräsentierenden Souveräns durch den repräsentierten, d. h. die Legitimierung der Gewalten, wie Montesquieu es ausdrückte, allen voran der Regierungsgewalt, deren Zusammensetzung sich aus den Mehrheitsverhältnissen im gesetzgebenden Organ der jeweiligen repräsentativdemokratischen Republik (oder konstitutionellen Monarchie) mit demokratischer Verfassung wahlarithmetisch ableitet.

Diese Betrachtungen sind relevant für die weitere Diskussion um die Repräsentativität, die sich nicht in der quantitativen Verhältnismäßigkeit erschöpft (so und so viele Abgeordnete auf so und so viele WählerInnen). Das heißt nicht, dass die Verhältnismäßigkeit nicht eine notwendige Bedingung für das Funktionieren jeder Demokratie wäre (eine Demokratie ganz ohne Delegation von Ämtern bzw. Funktionen und damit ohne quantitativ verhältnismäßige Repräsentation ist weder historisch belegt, noch ist sie für komplexere Gesellschaften denkbar; auch das Mehrheitswahlrecht – nicht nur das Verhältniswahlrecht – hält eine gewisse Repräsentativität im Sinne der quantitativen Proportionalität ein). Dennoch ist die quantitative Verhältnismäßigkeit leer, wenn sie nicht an konkrete Werte oder Inhalte bzw. an gesellschaftspolitische Ziele etc. gebunden wird. Erst diese verleihen der Politik ihre konkrete Form, machen ihre Inhalte aus und gestalten die Institutionen jeder Gesellschaft, ja deren mittlerweile permanente Neueinsetzung und Veränderung. Sie sind es, die von der Befürwortung bzw. Gegnerschaft der »Stimme habenden« Menschen abhängen.

Eines der Hauptprobleme, das die dauerhafte, bürokratisierte und im Verborgenen mit unterschiedlichen Herrschaftsinteressen verwobene Vertretung diesbezüglich darstellt, ist, dass sie von der erwähnten Erfahrung der wählenden Menschen *a priori* abgekoppelt ist. Die Monopolisierung der politischen Gestaltungsmacht durch die politischen Eliten stellt ein umso größeres Hindernis für die demokratische Entwicklung – insbesondere die geschlechterbezogene – dar, als die auf lange Zeit angelegte Besetzung der Positionen und Ämter von den allgemeinen demokratischen Wahlen weitgehend unabhängig ist. Zwar nehmen die Parteien *pro forma* die Rhetorik demokratischer Legitimierung an und veranstalten eigene Delegiertenwahlen (nicht mehr Berlusconis und Finis Partei

»Popolo della Libertà«). Sie verdecken damit aber hauptsächlich die zum Großteil antidemokratische Parallelwelt, ja die *arcana imperii*, welche die Parteien als bürokratische, professionalisiert männerbündische und meritokratische Organisationen darstellen.[5] Die in ihnen geltenden Aufstiegsregeln reproduzieren einen konkreten Persönlichkeitstypus, zu dessen tradierten Charakteristika Männlichkeit (mittlerweile mit einem *touch* von »Geschlechtsneutralität«) ebenso gehört wie gewisse, das Stereotyp »des Politikers« bedienende, Eigenschaften.[6]

Nun ist der strukturelle Ausschluss von Frauen (und anderer) sowohl habitueller Art,[7] als auch ein Effekt parteibürokratischer Funktions- und Organisationsweise.[8] Bezogen auf ihren Anteil an der Basis bzw. an der Gesamtmenge derer, die innerhalb der politischen Institutionen vertreten sind, ist der Frauenanteil an der Spitze der Hierarchie bis heute nicht »repräsentativ«. Das gilt insbesondere für die Gewerkschaften, die Bünde und die Ministerialbürokratie, noch stärker für die exekutive Macht (insbesondere die

---

5 Die Grünen« stellten diesbezüglich in ihren Anfängen – und nur in gewisser Hinsicht – eine Ausnahme dar. Dass dem nicht mehr so ist, dürfte mittlerweile auch den Parteimitgliedern selbst klar geworden sein. Siehe hierzu Julia Ortner und Nina Weissensteiner, »Grüne Tomaten« in: Falter 08/2007, www.falter.at, 05. 11. 2008.

6 Neben dem immer ausgeprägteren medienspektakulären Narzissmus gehören dazu Elemente einer vordergründigen leadership-Rhetorik (»ich weiß, was ich will, auch wenn ich es nicht verstehe bzw. auch wenn es für die *res publica* unvernünftig ist«); damit einhergehend möglichst wenig Selbstinfragestellung bei gleichzeitiger Behauptung der eigenen Reflektiertheit; diplomatisches Geschick gepaart mit der Fähigkeit zu gezielt inszenierten Affektdurchbrüchen, je nach Funktion im Apparat sowie im politischen Spektrum. Die Betonung der jeweiligen Disposition hängt dabei immer auch ab von der als Wahlerfolg versprechend geltenden »Stimmung« und »öffentlichen Meinung« im »Wahlvolk« bzw. der »Wählerschaft«, wie sie von Politolog/inn/en und von Meinungsforscher/inne/n regelmäßig erhoben und zubereitet bzw. zugerichtet wird.

7 Im Sinne des *hexis*-Begriffs bei Aristoteles (Gehabe, Gewohnheit, Habitus), von dem ausgehend Hegel seinen Begriff der »zweiten Natur« und Bourdieu seinen Habitus-Begriff entwickelte.

8 Diese Bürokratisierung der explizit politischen Ebene ist nicht zu verwechseln mit der spezifischen Bürokratisierung des Staates im Zuge moderner Demokratisierung (Kelsen 1963: 73).

ihr zugehörige – polizeiliche und militärische – Staatsgewalt), aber auch für die Parlamente.[9]

Weiters ist die männliche Hegemonie in einer kulturellen Homogenität und Permanenz verankert, welche ebenfalls zu den Funktionsprinzipien politischer Apparate zählen. Was das Prinzip der Permanenz angeht, so wird dieses immer wieder als eines der wesentlichen Kriterien für eine Kandidatur ins Feld geführt (nicht nur in Wahlkämpfen, auch innerhalb der Parteiapparate, es sei denn ein/e populäre/r Kandidat/in wird als weithin bekannte »Quereinsteiger/in« gekürt). Es gründet auf der viel beschworenen und für die – meist schon populären – Quereinsteiger/innen außer Kraft gesetzten »Professionalisierung« der Politik, welche etwa in der antiken Demokratie, namentlich von Protagoras (in Platons *Protagoras*), als absurd angesehen wurde.[10] In repräsentativen Regierungsformen ist sie jedoch fest verankert und korreliert eher mit Biographien politisch tätiger Männer als mit denen von Frauen. Frauen werden denn auch häufiger als provisorische Kandidatinnen aufgestellt bzw. als Quereinsteigerinnen, und dies hängt gewiss auch nur mit der immer lauter werdenden Forderung nach mehr Frauen in den Etagen politischer Repräsentanz und Machtausübung zusammen.

Der Marginalisierungseffekt des Homogenitätsprinzips ist ebenso mit der Aktualisierung des Projektionsflächenimaginären der Weiblichkeit verknüpft. Einerseits wurde und wird dieses projektive Weiblichkeitsimaginäre von (männlichen) Politikern bedient, um die exklusive »Männlichkeit« dieser Machtsphären gegen das Eindringen der wirklichen (und nicht allegorischen oder sonst wie transzendent imaginären) Frauen zu verteidigen. Andererseits wird

9 Außer in Norwegen, wo Gro Harlem Brundtland ein Kabinett nominierte, das sich aus acht Frauen und zehn Männern zusammensetzte: eine Weltpremiere. Diese erste Amtsperiode von Gro Harlem Brundtland währte allerdings nur acht Monate.

10 Protagoras argumentiert, dass in den Einzelberufen Spezialistentum Sinn mache, während das, was alle angeht, nämlich die Politik, nur als von allen zu bewerkstelligende Kunst Sinn mache. In diesem von der modern-repräsentativen Demokratie verdeckten Argument ist die Problematik des Ausschlusses von Frauen bereits impliziert, welche Platon/Sokrates in der *Politeia* selbst bereits explizit macht.

es von Politikerinnen selbst bedient, und zwar als Abwehrstrategie gegen die beschworene Phantasie, Frauen würden durch ihren Eintritt in die »Männersphäre« Politik gleichsam einer Geschlechtsumwandlung unterzogen, zu Mannweibern oder Transvestiten mutieren bzw. auch, wie bereits Joan Riviere hervorhob, um der befürchteten Rivalität mit den in den betreffenden Räumen vorherrschenden Männern zu entgehen.[11]

Da Frauen in dieser Sphäre als das Andere instituiert und wahrgenommen werden, gleichsam als eine Art »Fremdkörper im Männerkorps«, ist es leicht nachvollziehbar, dass sie – nicht nur bei den Männern, sondern bei den Frauen selbst – verschiedene Abwehrstrategien hervorrufen. Diese manifestieren sich in allen Bereichen des öffentlichen Lebens und zwar in zwei Richtungen. Zum einen in jene der Akzentuierung der Andersheit der Frauen, womit gezeigt werden soll, dass sie sich nicht an ihrem, dem für sie vorgesehenen, Platz befinden (»Frau Landeshauptmann«, und keinesfalls zur Abwechslung »Herr Landeshauptfrau«). Diese Betonung der Alterität der Frauen kann mehr oder weniger subtil zum Ausdruck kommen, etwa als »Respekt« gegenüber den Frauen (im Sinne der distanzierenden Bedeutung von respektieren als »etwas hintanstellen, auf das dann *zurückgeblickt* wird«), oder durch andeutend diskriminierende Sprechakte, bzw. durch offen sexistische Äußerungen.[12] Weiters können die Abwehräußerungen deutlicher negativer Art sein, etwa im Sinne der Verleugnung oder Selbstverwischung der Präsenz von Frauen in den Sphären der Politik.[13]

11 Nach dem Motto: »Ich komme dir nicht in die Quere und bin ganz weiblich« (Riviere 1996).

12 »In den Mund nehmen und lutschen« lautete 1994 der Kommentar eines österreichischen Nationalratsabgeordneten, als eine Abgeordnete in einer Sitzung einer Parlamentskommission ins Mikrophon zu sprechen begann. Der betreffende Abgeordnete musste einige Zeit später sein Amt niederlegen, obwohl er beharrlich leugnete, was doch einige genau gehört zu haben versicherten. Für Frankreich siehe M. Sineau, *Des femmes en politique*. Sie arbeitet darin (Kap. 1) den Topos eines Imaginären der Andersheit innerhalb des französischen Parlaments heraus.

13 Im Französischen etwa gibt es immer noch die Praxis, Frauen als »*messieurs* (meine Herren)« anzusprechen.

Nun haben immer mehr Frauen (und auch einige Männer) innerhalb der politischen Institutionen die offen sexistischen Diskriminierungs- und Ausschlusspraktiken darzulegen und anzugreifen begonnen, welche mit Hilfe der feministischen Geschlechterforschung systematisch in den Bedingungszusammenhang eines tendenziell männlichen und jedenfalls oligarchischen Gestaltungs- und Bestimmungsmonopols gestellt werden. Diese Infragestellung bleibt allerdings innerhalb der Parteien weitgehend aus.[14] Dazu kommt, dass Frauen selbst, zumal in konservativen Parteien, an einer traditionellen Frauenrolle festhalten, die mit der expliziten Ausübung von Macht nicht verträglich ist (sehr wohl mit impliziter bzw. subtiler Machtausübung). Die Einhaltung dieses Rollenverhaltens ist nicht selten Bedingung für den Aufstieg von Frauen innerhalb einer etablierten Bürokratie- oder Parteihierarchie. Schließlich geht das *Eindringen* von Frauen in die männlich strukturierten Sphären expliziter Machtausübung mit einer tendenziellen Verlagerung der Geschlechterkomplementarität in diese Sphären einher. Auch wenn es zuweilen Frauen gibt, die so genannte *hard* Ressorts wie Exekutive, Finanzen, Infrastruktur, Verteidigung oder Wirtschaft inne haben, so bleiben diese doch meistens »Männersache«, während politisch hochrangige Frauen (gerne) Bereiche wie Unterricht, Bildung, Kunst, Gesundheit, Soziales und Familie übertragen bekommen. (Justiz dürfte ein Schwellenbereich sein, vielleicht in Anlehnung an die Waage der Justitia.)

Die Hierarchie zwischen diesen Bereichen korreliert mit der geschlechtsspezifischen politischen Arbeitsteilung, die wiederum mit der gesamtgesellschaftlichen geschlechtsspezifischen Arbeitsteilung und der damit verbundenen Wertung korreliert.

Dennoch erwarten einige Politikerinnen sowie Forscherinnen von der so genannten »Feminisierung der Politik« (Sineau: 191) eine Veränderung im Sinne einer verwirklichteren Geschlechterde-

14 Studien zur innerparteilichen Demokratie, insbesondere hinsichtlich der Geschlechterverteilung, sind rar und nicht gerade von den Parteien selbst motiviert, auch wenn die Frauenorganisationen derselben, sofern sie überhaupt existieren, regelmäßig diesbezüglichen Handlungsbedarf feststellen.

mokratie.[15] Diese zuweilen bloß kosmetische Differenzpolitik wurde in den letzten Jahren der neoliberalen Deregulierungsrhetorik etwas zeitgemäßer als *diversity managment* bezeichnet und aus dem Feld der »infra- bzw. paranormierten« Unternehmens- und Konzernkultur in jenes viel komplexere und umfassendere der Normen setzenden Politik übertragen (und zwar nicht nur metaphorisch, gr. *metapherein* = her/übertragen). Im Zuge dieser Entlehnung oder Übertragung wird nicht nur das Verhältnis zwischen demokratisch-rechtsstaatlicher Politik und antidemokratisch-kapitalistischer Unternehmensführung verschleiert, sondern die bis vor kurzem noch angestrebten Gleichstellungs- und Demokratisierungsbestrebungen werden damit zumindest implizit für obsolet erklärt und entwertet. Diese Entwertung geht über die bloße Rhetorik »neoliberalen« Zuschnitts hinaus und wirkt de- bzw. restrukturierend auch im Feld der Politik selbst. Rechtlich verankerte Ansprüche auf Gleichstellung und Gleichbehandlung werden in dieser diskursiven Restrukturierung oftmals als von außen (»dem Gesetzgeber«) auferlegte und damit heteronome Normierung gefasst und treffen – auf der anderen Seite des politischen Spektrums – auf die geradezu antinormative, bisweilen »nomophob« anmutende Haltung jener TheoretikerInnen, welche mit der Kritik an einer allumfassenden Heteronormativität den Normsetzungsprozess als *a priori* Heteronomie generierenden verdächtigen und aus der Analyse ausblenden (Pechriggl 2008).

Demokratische Instituierung und egalitäre Geschlechterverhältnisse

Was heißt nun Repräsentativität im Kontext einer möglichst systematischen Verknüpfung von Gleichheit, Freiheit und Gerechtigkeit hinsichtlich der Geschlechterverhältnisse? In numerischer Hinsicht sind Frauen nach wie vor unterrepräsentiert, und dieser Umstand ist nicht zuletzt ein Struktureffekt der skizzierten asymmetrischen Geschlechterverhältnisse – sowohl in der Gesamtge-

15 Nach dem Motto »*give to politics a face of beauty and light*«, das Judith Evans (1984: 621) resümierte. Sie legt darin eine detailliertere Analyse solcher Positionen vor, wie sie etwa J. B. Elshtain in *Public Man, Private Woman* darlegt.

sellschaft als auch im Feld der Politik. Doch selbst wenn Frauen numerisch gesprochen nicht unterrepräsentiert wären (d. h. wenn ihrem Anteil an der Gesamtmenge der WählerInnen gemäß gleich viele Frauen wie Männer politische Ämter auf allen Ebenen bekleiden würden), ließe dies nicht den Schluss zu, dass damit schon egalitäre Geschlechterverhältnisse verwirklicht wären. Warum? Solange die geschlechtsspezifische Arbeitsteilung im Feld der Politik ebenso weiter besteht wie die männliche Kultur und Struktur dieses Feldes, dann würde die Geschlechterhierarchie und -asymmetrie durch den höheren Frauenanteil allein nicht aufgehoben. Es wäre allerdings zu erwarten, dass ein solcher Anteil zu einer größeren Durchmischung *(mixité)* und damit sehr wohl zu einer tendenziellen Auflösung der hierarchischen Geschlechterkomplementarität führt, sowie zu einem egalitärer geprägten Normsetzungsprozess die Geschlechterverhältnisse betreffend.

Nun sind Freiheit, Gleichheit und Gerechtigkeit nicht irgendwelche Philosopheme, sie sind vielmehr jene Begriffe, deren Verwirklichung sich alle emanzipatorischen und demokratischen Bewegungen in Europa (und zum Teil darüber hinaus) zur Aufgabe, ja zum Ziel, zuweilen auch schon zum Prinzip des Weges dorthin gemacht haben. Sie stellen die Grundlage unserer repräsentativdemokratischen Rechtsstaatlichkeit dar, so wie sie als Pfeiler der Grundnorm, zumindest in Katalogform, die Grundlage für die Formulierung und Umsetzung der allgemeinen Menschenrechte darstellen. Als solche stehen sie auch am Beginn der feministischen Bewegungen spätestens seit dem Ausbruch der französischen Revolution. Dass die politische Gleichheit nicht mit Identität oder Verwischung aller Differenzen zu verwechseln ist, sollte eigentlich klar sein, und spätestens die begriffssystematische Verknüpfung mit dem Begriff der Gerechtigkeit macht dies explizit: Gerade weil wir verschieden sind, bedarf es eines gerechten Ausgleichs zur Herstellung der politischen Gleichheit hinsichtlich des Gesetzes (vor dem Gesetz aber eigentlich auch in der Ausübung der gesetzgebenden Macht). Und wenn wir Freiheit über die rasch endende Freiheit des je Einzelnen hinaus politisch fassen, d. h. als Freiheit möglichst aller, dann macht auch sie nur in der systematischen Verknüpfung mit den beiden anderen Begriffen Sinn. Kollektiv gesprochen müssen Freiheit und Gleichheit miteinander einhergehen, denn Ungleiche sind weniger frei. In diesem Sinn ist Freiheit unweigerlich kollektive Autonomie, das heißt effektive Selbstbestimmung im demokratischen Sinn. Konkret bedeutet das, dass die Freiheit für (möglichst) alle darin bestünde, nur den Gesetzen zu gehorchen, an deren Setzung und eventueller Aufhebung diejenigen, die ihnen zu gehorchen haben, auch *de facto* beteiligt sind, und sei es partiell und zeitlich eingegrenzt. Wenn aber die Gesetze ausschließlich von den immer selben Wenigen gemacht werden, und die immer gleichen *»anderen«* Vielen aus den Normsetzungsprozessen ausgeschlossen sind bzw. darin immer unterliegen, dann ist Freiheit im politischen Sinn ausgehöhlt und nicht mehr nur unvollständig verwirklicht (was sie als politische ebenso wie als individuelle unweigerlich ist).

Die Demokratie ist die einzige Regierungsform bzw. Verfassung, welche effektive politische Gleichheit und Freiheit ermöglicht (und nicht nur hypothetische wie eine ideal vernunftgeleitete Konsensgesellschaft, in der alle gemäß dem Gesetz des guten Willens der kollektiven Freiheit und Gleichheit zustimmen sollen bzw. könnten). Wie eingangs erwähnt, herrscht in der »wirklichen Welt der Politik« eine Kluft zwischen den liberalen und repräsentativen Demokratien im übertragenen Sinn bzw. im Sinn übertragener Souveränität einerseits und Demokratien im wörtlicheren Sinn effektiverer Teilhabe möglichst aller BürgerInnen an der Machtausübung[16] andererseits. Die strukturellen Einschränkungen einer Verwirklichung der Demokratie, wie höchst ungleich verteiltes Eigentum, Geschlechterasymmetrie und Ausschlüsse aufgrund spezifischer Zugehörigkeiten oder Merkmale sind nicht nur Einschränkungen der Demokratie, sondern auch der für alle proklamierten Menschenrechte, die sich in einer mehr negativen Formulierung als das Wort »Demokratie«, aber doch auch auf deren Pfeiler Gleichheit, Freiheit und Gerechtigkeit beziehen.

Die individuelle wie auch kollektive Autonomie bedeutet nicht nur negative »Freiheit von« – Zwang, Verboten etc., sondern auch »Freiheit zu« im Sinne der Teilhabe an der gesellschaftlichen Ge-

---

16 *Kratia* (Macht, Herrschaft) des *demos* (Volk) – über sich selbst, also Autonomie im Sinne der Selbstgesetzgebung des *demos*.

staltung und an der expliziten Normsetzung. Diese Bedeutungen markieren auch zentrale Bestrebungen der feministischen Bewegungen der 70er und 80er Jahre – vor allem in Westeuropa, aber auch in Nord- und Südamerika. Dennoch gibt es kaum Verbindungen zwischen den feministischen Autonomiebestrebungen und einem umfassenden demokratischen Projekt der Autonomie. Zwar hat der Autonomiebegriff im Bereich der Geschlechterverhältnisse unterschiedliche Interpretationen erfahren, die von der Identifizierung des Begriffs mit jenem der Autarkie bis zum vorgeblich männlichen Wesen der Autonomie reichen. Autonomie wird dabei mehr als ein Zustand oder als eine individuelle Fähigkeit verstanden, oder er wird eher im eingeschränkt negativen Sinn von »frei von Parteizugehörigkeit« (autonome Frauenbewegung) verwendet.

Nun hatte aber bereits bei Kant »Autonomie« die – über die individuelle Unabhängigkeit hinausgehende – systematische Bedeutung von Selbstgesetzgebung im Horizont der Gemeinschaft aller angenommen. Zwar spielt die je konkrete politische Gemeinschaft in Kants *Grundlegung zur Metaphysik der Sitten* keine explizite Rolle, doch in Verknüpfung mit seiner Anthropologie wird die Verbindung zum Universalismusprinzip deutlich, das seinem Freiheits- bzw. Autonomiebegriff zugrunde liegt. Allein es fehlt an deutlichen Bezügen zur politischen Umsetzbarkeit, wie sie erst im zwanzigsten Jahrhundert explizit und zuweilen systematisch hergestellt zu werden begannen, nicht zuletzt unter Rekurs auf historische Momente verwirklichterer Demokratie (für freie männliche Bürger in der antiken demokratischen Polis, im Zuge basisdemokratischer Anfänge der amerikanischen, dann der französischen, sowie der 1. russischen Revolution 1917, Ungarn 1956, teilweise 1968, etc.).[17] Auch gibt es eine anarchistische Tendenz, die sich über die bloß negative Auffassung des Wortes hinaus auf einen demokratisch verstandenen Autonomiebegriff beruft, etwa in Spanien während des Bürgerkriegs 1936. Andererseits gibt es bis heute eine anarchistische Tradition, die – durchaus unter Rekurs auf den Termi-

17 In dieser Perspektive siedelt Castoriadis die athenische Hervorbringung des politischen »Projekts der Autonomie« als explizite und auch reflektierte Selbstinstituierung der Gesellschaft an. Siehe insbesondere Castoriadis 1977.

nus »Basisdemokratie« und unter den Bedingungen enklavenhaft kleinkollektiver Selbstorganisierung – den Begriff der Autonomie auf den konspirativen, weitgehend marginalisierten, zuweilen gewalttätigen Widerstand gegen die a priori und total als Apparat der herrschenden Klasse wahrgenommene Staatsmacht beschränkt.

Innerhalb der Frauenbewegung ist die Bedeutung des Autonomiebegriffs über diese Einschränkungen am ehesten dort hinausgegangen, wo das Recht auf Selbstbestimmung im Sinne der Entscheidungsfreiheit darüber eingefordert wurde, ob eine Frau eine ungewollte Schwangerschaft unterbrechen lassen darf oder nicht. Aus der 1968er Bewegung, mit der die neue Frauenbewegung der 1970er Jahre ihren maßgeblichen Anstoß nahm, führte sie auch die Selbstorganisationsweisen weiter, aber nicht nur im Sinne kollektiver Autonomie, sondern zuweilen auch im Sinne einer undemokratischen, weil Konflikt vermeidenden Konsensideologie und -praxis. Hier wurde Selbstorganisation gepaart mit einer Strategie der Abkoppelung von männlichen Organisationsstrukturen, ja von Männern schlechthin, deren Bevormundungs- und Hegemonialpraktiken ja im Zuge der 1968er Bewegung zunehmend auf feministische Kritik stießen, und zwar nicht nur was das Privatleben, sondern vor allem, was die damals aktuellen, männerbündisch militanten Organisationsformen betraf. Damit einher ging eine Tendenz innerhalb der Frauenbewegung, deren Vertreterinnen für eine auf alle Lebensbereiche auszudehnende radikaldemokratische Organisationsform eintraten und eine solche auch einzusetzen begannen.[18]

Der kollektiv gefasste Begriff der Autonomie kann als formaler Rahmen der feministischen Kämpfe um Freiheit und Gleichheit betrachtet werden. Aus Gründen der begrifflichen Kohärenz macht politische Freiheit nur im Verbund mit Gleichheit und mit Gerechtigkeit als deren Vermittlungsglied Sinn. Wenn Kelsen die Übertragung des individualistischen bzw. egoistischen Glücksbegriffs auf eine kollektive Ebene beschreibt, dann verweist er auf eine Art Sublimierung des Glücksbegriffs, die mit der analogen Übertragung des Freiheitsbegriffs ins Feld der Kollektivität noch deutlicher wird: »Die Freiheit der Anarchie verwandelt sich so zur Selbstbestimmung

18 Siehe Kornelia Hauser: »Weiberräte – Frauenmacht« in: *Argument SH,* 1984.

der Demokratie« (Kelsen 2000: 15), die negative »Freiheit von« zu einer positiven »Freiheit zu«. Hierzu ist allerdings anzumerken, dass die historisch-politische Bedeutung von Anarchie zu vielfältig ist, um sie auf das Feld der bloß negativen Freiheit des Einzelnen zu reduzieren; dies umso mehr, als anarchistische Bewegungen (die den Terminus ja immerhin hervorbrachten) durchaus auch zur Hervorbringung bzw. näheren politischen Bestimmung des Begriffs der positiven Freiheit im Sinne Kelsens beigetragen haben.

Der Rahmen feministischer politischer Kämpfe und Errungenschaften verweist vielmehr auf eine konkrete Verknüpfung zwischen Autonomie im Sinne der Freiheit von (Parteien und der damit verknüpften bürokratisch-männerbündischen Auslesestrukturen in der Benennung und Praxis der »autonomen Frauenbewegung«) und jener »Freiheit zu« im Sinne der kollektiv gefassten Selbstbestimmung.

Es ist allerdings schwierig, die Zirkularität zu durchbrechen, die der Verknüpfung von Freiheit und Gleichheit als eine unhintergehbare *petitio principii* innewohnt: Nur durch die positive Autonomie (Selbstgesetzgebung, Selbstbestimmung) im Sinne einer möglichst gleichmäßig, d. h. gerecht verteilten Teilhabe an der Machtausübung kann das der Demokratie zugrunde liegende anarchische Prinzip (Rancière) aufrecht erhalten werden. Dieses Prinzip besagt, dass niemandem aufgrund irgendeines Merkmals oder Anspruchs dauerhaft der Platz an der Macht *(archê)* zusteht. Das anarchische Prinzip begründet also die positive Verwirklichung von Freiheit und Gleichheit im Sinne der Verteilung der Macht begrifflich, so wie es umgekehrt nur durch diese Verwirklichung als Prinzip gewahrt bleibt. Aber auch die negative Freiheit ist für die Auflösung politischer Heteronomie und oligarchischer Hegemonien unumgänglich.

Nun liegt die Zirkularität nicht so sehr darin begründet, dass das »konkret Allgemeine« (Hegel) sich unweigerlich mit einer bestimmten Hegemonie decken würde (Debray: 128), sondern an der zirkulären und widersprüchlichen Verfasstheit des Freiheitsbegriffs zwischen individueller wie auch kollektiver Bedeutung und der mit dieser Widersprüchlichkeit verbundenen anthropologischen Bedingtheit des Menschen im Sinne von Kants »ungeselliger Geselligkeit« (bzw. seiner Zerrissenheit zwischen Selbstständigkeit und Abhängigkeit). Dennoch ist die von Debray und vielen anderen zu Recht immer wieder ins Feld geführte Problematik der Hegemonialisierung und Elitenbildung damit noch nicht hinreichend berücksichtigt.

Zu der an der Marxschen Klassentheorie orientierten Auffassung Gramscis kamen im Zuge der letzten siebzig Jahre diverse Hegemonieanalysen, die entlang anderer Kategorien entwickelt wurden, insbesondere entlang jener des Geschlechts, der Herkunft bzw. der Ethnizität, der Glaubenszugehörigkeit, der Hautfarbe und der sexuellen Orientierung. Nun mag es in der Theorie relativ leicht erscheinen, diese Kategorien auseinander zu halten bzw. gewisse, sie verbindende Schnittstellen hervorzuheben, doch in der politischen Praxis und Imagination sind diese Unterscheidungen zuweilen unmöglich. Erstens ist die jeweilige »Partikularität« der Hautfarbe, der sexuellen Orientierung, des Geschlechts oder der Klassenzugehörigkeit im Sinne der politischen Relevanz nicht definierbar, also nicht ab- und eingrenzbar, weder »objektiv« für die Frage der Macht überhaupt (über den Häuptern), noch subjektiv für den oder die jeweils davon »Betroffenen«: Wir können meist nicht genau bestimmen, ob es eher eine maskulinistische Hegemonie, eine der autochthonen Bevölkerung, eine der Parteieliten oder eine der kapitalistischen Eigner/innen ist, welche die gerechte Teilhabe an der Machtausübung hemmt bzw. verhindert oder welche die Einzelnen davon abhält, aktiver für die Erweiterung einer solchen einzutreten.

Repräsentation – Repräsentanz – Repräsentativität zwischen Vorstellung und angemessener Vertretung (Revokabilität, Reversibilität und Repartition)

Dazu kommt, dass die Teilhabe an der Machtausübung, zumal in komplexen bzw. global vernetzten Gesellschaften *a priori* durch Delegierte oder Repräsentant/inn/en vermittelt ist. Dennoch macht es einen Unterschied, ob die Repräsentanz sich im Sinne einer politischen Arbeitsteilung zwischen Parteikadern von Berufspolitiker/innen (die oftmals keinen anderen Beruf haben) und dem einmal alle vier oder fünf Jahre ankreuzenden Wahlvolk versteinert, oder ob sie demokratisch fluktuiert. Dies wäre der Fall, wenn das passive Wahlrecht im Sinne eines offenen Zugangs zu Wähler/innen/listen für alle politisch zurechnungsfähigen Kandidat/inn/en bzw. von offeneren Auslesekampagnen und Delegationsprozessen etc. verwirklicht wäre, oder sogar von einer Designation durch das Los, jene demokratischste Form der Ämterbesetzung, wie sie institutionalisiert nur noch für die Laiengerichtsbarkeit[19] in Kraft ist und nicht durch Parteiapparate eingeschränkt.

Konkreter ist demokratische Repräsentativität nur dann effektiv demokratisch, wenn sie durch klar bedingte Revokabilität, Reversibilität der Entscheidungen, halbwegs gleichmäßige Verteilung der Amtszeiten und Ämter unter möglichst allen (Repartition) sowie durch Minderheitenrechte im Rahmen der – demokratisch einzig sinnvollen – Mehrheitsentscheidungen gewichtet ist. Dadurch stünde keineswegs die Konstituierung der politischen Instanzen im engeren Sinn (der expliziten Machtausübung) ständig zur Disposition, sondern vielmehr die konkrete, personelle Besetzung dieser Instanzen und die von politisch-strategischen Ämtern (nicht der Hochbürokratie, etwa der richterlichen und ministeriellen, welche eine gewisse Kontinuität, Stabilität und vor allem juristische Korrektheit bzw. Verfassungsgemäßheit in der einfachen Gesetzgebung, der Umsetzung politischer Entscheidungen und richterlicher Sprüche durch die staatliche Administration und gegen die Willkür politischer Entscheidungen bzw. Revisionen garantieren muss. Dieser Aspekt muss aktuell in Kärnten besonders unterstrichen werden).

Die Abwechslung bzw. Rotation trägt eher zur Erweiterung des Spektrums der vertretenen Interessen bei, die miteinander in Konflikt geraten. Sie wirkt damit jener »elitenstarren« Privatisierung der Politik entgegen, welche in der Tradierung ideologisierter und auf Parteilinien reduzierter Interessen wirkt, sodass auch das »konkrete Allgemeine« des modernen »Gemeinwesens« weniger leicht

19 Dass auch diese in den letzten Jahren unter Beschuss geraten ist, mag ein weiteres Indiz sein für den von Rancière konstatierten »Hass auf die Demokratie« und für ihren – in »Westeuropa« besonders von Italien (und Kärnten) her – fortschreitenden Verfall (Scalfaro 2009). Siehe zuletzt den Vorstoß der österreichischen Justizministerin.

mit partikulären Interessen zur Deckung kommt.[20] Umgekehrt ist eine effektive und verbreitete Teilhabe möglichst all jener an der Machtausübung, die der Macht unterworfen sind, mit einer Refiguration der Interessenskonflikte verbunden, welche sich im Setting clubzwänglerisch geeinter Parteiapparate und -eliten immer weiter verfestigen.[21] Dies setzt voraus, dass die jeweiligen Partikularitäten, die sich als Interessen artikulieren und vertreten lassen, selbst immer wieder Gegenstand von deliberativen Prozessen zu werden vermögen.

Die Vieldeutigkeit von »Repräsentation«, das Verhältnis zwischen Repräsentativität und Repräsentation, spielen also eine zentrale Rolle im Prozess gesellschaftlicher und politischer Gestaltung. Die Repräsentation einer so genannten politischen Klientel ist dabei nicht die einzige Entlehnung aus dem Bereich der Konsum- und Verkaufswelt. Vertreten werden Interessen oder das, was dafür gehalten wird und womit sich die Entscheidungen des oder der RepräsentantIn decken würde.[22]

---

20 Die damit einhergehende Repräsentativität ist nicht zu verwechseln mit jener aktuellen, die aus populistisch-plebiszitärer Mediokrität im Kontext der erwähnten politischen Arbeitsteilung entsteht: So versuchte ein Mitglied des Bundesrats die miserable Qualität der Reden in dieser Kammer professioneller Landespolitiker(innen) durch eine spezifisch »repräsentative« Beschaffenheit der politischen »Eliten« zu erklären: Im Bundesrat habe man eben keine elitäre Zugangsweise, denn auch die Gesamtbevölkerung umfasse eine gewisse Anzahl von »Dodln«, warum sollte es im Bundesrat also anders sein? Siehe Markus Huber, »Hohl?es Haus« in: *Profil*, 31, 1996, S. 29.

21 Wir wohnen seit einigen Jahren einem Prozess der Entideologisierung bei, der zu einer zusätzlichen Homogenisierung und Abkoppelung der (oftmals nur noch von der Couleur her unterscheidbaren) Parteieliten beiträgt. Gegen diesen scheint mangels einer Verbreitung differenzierter Kritik nur noch der populistische Revanchismus rechtsextremer Parteien aufzutreten, die ihren Eliteführungsanspruch aber ebenso hinter ihrem weitgehend pseudodemokratischen Credo verhehlen.

22 Siehe hierzu die semiotische Analyse, die Bourdieu in den Aufsätzen »La représentation politique« und «La délégation et le fétichisme politique» vorlegte. Seine Einteilung, der gemäß die politische Rechte *grosso modo* mit Reichtum, die politische Linke mit sozialer Armut übereinstimme, lässt sich allerdings nicht halten; außerdem lässt der spätere »Repräsentant« der Analyse »männlicher Herrschaft« (Bourdieu) in diesen Aufsätzen die Frage nach der seit Jahrzehnten von feministischen TheoretikerInnen bearbeiteten

Bezogen auf die Geschlechterrepräsentation kann gesagt werden, dass die Repräsentationen des Frau-Seins, des Mann-Seins oder des Geschlechtsneutral-Seins, sich nicht mit der Pluralität der Männer, Frauen und Transsexuellen deckt; auch nicht mit der Vielfalt ihrer Interessen. Das transzendente Imaginäre der Weiblichkeit und das der – von Männern eher verwirklichten und verkörperten – Männlichkeit, haben dabei nicht zuletzt eine die Geschlechterklassen ideologisch einigende Funktion. Gerade auf der Seite der Unterworfenen kann diese Funktion eine illusionäre Verkennung der realen Differenzen aber auch der produktiven Konfliktfelder nach sich ziehen, die jede politische Bewegung nicht nur blockieren, sondern ebenso zu animieren vermögen. Die Unterdrückung dieser Konflikte und Differenzen durch eine wie auch immer geartete, einheitliche oder fragmentierende Ideologie, führt zum Diktat bzw. zur Auflösung politischer Aktivität. Dennoch ist eine gewisse ideelle Einheit unverzichtbar für die Mobilisierung gegen privatpartikuläre, die Mehrheit unterdrückende Interessen bzw. für die Interessen des demokratischen Gemeinwesens als solchem.

Zwischen kultureller Destituierung/Instituierung und politischer Normsetzung

Eine dauerhafte Repräsentation von Frauen macht alleine noch wenig Sinn, weil die geschlechtsspezifische Heteronomie auf allen sozio-kulturellen und sozialpsychologischen Ebenen zu destituieren ist. Eine derartige Veränderung berührt also den gesellschaftlichen Gestaltungsprozess in seiner grundlegenden Dialektik zwischen expliziter und impliziter bzw. verborgener Gestaltung. Die für die explizite Gestaltung im Sinne der Normsetzung in Betracht kommenden Sphären und Räume sind zwar begrenzt (und sollten es auch bleiben), doch geht es sehr wohl um die formale demokratische Organisation und Absicherung dieser Räume und nicht nur um eine im Zeichen des Protests gegen die bestehende Ordnung

Geschlechterherrschaftsverhältnisse schlichtweg aus. Als Spätberufener wurde Bourdieu aber umso prominenter in den (nicht nur wissenschaftsjournalistischen) Medien rezipiert. Auch diese Geschichte sagt etwas aus über die mehr impliziten Regime der Repräsentation.

sich erschöpfende Politisierung der Zivilgesellschaft. Die Form dieser Organisation der politischen Räume ist niemals rein, neutral und bar jeglicher Strukturgewalt. Das kann aber nicht heißen, dass eine radikaldemokratische Konzeption der Politik sich die Frage nach der Organisation besserer Institutionen bzw. nach der Reform bestehender politischer Institutionen ersparen könnte.[23] Dazu kommt, dass die Gestaltung der Gesellschaft im weiteren Sinn, also auch der Werte, Bedeutungen und ihrer Verwirklichung die Sphäre der politischen Organsiationen und Institutionen immer auch überschreitet, durchquert und konterkariert, ja dass dies der Dialektik des demokratischen Instituierungsprozesses innewohnt und nachgerade zugrunde liegt.

Aus dieser eher trivialen Feststellung ergibt sich die etwas weniger triviale (jedenfalls selten gestellte) Frage nach den politikimmanenten Grenzen der politischen bzw. der geschlechterdemokratischen Instituierung. Spezifischer geht es darum zu sehen, wo die demokratisch deliberative Instituierung keinen Sinn macht bzw. was oder wer darüber entscheidet, ab wann in einem bestimmten Handlungs- oder Bedeutungsfeld sie Sinn zu machen beginnt. Gibt es Kriterien für die Entscheidungskompetenz eines demokratischen Souveräns und wie werden sie gefunden? Die Grenzen dieser Kompetenz sind keineswegs identisch mit dem privaten bzw. intimen oder sexuellen Leben, da auch dieses bis in die hintersten Bereiche der Psychen und Leiber von Herrschaftsbeziehungen durchzogen ist, ja das durch diese Beziehungen auch normativ geregelt ist (»das Private ist politisch«). Und dies trifft eher im Sinne einer Verstärkung der bestehenden Herrschaftsverhältnisse zu als im Sinne ihrer Abschwächung oder Relativierung (wie etwa durch die erschreckend junge Gesetzgebung, welche Vergewaltigung in der Ehe endlich unter Strafe stellte).

Wird also die gesellschaftliche Umgestaltung hinsichtlich der Geschlechterverhältnisse betrachtet, dann lässt sich sehen, dass diese tief im jeweils instituierten gesellschaftlichen Imaginären verankert sind. Der Prozess der Instituierung selbst ist bzw. war dabei oftmals (nicht immer!) ebenso implizit und verborgen wie jener

23 Siehe hierzu Pechriggl 2007 b.

der Reiterierung, sodass die Gewöhnungs- und Naturalisierungseffekte dieser Verhältnisse sich immer schon mit jenen des Bewusstseins von Veränderung und Traditionsbruch vermengt sind. Am deutlichsten wird dies in der Frage nach der Konkurrenz zwischen egalitären und hierarchisch-komplementären Geschlechterverhältnissen, die sich durch alle Sphären zieht, in denen die Kategorie Geschlecht irgendwie Sinn macht.

Das Projekt der Auflösung hierarchischer Geschlechterkomplementarität ist nicht ohne Auflösung einer fixierten geschlechtsspezifischen Arbeitsteilung verwirklichbar, auch nicht ohne eine radikale Infragestellung des je instituierten Frauseins und Mannseins, ja des Frauseins, Mannseins und Heterosexuellseins unter Ausschluss aller ebenso realen »Zwischenstufen«. Dieser Umstand ist nicht zuletzt darum von gesellschafts- (und keineswegs nur bio-) politischer Brisanz: Wer die hartnäckig »naturalisierten« Differenzen oder die ebenso instituierte wie naturalisierte »Heteronormativität« aktiv aufzulösen versucht, entzieht nicht nur begrifflich, sondern auch politisch dem *a priori* heteronomen (weil sich jedem demokratischen Normsetzungsprozess entziehenden) Schleichnormierungsprozess den Boden – auch jenem des behaupteten Dispositivs unhintergehbarer Heteronormativität (Pechriggl 2008). Wer dagegen explizite, politische Normsetzung oder ebensolchen Normenrückbau unter breitestmöglicher Beteiligung aller Betroffenen in einem offenen, egalitären, also demokratischen Sinn einfordert, weist diese Art der Schleichnormierung ebenso zurück wie die arcana imperii, vermittels derer Politik oligarchisch oder gar autoritärfaschistisch privatisiert wird und somit aufhört Politik, das heißt öffentliche Angelegenheit aller zu sein. Dabei geht es um ein demokratiepolitisches Prinzip, nicht schon um die effektiv demokratischen oder gar geschlechterdemokratischen Ergebnisse von – hier nur äußerst grob skizzierten – deliberativen Handlungs- und Normsetzungsprozessen.

Resümierend festgehalten sei hier nochmals der bereits erwähnte, möglichst gleiche, d. h. gerecht verteilte Zugang zu den für die politische Gestaltung der Gesellschaft relevanten Positionen bzw. Ämtern. Ein solcher setzt entsprechende, strukturelle Ausgrenzung unterbindende, institutionelle Zugangsregeln voraus, die effektiv umzusetzen und nicht nur als Chance, also bloß begrifflich *(dynamei, in potentia)* zu behaupten sind.[24] Ebenso setzt er eine entsprechende Verteilung der räumlich-materiellen, zeitlichen und symbolischen Ressourcen voraus, und das betrifft alle drei Sphären (die private des Eigentums und der Intimität, die öffentliche der (Zivil)Gesellschaft und die explizit politische Sphäre).

Grenzen demokratischer Instituierung

In diesem Sinn liegt es nahe, dass die politische Sphäre – wie vor allem Hannah Arendt zu betonen nicht aufhörte – selbst von persönlichen Verkörperungsmerkmalen möglichst frei gehalten wird und nicht etwa durch einen bestimmten Persönlichkeits- oder Körpertypus besetzt wird. Derartige Besetzungen sind aber letztlich unumgänglich und somit auch der Effekt von Sozialisation bzw. Habituierung, von mehr impliziten als expliziten Praktiken, welche nicht insgesamt Gegenstand politisch-deliberativer Prozesse sein können. Das trifft auf die Geschlechterverhältnisse in besonderer Weise zu, insofern diese gerade dort nicht Gegenstand von explizit gestaltender Handlung sein können, wo sie von untergründigen, affektiven und imaginären Elementen getragen bzw. erfüllt sind. Doch überall dort, wo herrschen und beherrscht werden *(archein kai archesthai)* erkennbar im Spiel sind, macht politische *deliberatio*

24 Die Lippenbekenntnisse der aktuellen Parteieliten zur partizipativen Demokratie erweisen sich spätestens dort unverhohlen als solche, wo partizipative Elemente ausgebaut werden könnten, aber bereits im Keim erstickt werden, z. B. in der Umsetzung von e-voting zur Erweiterung partizipativer Demokratie; oder in der Bereitstellung von Mittel und Infrastruktur für von der Bevölkerung einzubringende Projektinitiativen auf Bezirks- oder Kommunalebene. (In diesem Sinn hat vor kurzem ein Wiener Bezirksrats der Grünen eine entsprechende Initiative gesetzt, die jedoch von den VertreterInnen aller anderen Parteien abgeschmettert wurde, nicht zuletzt mit den üblichen »Verweisen« auf die politische Inkompetenz der BürgerInnen, welche aus dem Mund so genannter Profi-PolitikerInnen, die oftmals nicht einmal die Verfassung kennen, geschweige denn die Bedeutung von »NGO«, besonders zynisch ist. Wenn diese »gewählten« Regierenden zu wissen meinen, dass die Wählerschaft für die konkrete Gestaltung ihrer Belange inkompetent ist, dann stellt sich die Frage, wieso sie die BürgerInnen dann überhaupt für kompetent halten, ihre VertreterInnen zu »wählen«?)

jedenfalls Sinn. Dort, wo sie im Spiel sind, aber noch nicht hinreichend erkannt oder bewusst gemacht wurden, sind kritische Aufklärungspraktiken gefordert, welche die Macht- und Herrschaftsmechanismen freilegen, um sie im Sinne eines demokratischen Ausgleichs neu zu verteilen (Repartition der Macht). Im Gegensatz zur häuslichen Gewalt oder zur permanenten Heteronomie, die Gegenstand politischer *deliberatio* oder strafrechtlicher Bestimmungen werden kann, ist dies hinsichtlich der Verteilung etwa der Aufgaben innerhalb des Haushalts nicht so eindeutig. Doch Hausarbeit muss Gegenstand von politischer Gestaltung werden, wenn diese Verteilung mit Abhängigkeit und Heteronomie einher geht und wenn sie dauerhaft bzw. strukturell ein Mitglied des Haushalts an der Teilhabe in der öffentlichen, erst recht in der explizit politischen Sphäre hindert.[25]

So sind abschließend noch jene Bereiche in Betracht zu ziehen, die sich der expliziten, also auch demokratischen Gestaltung der Geschlechterverhältnisse prinzipiell entziehen: das (nicht sozialisierte, in Körper und Geist eingeteilte) Psyche-Soma, der sexuelle Eros und die schöpferische Hervorbringung von Bedeutungen, sowohl auf der Ebene des zerstreuten, nicht formierten oder in Institutionen versammelten, Kollektivs als auch auf jener imaginativen der einzelnen Individuen. Obschon sich diese Bereiche der expliziten Politik entziehen, bereiten sie sie vor und liefern der politischen Sphäre ihre Bedeutungs- und Praxiselemente.

Das Psyche-Soma in seiner aporetischen Verwobenheit ist begrifflich diesseits der bewussten Wahrnehmung, des Wachbewusstseins angesiedelt. Zugleich stellt es eine unabdingbare Voraussetzung

25 Als Feministinnen konsequent die kleinfamiliäre Aufteilung der Hausarbeit zwischen Mann und Frau zu fordern begannen, wurde darauf oftmals repliziert, dass es sich dabei um eine private Angelegenheit handle, in die »der Gesetzgeber« (oder »die Politik«) nicht einzugreifen habe. Dieses »Argument« läuft nicht zuletzt auf eine Verschleierung des bürgerlichen Rechts hinaus, insbesondere dort, wo dieses die Hausarbeit den Frauen zumindest implizit vorbehielt, während es den Mann zum Haushaltsvorstand erhob, welcher alle anderen Mitglieder dieses »modernen« *oikos* nach außen hin, also gesellschaftlich und politisch vertritt, und zwar in jeder Hinsicht politischer Repräsentanz.

zung für das wachbewusste, deliberative Handeln dar, welches seinerseits wieder das Psyche-Soma prägt. Diese Prägung geht, in politischer Hinsicht, vor allem als Transfiguration des Psyche-Soma in einzelne und kollektive Körper von statten, zumal das Psyche-Soma in der originären Vermischung der beiden Termini (Seele und Leib) auf die Grenzen der Bestimmbarkeit, ja auf so etwas wie den »Grundabgrund« der sozialen Ordnung verweist. Dies wird besonders dort akut, wo geschlechtliche Aspekte des Psyche-Soma und der (sexuelle) Eros gemeinsam auf die untergründige Gestaltung der Geschlechterverhältnisse einwirken, und zwar in ständiger Aktualisierung kollektiver Phantasien (bewusster wie auch unbewusster) das Leben bzw. den Tod der Gemeinschaft, d. h. aller dieser Gemeinschaft oder Gesellschaft angehörenden Individuen betreffend.

Schließlich ist zu betonen, dass die Hervorbringung und permanente Veränderung des gesellschaftlichen Imaginären diesseits expliziter bzw. politischer Gestaltung angesiedelt ist, dass jeder Bereich davon aber potentiell Gegenstand einer solch expliziten Umgestaltung werden kann. Das was Castoriadis das »anonyme Kollektiv« nennt, also das Subjekt der unbestimmten Instituierung des Imaginären, kann ebenfalls an allen erdenklichen Stellen aus der Anonymität hervortreten und spezifische Gruppierungen oder Institutionen der Instituierung bzw. der politischen Setzung ausbilden. So kann diese Ebene des Kollektivs und ihre noch vagen bzw. unbestimmten Schöpfungen jederzeit Form annehmen, sich in expliziter Weise manifestieren und sich in gemeinschaftlich-öffentlicher Gestaltung phänomenalisieren. Je mehr Reflexions- und Deliberationsmöglichkeiten hinsichtlich der Gestaltung der Gesellschaft vorhanden sind, desto mehr Aspekte des gesellschaftlichen Lebens können in ihrer Herrschaft konstituierenden Wirkungsmacht erhellt werden. Die bereits oben angeschnittene Aufklärung ist mit ihrer entfetischisierenden Kritik Bedingung der Möglichkeit von Veränderung bzw. möglichst demokratischer Gestaltung.

Insofern die im Imaginären verankerte Heteronomie mit der hierarchischen Geschlechterkomplementarität einhergeht, ist diese weiterhin beständig zu zersetzen, wenn egalitäre Geschlechterverhältnisse tatsächlich greifen sollen. Doch es wird immer einen geschlechterkomplementären Rest rund um den biologischen Kern der «natürlichen» (nicht künstlichen) Fortpflanzung geben, zumindest solange die künstliche Fortpflanzung nicht das Feld beherrscht. Manche Komplementaritäten sind schwerlich abzuschaffen, und wir können uns fragen, warum das überhaupt nötig sein soll. Erforderlich ist vielmehr eine maximale Durchlässigkeit der Bedeutungsfelder und der Tätigkeiten bzw. gesellschaftlichen Räume, die daran geknüpft sind, damit die Individuen sich nach ihren Fähigkeiten einbringen und nicht nach den aufgezwungenen Schemata einer mehr oder weniger religiös ererbten Geschlechter- und Klassenordnung. Das impliziert nicht nur eine Ablösung der meisten Tätigkeiten von geschlechtsspezifischen Zuordnungen sondern auch eine semantische Vermehrung der Lebensentwürfe von Frauen, Männern und Transgenders, bzw. von Menschen, insofern sie sich nicht mehr in diesen Kategorien erschöpfen. So lange aber diese Kategorien unauflösbar mit Hierarchie, Beherrschung, Ungleichheit auf allen Ebenen ihrer Phänomenalisierung verknüpft sind, so lange werden vor allem Frauen in ihrem Bestreben nach Autonomie utopische Räume der Androgynie, der Travestie und des Transgender besetzen.

Die lesbian-and-gay- dann queer-Bewegung ist ebenso wie die damit verbundene Theoriebildung die bisher expliziteste Form dieser, die hierarchisch angeordneten Geschlechterklassen auflösenden, Suche nach «Räumen», in denen Menschen weitgehend außerhalb des instituierten «Geschlechts» samt den dafür vorgesehenen sexuellen und häuslichen Arrangements leben können. Es geht dabei nicht zuletzt darum, neue Räume zu erfinden und zu instituieren, denen die Geschlechterherrschaftsverhältnisse noch nicht ihren Stempel aufgedrückt haben; Räume, in denen Mann-, Frau- oder Menschsein noch nicht a priori, und damit heteronom bestimmt sind. Doch über diese mehr utopischen Räume bzw. Enklaven hinaus kann Frau-Sein, Mann-Sein, Transgender-Sein halbwegs frei nur in einer Gesellschaft gestaltet werden, in der die Gestaltung nicht nur der Institutionen, sondern auch der relevanten Bedeutungen für alle möglich und mit egalitären Entscheidungsprozessen verbunden ist. Diese Art der im weiteren, also pragmatischen Sinn »geschlechterdemokratischen« Gestaltung siedelt sich an zwischen »dissidentiärer« Neuerfindung von Geschlechtsidentität einerseits, einem reaktionären Rekurs auf tradierte und vermeintlich bewährte binäre Geschlechterschemata andererseits. Diese Schemata wurden bzw. werden insbesondere dann als vermeintlich natürliche (oder göttliche) Organisatoren des Gesellschaftlich-Geschichtlichen, ja des Politischen ins Werk gesetzt, wenn diese umwälzende Veränderungen durchliefen.[26] Doch nur selten konnten diese Schemata unverändert wiederhergestellt und tatsächlich zur Restauration vergangener Verhältnisse eingesetzt werden.

Die westlich-liberalen Gesellschaften hätten innerhalb ihrer, teilweise segregationistischen, jedenfalls hierarchisch geschlechterkomplementären Schemata verharren, und sich mit den Rollen zufrieden geben können, welche diese Schemata für ihre Individuen vorsahen. Doch die Moderne ist auch als eine die Geschlechterhierarchien destituierende aus der Niederschlagung durch den Nationalsozialismus und andere totalitäre Schreckensregime mit neuem Elan und postmoderner Parodie aus der Asche kriegerisch gepanzerter Männlichkeiten wiederauferstanden. Dem Ruf nach Frauenwahlrecht folgten andere, und jener nach »Geschlechterdemokratie« ist zugleich der Ruf nach mehr Demokratie – über die Geschlechterverhältnisse hinaus.

Die feministischen Umwälzungen – von einer Revolution kann durchaus gesprochen werden – weisen im Ringen um mehr Gerechtigkeit und Freiheit, d. h. um mehr Demokratie, einen in langfristiger Perspektive besonders interessanten Aspekt auf: Sie gingen zwar mit so manchen gewalttätigen Praktiken, mit den Konflikt zwischen Frauen nicht aushaltenden symbiotischen Einheitsphantasmen und zahlreichen – auch hegemonialen, homophoben und rassistischen Abspaltungen einher; niemals jedoch fügten sich diese zu einer totalitären Politik des Schreckens, wie in den anderen Revolutionen, in denen es doch immer darum ging, die Herrschaft zu erlangen und nicht, die Macht gerecht zu verteilen.

---

26 Zuletzt wurden diese Schemata, ja die Schöpfung selbst, in Herrn Ratzingers alias Papst Benedikts Weihnachtsrede 2008 gegen die Homosexuellen beschworen, und zwar während des – nicht gerade wegen dieser Weihnachtsrede gescheiterten – Vorstoßes Frankreichs bei der UNO, Homosexualität weltweit nicht mehr unter Strafe zu stellen. Die Angelegenheiten der Schöpfung, zu denen offenbar die Sexualität und der Eros der Menschen zählen, die sich nicht im Verzicht kasteien, sind bekanntlich nicht Privatsache.

In diesem Sinn wäre John Holloways Diktum, dass es nicht darum gehe, die Macht zu übernehmen, mithilfe von Hannah Arendts Machtbegriff (Arendt 1970) dahingehend abzuändern, dass es – ernsthaft demokratisch gesprochen – sehr wohl auch darum ginge, die von hauptsächlich männlichen Parteieliten monopolisierte und – systemisch gesprochen – nach wie vor im Dienste von Kapitaleliten ausgeübte Macht diesen zu entreißen (und nicht die als zur Herrschaft konzentrierte Macht zu erlangen), um für ihre möglichst gerechte Verteilung zu sorgen (was wie erwähnt auch die Vorhöfe der expliziten Machtausübung inkludiert).[27]

Wenn wir – wie Foucault es ausdrückte – nicht mehr so / derart regiert werden wollen (Foucault 1992: 8), dann müssen wir zumindest den Mut haben zu sagen, wie wir es gerne hätten und die Antwort kann – demokratisch gesprochen – nur eine über die männerbündischen und andere Ausschlüsse hinaus verallgemeinerte Politik sein: Indem wir – wie schon Aristoteles hervorhob – abwechselnd regieren und regiert werden *(archein kai archesthai)* und dafür sorgen, dass die Macht *(archê)*, und damit auch das Kapital und andere sie bedingende Ressourcen, nicht in den Händen einiger weniger, einer Klasse oder Kaste, eines Geschlechts oder der »autochthonen Bevölkerung« etc. konzentriert sind. Gegebenenfalls ginge es auch darum, die Wege dahin zu diskutieren und die entsprechenden Vorbereitungen zu treffen, um diese Wege einzuschlagen. Wenn wir darauf verzichten, dann vielleicht auch, weil wir es uns doch ganz bequem gemacht haben in diesem so und eben nicht anders (z. B. totalitär) Regiert-Werden ...

Es liegt gewiss nicht an der »natürlichen« Friedfertigkeit der Frauen, dass die feministischen Veränderungen (Reform oder Revolution ist längst nicht mehr die Alternative) nie zu totalitären Herrschaftsformen führten, auch niemals durch ein gleichsam heilsgeschichtliches Telos abgeschlossen wurden, sondern als Entwurf weiterexistieren. Doch vielleicht stellt die Tatsache, dass die Politik sich – und sei es nur für einen Moment – vom Krieg und dem dazu-

27 Dies war auch der Sinn jener demokratischen Revolution, welche als kleisthenische Reform die (männliche) Demokratie der Athener eingesetzt hat (Lévêque und Vidal-Naquet 1964).

gehörigen Imaginären abgelöst hat, für diese Veränderungen eine wichtige Bedingung dar. Diese Ablösung hat zum sozial wie auch politisch revolutionären Erfolg der feministischen Bewegungen jedenfalls beigetragen und damit auch zur effektiven Demokratisierung unserer durchaus noch kritikwürdigen Gesellschaften. Denn so lange die Politik der Moderne in ihren großen Zügen in Machiavellis Begriffen *(Der Fürst)* und vor allem in jenen von Clausewitz (die Politik sei die Fortsetzung des Krieges mit anderen Mitteln) verfasst war, hatten Frauen kollektiv nichts darin zu suchen. Und erst die Ablösung der Politik vom Krieg hat auch dazu beigetragen, neue – weniger »militant-militärische«, mehr diskursiv-konfliktaustragende, zuweilen auch ironische – Formen der offiziellen Politik, aber auch des radikaleren Protests, auszubilden.

Dieser ist nun auch nicht mehr vereint unter dem Avant-Garde-Banner der Einheitspartei oder des Kaders, auch würden surreale Wortgebilde wie »demokratischer Zentralismus« heute sogar die fanatischsten »Kämpfer« für die Gerechtigkeit zum Lachen bringen, und weder putschistische noch sonstige militärische Metaphern haben im aktuellen politischen Protestimaginären liberaler Demokratien besondere Bedeutung. Von Subkommandante Marcos in Mexiko, von der/dem zuweilen auch angenommen wird, dass er/sie eine Frau ist, über die »lesbischen Trommlerinnen« gegen Schwarz-Blau zum Rosa (Parodie)Block in Londons »reclaim the street«-Bewegung mit seinen staubwedelnden gay-pride-Attitüden: Die Palette der subversiven Praktiken ist alles andere als »auf Linie«. Es ist nicht absehbar, inwieweit diese Dispersionen in der Beförderung von egalitären Geschlechterverhältnissen und Demokratie erfolgreich sein oder alsbald von gegnerischen hardcore Formationen niedergemäht werden. Gewiss ist, dass langfristig mit solchen Protest-Taktiken, -Praktiken und -Inszenierungen der totale crash vermieden, die politische Kultur mitgestaltet wird und die »Wiederauferstehung« jederzeit eingeplant ist – backlash hin, backlash her. Doch ohne ernsthafte Veränderung der politischen Institutionen und des Normsetzungsprozesses als solchem werden beide, Geschlechtergleichheit und Demokratie, auf der Strecke bleiben und die Geschicke und Ressourcen ganzer Bevölkerungen wieder in einer immer geringer werdenden Zahl von Händen »professioneller

PolitkerInnen«, Pseudorittern oder (Krieg)Führern konzentriert. Die Frage, ob diese Figuren im Moment nur marxsche Karikaturen ihrer historischen Vorbilder sind, oder ob sie nicht vielmehr inmitten der Wirtschaftskrise eine tatsächliche Bedrohung der – immerhin – repräsentativ-demokratischen Mehrparteiensysteme darstellen, sollte jedenfalls nicht leichtfertig als »paranoid« abgefertigt werden.

Bibliographie

Arendt, Hannah, Macht und Gewalt, Piper, München, 1970.
Bobbio, Norberto, Die Zukunft der Demokratie, Rotbuch, Berlin, 1988.
Bourdieu, Pierre, »La représentation politique«, in: Actes de la recherche en sciences sociales, 1981.
Ders., »La délégation et le fétichisme politique«, in: Actes de la recherche en sciences sociales, 1985.
Ders., Die männliche Herrschaft, Suhrkamp, Frankfurt am Main, 2005 (1998).
Castoriadis, Cornelius, »La polis grecque et la création de la démocratie«, in: Domaines de l'homme. Les carrefours du labyrinthe Band II, Seuil, Paris, 1977.
Cunningham, Frank, »Radical Philosophy and the New Social Movements«, in: The Real World of Democracy Revisited, Humanity Press, New Jersey, 1994.
Debray, Regis, Le scribe, Grasset, Paris, 1980.
Evens, Judith, »The Good Society« in: Political Studies, XXXII, 1984.
Foucault, Michel, Was ist Kritik? Merve, Berlin, 1992.
Hauser, Kornelia, »Weiberräte – Frauenmacht«, in: Argument SH, 1984.
Holloway, John, Die Welt verändern, ohne die Macht zu übernehmen, Westfälisches Dampfboot, Münster, 2002.
Kelsen, Hans, Was ist Gerechtigkeit? Reclam, Stuttgart, 2000 (1953).
Ders., Vom Wesen und Wert der Demokratie, Scientia Verlag, Aalen, 1963 (1929).
Lévêque, Pierre/Vidal-Naquet, Pierre, Clisthène l'Athénien: essai sur la représentation de l'espace et du temps dans la pensée politique grecque de la fin du VIe siècle à la mort de Platon, Les Belles Lettres, Paris, 1964.
Pechriggl, Alice, Chiasmen, Transcript, Bielefeld, 2007 a.
Dies., Destituierung, Instituierung, Konstituierung ... und die de/formierende Macht affektiver Besetzung, transversal, extradisciplinaire, http://eipcp.net/transversal (10. Februar 2009), 05/2007 b.
Dies., »Psychoanalytisch-naturrechtliche Heteronormativität versus politische Normsetzung«, in: Bartel, Rainer u. a. (Hg.), Heteronormativität und Homosexualitäten, Studienverlag, Innsbruck, Wien, Bozen, 2008.
Rancière, Jacques, La haine de la démocratie, la fabrique, Paris, 2005.
Riviere, Joan, Womanliness as a Maskerade. In: Riviere, Joan. Ausgewählte Schriften hgg. von Lilli Gast, edition diskord, Tübingen, 1996 (1929).
Scalfaro, Eugenio, Non poteva esserci scempio più atroce, http://www.repubblica.it/2009/02/sezioni/cronaca/eluana-englaro-2/scalfari/scalfari.html (10. Februar 2009).
Scott, Joan W., Only paradoxes to offer: French feminists and the rights of man, Harvard University Press, Cambridge Mass. u. a., 1996.
Sineau, Mariette, Des femmes en politique, Economia, Paris, 1988.

Utta Isop

Geschlechterbasisdemokratie
Fünf Forderungen queerer Politik?

> »Als queerer Ethos richtet sich die affirmative und transformative Anerkennung grundsätzlich gegen jene gesellschaftliche Wirklichkeit, in der Menschen hierarchisch eingeteilt und kategorisiert werden und in der diese Hierarchien durch Gesetze, Institutionen, Vorstellungen, Positionen u. v. m. verfestigt sind. Hierarchische Teilung und Aufteilung ist nach queerer Auffassung keine unveränderbare Gegebenheit und kein Naturzustand. Insofern bedarf die umfassende Verwirklichung dieses Ethos der Dekonstruktion von Kategorisierungen und Hierarchien und deren Auswirkungen auf Menschen sowie explizit der Bereitschaft jener, die hierarchisch ›höher stehen‹, ihren Status von sich aus reflektierend zu verändern.« (Perko 2005: 66)

1 Was ist Geschlechterbasisdemokratie?[1]

Geschlechterbasisdemokratie ist eine Wortneuschöpfung, welche die Leistungen des Begriffs Geschlechterdemokratie und die Leistungen des Begriffs Basisdemokratie als voneinander nicht trennbare darstellt. Der Kerngedanke ist, dass der Begriff Geschlechterbasisdemokratie die gesellschaftlichen und gedanklichen Widersprüche, welche sich aus dem Zusammenhang mit dem Begriff Geschlechterdemokratie ergeben, besser als dieser bearbeiten kann und so besser in der Lage ist, basisdemokratischere Geschlechter- und Gesellschaftsverhältnisse sowie alternative Formen der Vergesellschaftung zu fördern. Geschlechterdemokratie gerät durch ihren grundlegenden Anspruch einer Emanzipation und Demokratie für alle Frauen, Personen, Geschlechter einerseits und durch ihre Tendenz zur weiblichen Elitenbildung andererseits in systemimmanent nicht auflösbare Widersprüche. Daran knüpft der Begriff der Geschlechterbasisdemokratie an. Der Begriff Geschlechterbasisdemokratie nimmt direkt Anleihe an einer Fülle von theoretischen und praktischen Traditionen aus sozialen Bewegungen und

1 Ein genaueres Konzept von Geschlechterbasisdemokratie soll im Rahmen meiner Dissertation entwickelt werden.

versucht, ausgehend von queerer Theorie, über mögliche Forderungen queerer Politik nachzudenken. Ein solches Nachdenken in Bezug auf einen neuen Hilfsbegriff »Geschlechterbasisdemokratie« beinhaltet utopische Elemente. Diese sind nötig, um bestehende Verhältnisse kritisieren und in ihrer scheinbaren Alternativenlosigkeit in Frage stellen zu können. Im Folgenden sollen erstens Probleme dargestellt werden, die sich aus dem Begriff Geschlechterdemokratie ergeben können, wenn dieser nicht spezifiziert wird. Zweitens werde ich als Konsequenz von vier an Geschlechterdemokratie formulierten Kritiken, fünf sich auch aus queerer Theorie ergebende politische Forderungen von Geschlechterbasisdemokratie zur Diskussion stellen.

2 Was ist unter Geschlechterdemokratie zu verstehen?

Im Jahr 2005 lassen sich von 187 Parlamenten nur mehr 8 Parlamente ohne weibliche Abgeordnete finden. 16 Prozent aller Abgeordneten weltweit sind Frauen (Samouiller/Jabre: 439). Dies könnte als Erfolg eines geschlechterdemokratischen Verständnisses, ausgehend von Frauenbewegungen, gesehen werden. Um die Erfolge dieses Ansatzes evaluieren zu können, ist freilich zuerst einmal sein eigener Anspruchshorizont zu diskutieren. Was ist also unter Geschlechterdemokratie zu verstehen? Der Begriff Geschlechterdemokratie zerfällt grob gesprochen in zwei Dimensionen:

- Eine national- und suprastaatliche, in welcher Geschlechterdemokratie als die Gleichstellung von Mann und Frau im Kontext repräsentativer Demokratie verstanden wird (europäische Gleichstellungspolitik).
- Eine feministisch-geschlechtertheoretische, die weit reichende Kritiken an repräsentativer Demokratie ebenso wie an National- und Suprastaaten formuliert.

2.1 Geschlechterdemokratie im Kontext europäischer Gleichstellungspolitik

Die erste im Kontext der EU praktisch relevante Dimension von »Geschlechterdemokratie« meint »die Absicht, demokratische Verhältnisse zwischen Frauen und Männern (...) herzustellen«. Dabei wird Geschlechterdemokratie an der quantitativen Beteiligung von Frauen gemessen, wie Beate Hoecker ausführt und betont: »(...), dass Frauen in politischen Spitzenpositionen europaweit noch keineswegs eine Selbstverständlichkeit sind. Angesichts eines durchschnittlichen parlamentarischen Frauenanteils von derzeit gut einem Fünftel lassen sich die Mitgliedstaaten (EU) vielmehr nach wie vor als ›unfinished democracies‹ kennzeichnen«[2]. Ganz allgemein meint Geschlechterdemokratie in einer solchen EU-politischen Dimension »ein besseres Gleichgewicht zwischen Frauen und Männern« (Walter Hollstein: 10). Geschlechterdemokratie in diesem Sinn verortet die notwendigen Prozesse der Demokratisierung zwischen Frauen und Männern im Kontext von repräsentativer Demokratie sowie von National- und Suprastaat. Die Bemühungen um eine Erhöhung der quantitativen Beteiligung von Frauen in bereits bestehenden politischen, sozialen und ökonomischen Strukturen gehen hier nicht mit einer Infragestellung der gesamten Geschlechter- und Gesellschaftsordnung einher. Beispiele für Interventionen mit einem solchen Verständnis von Geschlechterdemokratie finden sich mit den Initiativen »250 Millionen Frauen in der EU. Und nicht eine einzige gut genug?«[3] (Es geht dabei um die Chefposten des Rats, des Europaparlaments, der Kommission, sowie des hohen Vertreters für Außen- und Sicherheitspolitik) oder mit der Initiative »Tausend Frauen für den Frieden«[4] (Hier wogen bei der Vergabe des

2 http://de.wikipedia.org/wiki/Geschlechterdemokratie 20. Mai 2008. Geschlechterdemokratie ist ein dem Gender Mainstreaming verwandter Begriff. Er bezeichnet die Absicht, demokratische Verhältnisse zwischen Frauen und Männern in der Gesellschaft als Ganzer wie auch konkret in Unternehmen und Organisationen herzustellen. Um dies zu erreichen werden u. a. Gendertrainings durchgeführt, die das Bewusstsein für Ungleichheiten schärfen und Wege zur Demokratisierung der Geschlechterverhältnisse aufzeigen sollen.«

3 http://www.bpb.de/publikationen/F6ETTA,0,Geschlechterdemokratie_im_europ%E4ischen_Kontext.html 16. Juni 2008. Beate Hoecker (2000): Geschlechterdemokratie im europäischen Kontext. Die Konzepte der Europäischen Union zur Förderung der politischen Beteiligung von Frauen. Politik und Zeitgeschichte (B 31-32/2000).

4 http://www.femalesinfront.eu/default.asp?view=front&lang=de am 26. Sept. 08.

Friedensnobelpreises tausend Frauen in der aktiven Friedensarbeit international nicht einen einzigen Funktionsträger der europäischen Atomaufsichtsbehörde auf, welcher den Friedensnobelpreis schließlich zugesprochen bekam).

2.2 Feministisch-geschlechtertheoretische Dimension von Geschlechterdemokratie

In der zweiten Dimension des Begriffs Geschlechterdemokratie werden weit reichende Kritiken an Instituten EU-politischer Gleichstellungspolitik formuliert. So z. B. Beate Hoecker:

> »1. Ziel der EU-Gleichstellungspolitik muss ein grundlegender Wandel der Gesellschaft sein. Die Demokratisierung des Geschlechterverhältnisses lässt sich nicht mit einigen geringfügigen ›Korrekturen‹ erreichen; erforderlich ist vielmehr eine umfassende Gesellschaftstransformation. Eine erfolgreiche Gleichstellungspolitik muss darauf abzielen, die bestehenden Ungleichheitsstrukturen zwischen den Geschlechtern selbst aufzubrechen, denn Chancengleichheit – in Politik wie Gesellschaft – ist nur dann gegeben, wenn auch die Voraussetzungen für Frauen und Männer gleich sind.«[5]

Beate Hoecker stellt hier eine viel weiter gehende Forderung als lediglich diejenige nach Chancengleichheit im Sinn formaler Gleichheit von unterschiedlichen Geschlechtern an, nämlich die Forderung nach der realen, materiellen Gleichheit von gesellschaftlichen Voraussetzungen für die politische Betätigung unterschiedlicher Geschlechter. Es ist offensichtlich, dass für solche »umfassende Gesellschaftstransformationen«, Veränderungen auf vielen Ebenen ansetzen müssten, so etwa im Bereich der Produktions- und Eigentumsverhältnisse, bei Hierarchien und Entscheidungsprozessen. Ähnlich Birgit Sauer, die in ihrem Verständnis von Geschlechterdemokratie weit über die Integration von Frauen in bestehende politische Strukturen hinausgeht. Sie kritisiert sowohl Geschlechterheteronormativität als auch die Strukturen von Staat und repräsentativer Demokratie und thematisiert die Über-

---

5 http://www.peacewiki.uni-klu.ac.at/index.php/1000_Frauen_f%C3%BCr_den_Friedensnobelpreis am 26. Sept. 08.

windung von privatem und öffentlichem Bereich.[6] Auf solch weit reichende Kritiken an bestehenden Verhältnissen bezieht sich Geschlechterbasisdemokratie im Folgenden. Vor allem ist es nicht ausreichend die Widersprüche des Bestehenden wie folgt aufzuzeigen, sondern es ist nötig dieselben darüber hinaus durch einen Blick auf Alternativen mit utopischen Elementen noch einmal in Frage zu stellen.

3 Widersprüche von Geschlechterdemokratie

Die Forderungen von feministischen Gendertheoretiker_innen gehen weit über repräsentative Demokratie und den Bezug auf den Nationalstaat hinaus. Allerdings macht das der Begriff Geschlechterdemokratie nicht deutlich. Tatsächlich steht Geschlechterdemokratie in der Spannung zwischen dem Anspruch auf Emanzipation und Demokratie für alle einerseits und der Förderung von weiblicher Elitenbildung andererseits. Das wird vor allem in vier Widersprüchen deutlich:

[3.1] Geschlechterdemokratie fördert die weibliche Elitenbildung gegen ihren eigenen Anspruch auf Emanzipation aller Frauen (Förderung von »F-Klasse[7]« und »Alpha-Mädchen«[8]). Die Texte »Basisdemokratie oder: Räte wider den Ver-rat der Ver-tretung« von Alice Pechriggl (Pechriggl: 122 ff.) und »Parlamentarismus und Frauenbewegung. Ansätze einer anarchafeministischen Kritik« von Anna Clar (Clar: 34 ff.) werde ich zur Verdeutlichung dieses Widerspruches diskutieren.

[3.2] Geschlechterdemokratie missachtet systematisch Interdependenzen unterschiedlicher Herrschaftsstrukturen. Dies wird anhand des

6 Beate Hoecker: Geschlechterdemokratie im europäischen Kontext. Die Konzepte der Europäischen Union zur Förderung der politischen Beteiligung von Frauen. Politik und Zeitgeschichte (B 31-32/2000) http://www.bpb.de/publikationen/F6ETTA,0,Geschlechterdemokratie_im_europ%E4ischen_Kontext.html 16. Juni 2008.

7 Thea Dorn: Die neue F-Klasse. Wie die Zukunft von Frauen gemacht wird. Piper: 2006.

8 Meredith Haaf, Susanne Klingner, Barbara Streidl: Wir Alphamädchen: Warum Feminismus das Leben schöner macht. Hoffmann und Campe. 2006.

Textes von Claudia Bernhard »Kritik der historischen Demokratie« (Bernhard: 201 ff.) dargestellt.

[3.3] Geschlechterdemokratie schwächt die Wahrnehmung, dass es eine »Vielheit von Geschlechtern« gibt, schwächt die Kraft von Identitätskritik und schreibt die Eindeutigkeit von Identitäten fest. Anhand der Problematik von Doppel- und Mehrfachmitgliedschaften im Text »Zur strukturellen Repräsentationsproblematik bei der Vertretung von Fraueninteressen am Beispiel des ›Experiments‹ Unabhängiger Frauenverband« von Eva Sänger wird diese Problemlage illustriert.

[3.4] Geschlechterdemokratie ignoriert die ungleichen wirtschaftlichen und politischen Abhängigkeiten bei der Verteilung globaler Ressourcen. Geschlechterdemokratie erlaubt es weder das Verhältnis von »Geschlechtern des globalen Nordens« zu »Geschlechtern des globalen Südens« noch Perspektiven für die Demokratisierung dieser Verhältnisse neu zu denken, da sie dem Rahmen von National- und Suprastaat verhaftet bleibt.

3.2 Geschlechterdemokratie fördert weibliche Elitenbildung

Geschlechterdemokratie, die sich explizit auf den Kontext repräsentativer Demokratie und den Kontext von National- und Suprastaat beschränkt tendiert zur Förderung weiblicher Elitenbildung. Repräsentative Demokratie lebt mit und von hierarchischen Institutionen, in welchen Geschlechterdemokratie Ziele verfolgt, wie etwa die prozentuelle Gleichstellungen von Frauen und Männern (50 % Frauen und 50 % Männer auf allen Führungs- und Einkommensebenen). Eine solche Forderung führt aber zur scheinbaren Legitimation von Oligarchien, Eliten, Hierarchien, Klassen und Einkommensunterschieden und damit zur Legitimation weiblicher Elitenbildung. Dieser Gedanke soll anhand der folgenden beiden Texte erläutert werden.

3.2.1 »Basisdemokratie oder: Räte wider den Ver-rat der Ver-tretung« von Alice Pechriggl

> »Die repräsentative Demokratie nämlich ist im Sinne der Vertretung nicht nur immer schon hierarchisch, also pyramidal angelegt, sie setzt ebenso die Subsumtion der Einzelnen unter ein vertretbares Allgemeines voraus.« (Pechriggl: 123 f.)

Der Streit um das zu vertretende Allgemeine kann als die Kehrseite des »Streits um die Differenz« in den Frauen- und Geschlechterbewegungen der 1990er Jahre angesehen werden. Welche Person, welche Frau darf für eine andere sprechen? Werden damit nicht irreduzible Differenzen ignoriert? Geschlechterdemokratie geht von der Differenz zwischen Männern und Frauen aus und tendiert dazu, Machtpositionen zwischen diesen beiden Geschlechtern prozentuell aufzuteilen. Wenn eine kleine Minderheit von Frauen eine große Mehrheit von Frauen vertritt oder Frauen bestimmter Herkunft und Lebensweise, eine Vielheit von Frauen mit völlig anderen Herkünften und Lebensweisen repräsentieren, so gilt dies zumindest den politischen Konzepten von Geschlechterdemokratie als unproblematisch. Aber genau solche Prozesse fördern weibliche Elitenbildung sowie die Konkurrenzierung und Hierarchisierung »innerhalb eines Geschlechts«, gerade auch zwischen Frauen. Kann es ein Ziel emanzipatorischer Bewegungen sein, Hierarchien zwischen sich emanzipierenden Personen zu fördern und zu legitimieren? Bedeutet Emanzipation »Emanzipation zur Elite«? Die Diskussion zum »neuen Feminismus« im deutschsprachigen Raum (F-Klassen, Alpha-Mädchen) legt ein solches Verständnis von Emanzipation nahe.

Die Verfahren repräsentativer Demokratie tendieren zur systematischen Produktion oligarchischer Strukturen. In ihren Institutionen reproduziert sich eine Minderheit von Frauen und Männern aufgrund scheinbarer Alternativenlosigkeit und lässt sich regelmäßig demokratisch legitimieren:

> Es evakuiert das Handeln aller, das immer sowohl an das einzelne Individuum als auch an die Gemeinschaftlichkeit gebunden ist, aus dem politischen Bereich. Damit wird das Handeln nicht nur von der ihm wesentlichen, es verändernden Öffentlichkeit abgekoppelt, sondern gehört darüber hinaus zur Farce der geschäftigen Parlamentsshow – die ohnehin niemanden mehr interessiert – oder zum geschäftlichen Handel. (Pechriggl: 124)

Die Widersprüche zwischen autonomen und integrativen Frauenbewegungen (»Marsch durch die Institutionen«) bzw. zwischen reformativen und transformativen Politikformen lassen sich auch an ihren Distanzen zum parlamentarischen Geschehen erkennen.

Unterschiedlich ist dabei auch, in welchem Ausmaß Herrschaftsverhältnisse zwischen Frauen thematisiert werden. Differenzen, Ein- und Ausschlüsse, Hierarchisierungen, Unsichtbarkeiten und Herrschaftsverhältnisse innerhalb eines Geschlechts stehen auch im Zentrum dekonstruktivistischer Debatten der 1990er Jahre. Diese versuchten durch repräsentative Diskurse und Verfahren der Verallgemeinerung ausgeblendete Individuen, Gruppen, Traditionen, Identitäten sichtbar zu machen. Gleichzeitig aber auch die Konstruktion von Identität im Spannungsverhältnis von Wahl und Zwang überhaupt in Frage zu stellen. Geschlechterdemokratie verstärkt im Gegensatz dazu Herrschaftsverhältnisse zwischen Frauen, indem sie zentrale Achsen der Identitätskonstruktion wie z. B. ökonomische und soziale nicht in Frage stellt:

> Wenn wir tatsächlich eine radikale Form der Demokratie intendieren, dann erscheint es widersprüchlich und gar sinnlos, sie nicht auf alle Bereiche der Gesellschaft zu beziehen. Und angesichts der Tatsache, daß die gegenwärtige Beherrschung der Individuen sehr wohl (wenn auch nicht nur) ökonomischer Natur ist, kommen wir nicht umhin, zugleich die Frage nach einer radikalen Demokratisierung der Ökonomie und damit auch nach dem Eigentum zu stellen. (Pechriggl: 128)

Ökonomische und soziale Herrschaftsstrukturen erzeugen eben nicht nur Hierarchien und Ungleichheiten zwischen den Geschlechtern, sondern gerade auch innerhalb der Geschlechterkategorien. Dies wird aber systematisch ignoriert. Folglich ist es auch nicht möglich Diskriminierung aufgrund von Klasse oder Einkommen innerhalb der europäischen Union einzuklagen. Die Trennung von Erwerbsarbeit und Fürsorgearbeit wie auch die Verteilung unterschiedlicher Einkommen werden notwendiger Weise im Hinblick auf die Geschlechterdifferenz Mann und Frau in Frage gestellt. Die Ungleichheiten innerhalb eines Geschlechts werden (wie z. B. die ethnische Unterschichtung durch Migrantinnen im Bereich der Fürsorgearbeit zeigt) sehr selten in Frage gestellt. Wird Geschlechterdemokratie als »Emanzipation« von weißen Ober- und Mittelstandsfrauen auf Kosten von Frauen mit niedrigem Einkommens- und Bildungsgrad und von Migrantinnen, welche die zurückbleibende Fürsorgearbeit übernehmen, gedacht, so stellt dies weder die Hierarchie zwischen Männern und Frauen noch die Hierarchien zwischen Frauen und Frauen in Frage. Geschlechterdemokratie führt dann zu einem Selbstwiderspruch zwischen einem gesamtgesellschaftlichen Emanzipationsbegriff, der auf Befreiung von allen Personen und Gruppen zielt, und einem »karrieristischen« Emanzipationsbegriff, der sich auf individuelle und klassistische Karrieren beschränkt. Ein emanzipatorischer Anspruch, der sich auf bestimmte Gruppen und Personen beschränkt ist, wird meist mit seiner hierarchischen Realisierung konfrontiert. Er befördert die Spaltung in unendliche Gruppen und Identitäten innerhalb einer sozialen Bewegung wie der Frauenbewegung. Wie glaubwürdig sind Forderungen nach Gleichstellung, Emanzipation und Empowerment, wenn diese zeitgleich systematisch Hierarchien und Herrschaft innerhalb eines Geschlechts erzeugen? Wie glaubwürdig ist die Forderung nach Gleichstellung von »Frauen und Männern«, wenn diese Gleichstellung durch Über- und Unterordnungen von Frauen über Frauen erfolgt?

3.2.2 »Parlamentarismus und Frauenbewegung. Ansätze einer anarchafeministischen Kritik« von Anna Clar

> Es ist für frau besonders fatal, sich vertreten zu lassen, frau muß vielmehr die Selbstbestimmung jeglichen Zentralisierungs- und Herrschaftsbestrebungen entgegensetzen. (...) Jede Frau jedoch, die für sich den Weg des Parlamentarismus geht, verstärkt die Illusion vieler, auf diesem Weg grundlegende Veränderungen erreichen zu können. (Clar: 36)

Geschlechterdemokratie bestärkt die Illusion, es sei a priori legitim, wenn eine Minderheit von Frauen innerhalb hierarchischer Organisationen eine Mehrheit von Frauen vertritt. Was aber »qualifiziert« eine kleine Gruppe von z. B. weißen, heterosexuellen, nicht behinderten Frauen eine große Mehrheit von Frauen, die sich durch eine Vielfalt von Differenzen auszeichnen, in hierarchischen Institutionen zu vertreten? Welche Qualifikationen sind das außer solche eine Angehörige privilegierter Gruppen zu sein und deren Traditionen und Praktiken von Herrschaft ruhig und begabt akzeptieren und durchführen zu können? Kann im Kontext von Demokratie und demokratischen Verfahren tatsächlich das Kriterium der »Qualifikation« angewandt und eingesetzt werden, ohne zu einem Vorwand für die Erhaltung oligarchischer Machtstrukturen zu verkommen?

Wenn es tatsächlich um die Mitbestimmung und die Selbstbestimmung aller geht, wie dies in einer Demokratie der Fall sein sollte, gibt es keine Frauen, keine Männer und keine Geschlechter oder Individuen, die nicht qualifiziert sind, über ihre Lebensbedingungen in allen Belangen selbst zu bestimmen. Wenn Vertretungsstrukturen gewählt werden, so sollten diese keinesfalls den Eindruck erwecken, als ob nur bestimmte Individuen und Gruppen aus welchen Gründen auch immer (sei es Qualifikation, Religion, Erkenntnis, Reichtum, kriegerische Macht) dazu berufen wären, Entscheidungen über alle angehende Bereiche einer Gesellschaft (z. B. Geschlechterbeziehungen, Finanzen, Bildung, Handel, Verteidigung usw.) zu fällen. Durch die große Anzahl an Menschen sind Vertretungsstrukturen und auch Strukturen der kleinteiligeren, spezialisierteren Bearbeitung von bestimmten Themenkreisen sehr zu begrüßen. Diese sollten jedoch keinesfalls durch langjährige ExpertokratInnen besetzt werden. Die gerechteste und offenste Form der Verteilung von Vertretungsstrukturen und Ämtern erscheint mir durch das Los zu erfolgen, da diese, ausgeübt durch eine große Anzahl an Menschen, den Aufbau und den Erhalt von Herrschaft in den Händen einiger Weniger äußerst erschwert. Demokratische Gesellschaften hätten also die Aufgabe, einerseits eine weitest gehende Selbstbestimmung von Individuen und Gruppen zu unterstützen und andererseits in erster Linie solche Vertretungsstrukturen einzurichten, welche nicht den Anschein der Auserwähltheit (aus welchen Gründen auch immer, Qualifikation, gute Rhetorik, Schönheit usw. ...) erwecken, sondern durch die Nüchternheit des Zufalls begründet sind und somit für alle gleich gelten. Um Selbstbestimmung aber kollektiv zu ermutigen, muss diese immer wieder gemeinsam gelernt, erobert und erarbeitet werden, wie Anna Clar dies ausdrückt, denn ansonsten kann es geschehen, dass ich in eine Vertretungsstruktur gelost werde aber z. B. Furcht habe vor vielen Menschen zu sprechen:

> Dieses Selbstverständnis kann frau nicht im Wahlakt, sondern nur auf dem Weg der aktiven Selbstbetätigung erlernen und stärken, z. B. in Formen ›direkter Aktion‹ oder in gegen den Staat erkämpften Freiräumen. In diesen besteht der Anspruch, daß jedes Individuum zu jeder Zeit die Kontrolle über den Handlungsablauf behält und daß eine Verselbständigung der Mittel zu vermeiden versucht wird. (Clar: 36)

Solche anarchafeministischen Kritiken, die in Ansätzen bereits im 19. Jahrhundert entwickelt wurden, treffen ins Zentrum heutiger Widersprüche und Probleme von Geschlechterdemokratie, wie sie in Programmen von Frauenförderung, Gleichstellungspolitik und Gender Mainstreaming umgesetzt wird. Diese hat, trotz aller Bemühungen, gerade nicht zum Ziel die Selbstorganisation und Selbstbestimmung aller zu fördern, sondern lediglich die Integration einiger ausgewählter Personen. Geschlechterdemokratie geht es gerade nicht darum, dass Verfahren angedacht, ausprobiert und unterstützt werden, welche allen einzelnen Personen grundlegendere Kontrolle über die sie betreffenden Handlungsabläufe ermöglichen.

3.3 Geschlechterdemokratie missachtet Interdependenzen von Herrschaftsstrukturen

Es ist bereits deutlich geworden, dass Geschlechterdemokratie wenig Sensibilität, Achtung und Aufmerksamkeit für die Interdependenzen von Herrschaftsstrukturen übt, sondern diese in erster Linie ignoriert. Interdependenzen unterschiedlicher Herrschaftsstrukturen, wie Heteronormativität, Klasse, Rasse, Geschlecht, Lokalität, Behinderung, Ehtnizität, Antisemitismus, Kapitalismus, Antiziganismus werden auf die Gegenüberstellung von Mann und Frau reduziert. Wenn es um die statistische Gleichstellung von Männern und Frauen geht, spielen alle weiteren Differenzen und Herrschaftsstrukturen im Zusammenhang damit keine Rolle. Mehrfachdiskriminierungen, Triple Oppression und ähnliches müssen sogar als Bedrohung von Geschlechterdemokratie gesehen werden, weil diese ihre Ziele und Verfahren überfordern würde. Antidiskriminierung kann als einklagbare zwar einer Form von Benachteiligung Raum geben, aber die Problematiken von »Mehrfachdiskriminierungen« oder gar die Ansprüche gesamtgesellschaftlicher Konzepte zu Selbstbestimmung und strukturellen Benachteiligungen wie die Interdependenztheorien lassen sich kaum integrieren. Auch werden Hierarchisierung und Benachteiligung aufgrund von Armut, mangelndem Einkommen, Eigentum und sozialem Status nicht berücksichtigt. Heutige gesellschaftliche Bedingungen und die methodischen Verfahren repräsentativer Demokratie sind überfordert, sollen sie für Gleichstellung der von ihr permanent neu erzeugten Benachteiligten sorgen. Die Vielheit von Herrschaftsstrukturen und ihre notwendige Interdependenz werden von Anarchafeministinnen bereits früh thematisiert:

> Sie liegen in der anarchistischen Tradition des Anarchafeminismus begründet und finden sich sowohl in neuren theoretischen Ansätzen als auch bei Louise Michel, Emma Goldmann und den Mujeres Libres: Die Befreiung der Frau kann nicht losgelöst von gesellschaftlichen Gegebenheiten erreicht werden, ihre Voraussetzung ist vielmehr die befreite Gesellschaft, also die Abschaffung aller Herrschaftsformen. (Lohschelder: 166)

Wie schwächend die Nichtberücksichtigung von Interdependenzen (unterschiedlicher Herrschaftsstrukturen) für soziale Bewegungen sein kann, zeigt Claudia Bernard in ihrer »Kritik der historischen Demokratie«. Darin führt sie aus, wie soziale Bewegungen, konkret die Frauenrechtsbewegung und die schwarze Bürgerrechtsbewegung, in ihrem Kampf um das Wahlrecht in den USA gemäß dem Prinzip »Teile und Herrsche!« gegeneinander ausgespielt wurden. Dies wiederholt sich durch die Verleugnung von Interdependenzen im Konzept von Geschlechterdemokratie: soziale Bewegungen kämpfen um Integration und Vertretung in repräsentativer Demokratie, National- und Suprastaat und übergehen dadurch systematisch ihre unauflösbaren Abhängigkeiten zu anderen sozialen Bewegungen und möglichen Bündnispartner_innen.

3.3.1 »Kritik der historischen Demokratie« von Claudia Bernhard

> Der demokratische Staat und seine scheinbare Vielfalt schaffen die Voraussetzungen für den Kampf um Partizipation, der unter den weniger bzw. Nichtprivilegierten ausgetragen wird. Diese Konkurrenzsituationen, in denen sich die Unterdrückungsfaktoren wie Rasse, Klasse und Geschlecht befinden, stabilisieren die Demokratie. (...) Die Auseinandersetzungen um die Sklaverei und die Frauenrechtsbewegung zwischen dem Norden und dem Süden in den Vereinigten Staaten ab Mitte des 19. Jahrhunderts sind ein Paradebeispiel dafür, wie sich Rassismus und Sexismus durch entsprechend selektive Partizipationsmöglichkeiten, d. h. durch Demokratisierungsprozesse, gegeneinander wenden lassen und offensiv Entsolidarisierung erzeugen. (Bernhard: 203)

Dieses historische Beispiel zeigt, wie gefährlich es ist, bei der Analyse von – und dem Widerstand gegen – Herrschaftsstrukturen auf die Interdependenz derselben zu vergessen und sich mit Zugeständnissen an die »eigene Gruppe« und an »die eigene Betroffenheit« um den Preis des Verlusts von Solidarität mit anderen abspeisen zu lassen. Geschlechterdemokratie fordert aber genau dazu auf. Wichtig für Geschlechterdemokratie ist, dass die »Chancengleichheit« von Geschlechtern in hierarchischen und ungerechten Gesellschaften dahingehend gewahrt bleibt, dass benachteiligte Gruppen miteinander in Konkurrenz treten können. In den USA gelang es im 19. Jahrhundert, zu Zeiten des Bürgerkrieges zwischen dem industrialisierten Norden und dem auf Sklavenwirtschaft basierenden Süden, das Bündnis von schwarzer Bürgerrechtsbewegung und Frauenrechtsbewegung in Bezug auf die Einführung des Wahlrechts zu spalten. 1866 wurde die Equal Rights Association gegründet, welche eine Vereinigung der emanzipatorischen Forderungen von FrauenrechtlerInnen und Schwarzer Bürgerrechtsbewegung vertrat. 1868 erhielten schwarze Männer das Wahlrecht durch die republikanische Partei, welche dadurch ihren Sieg im Kongress errang. Dieser Sieg wurde auf Kosten der Frauenbewegungen errungen, denn die Demokraten traten zeitgleich für das Wahlrecht der Frau, aber nicht für das der Schwarzen ein. So zerbrach das Bündnis Equal Rights Association 1869, weil sich die Frauenbewegung und die schwarze Bürgerrechtsbewegung gegeneinander hatten ausspielen lassen:

> Ein gemeinsamer Befreiungskampf war unmöglich geworden. Das Unvermögen, Sexismus und Rassismus als wesentliche Bestandteile ein und desselben Gesellschaftssystems zu sehen, ihre gegenseitige Abhängigkeit zu begreifen, und die Überschätzung des Wahlrechts, hatten dazu geführt, die solidarische Kraft des gemeinsamen Widerstands auszuhebeln. (Bernhard: 206)

Bernhard führt zahlreiche weitere historische Beispiele dafür an, wie sich unterschiedliche Soziale Bewegungen anstatt Bündnispolitiken und Solidarität zu praktizieren, in ihren jeweiligen identitätspolitischen Zielen gegeneinander ausspielen ließen.

3.4 Geschlechterdemokratie verstärkt eindeutige Identitäten

Die EU-politische Dimension von Geschlechterdemokratie geht von der Zweiheit der Geschlechter, Mann und Frau aus, und bemüht sich, die Unterrepräsentanz von Frauen zu beseitigen. Die Aufhebung von Heteronormativität spielt innerhalb von EU-politischen und staatlichen Interventionen nur insofern eine Rolle, als störende Attributionen zu den Geschlechteridentitäten wie »Frauen haben kein Naheverhältnis zu Technik« beseitigt werden sollen. Die gesellschaftliche Produktion von Geschlechtsidentitäten bzw. ihre Zweiheit selbst wird nicht in Frage gestellt. Sicher werden durch Programme wie »Frauen in Naturwissenschaften und Technik«, Anreize geschaffen, die eigene Identität in Frage zu stellen und im Hinblick auf zusätzliche Komponenten zu erweitern und zu integrieren. Auch führen diese Integrationsversuche zu einer Reihe von sozialen und psychischen Widersprüchen, die aber offiziell nie dahingehend aufgelöst werden, dass z. B. die Zweiheit der Geschlechter in Pässen, Personalausweisen, amtlichen Dokumenten usw. abgeschafft würde. Die Vielheit und Kurzfristigkeit von Geschlechtern spielt keine Rolle, weil sie den Bedarf nach Kontrolle und Verwaltung, kurz nach Beherrschung von Personen unterläuft. Auch lässt sich in Frage stellen, ob ich mit diesem speziellen Geschlecht Staatsbürger_in des einen oder des anderen Nationalstaates oder eben gar keines Nationalstaates bin. Moderne Geschlechtsidentitäten werden durch nationalstaatliche Kulturen und Akte systematisch als »kulturelle« und »nationalstaatliche« erzeugt. Es lässt sich Geschlechtsidentität nicht von der jeweilig nationalstaatlich erzeugten Form trennen. So werden in sozialen Kämpfen eindeutige Identitäten erzeugt und wieder in Frage gestellt. Dies sind alltäglich ablaufende kollektive Prozesse, welche die Beherrschung von Individuen ermöglichen. Vollzieht eine Person die Infragestellung ihrer eindeutigen Identität für sich allein, so wird dies jedoch unter »Verrücktheit« subsumiert.

Im Folgenden möchte ich anhand des Artikels von Eva Sänger zeigen, dass innerhalb des politischen Feldes von Nationalstaat und repräsentativer Demokratie eine Veruneindeutigung und Vielheit von Identität verhindert wird. Eva Sänger zeigt dies für den UFV (Unabhängigen Frauenverband), dem es nicht möglich war, Mehrfachmitgliedschaften in verschiedenen Vereinen und Parteien, also »nicht eindeutige« Identitäten ihrer Mitglieder, mit ihrer Parlamentsarbeit zu verbinden. Der UFV zerbrach an seinem sehr offenen Anspruch, basisdemokratische nicht-repräsentative Praktiken mit Parlaments- und Parteiarbeit zu verknüpfen.

3.4.1 Zur strukturellen Repräsentationsproblematik bei der Vertretung von Fraueninteressen am Beispiel des Experiments Unabhängiger Frauenverband« von Eva Sänger (2006)

> Im Feld der parlamentarischen politischen Interessenvertretung war die repräsentationspolitische Anforderung eindeutig ›im Namen von‹ zu sprechen besonders hoch, was zum ›wahlpolitischen Dilemma‹ des UFV führt. Der Zwang zur parteipolitischen Verortung und zum Ausschluss von Doppelmitgliedschaften bei der Besetzung politischer Ämter stand dem organisationspolitischen Selbstbild eines großen Teils seiner Mitglieder entgegen, die eine hierarchische Organisation im Falle einer Parteigründung befürchteten und auf Pluralität und Mehrfachmitgliedschaften als Bestandteil dezentraler, ergebnisoffener feministischer Bündnispolitik setzten. (Eva Sänger: 108)

Der UFV wurde 1989 zur Wendezeit in der DDR mit dem Anspruch gegründet, einerseits eine staatsunabhängige, überparteiliche und basisdemokratische Interessensorganisation zur Vernetzung von Feministinnen in der DDR zu sein und andererseits sehr wohl die Teilhabe an institutionalisierten Entscheidungsprozessen zu fordern. Der UFV war ein Zusammenschluss von autonomen Frauen -gruppen, -initiativen, -projekten und einzelnen Frauen, in welchem Mehrfachmitgliedschaften, also eine Vielfalt von Identitäten, Weltanschauungen usw. explizit erwünscht war. Der UFV versuchte bewusst zeitgleich einander widersprechende politische Strategien, wie die Parlamentarisierung einerseits und eine rätedemokratische basisdemokratische Organisationsform andererseits, in sich zu versammeln. So wurde auch keine einheitliche Linie für die Kommunikation »nach außen« abgestimmt, da alle Mitglieder des UFV mit ihrem eigenen Standpunkt legitime Meinungen des Verbands nach außen brachten. Es sollte Raum, Vernetzung und Synergie für eine Vielzahl unterschiedlicher Handlungsrationalitäten und Handlungsfelder geben. Diese wurden auch nicht über einen Kamm geschoren, als sich die Konfliktlinien zwischen den Anforderungen parlamentarischer Parteien und der basisdemokratischen Organisation des UFV klarer abzeichnete. Einzelne Mitglieder des UFV hatten sich auf Listen unterschiedlicher Parteien ins Parlament wählen lassen und vertraten dort je nachdem völlig unterschiedliche Standpunkte. Dies führte zu der Frage nach dem Vertretungsanspruch in Bezug auf den UFV und einer einheitlichen verbindlichen Linie desselben:

> Das ›wahlpolitische Dilemma‹ (...) des UFV resultierte daraus, dass die Realisierung eines wesentlichen Anspruchs des UFV, nämlich eine Vielfalt von weltanschaulichen Positionen zu integrieren (formal durch Mehrfachmitgliedschaft) *und* ›Fraueninteressen‹ über alle parteipolitischen und weltanschaulichen Differenzen hinweg solidarisch zu vertreten, konterkariert wurde durch die grundlegende Struktur des liberaldemokratischen Repräsentationsprinzips ›im Namen von› zu sprechen und frauenpolitische Interessen in einem durch Parteilogik und -konkurrenz strukturierten Handlungsfeld eindeutig vertreten zu müssen. (Eva Sänger: 103)

Der UFV war als Vernetzungsort für unterschiedliche Frauenzusammenhänge sehr erfolgreich, rieb sich aber in parlamentarischen und sonstigen Kontexten, in welchen gemäß einer Repräsentationslogik Vertretungsansprüche an ihn herangetragen wurden, auf. In Folge dieser strukturellen Antagonismen entschloss sich der UFV 1998 nach einer Debatte darüber, ob der Verein zu einer Frauenpartei werden sollte oder nicht, zu seiner Auflösung, da die basisdemokratische Organisationsform mit einer Parteistruktur und den parlamentarischen Anforderungen nicht vereinbar zu sein schien. Dieses historische Beispiel sollte zeigen, wie sehr eindeutige Identitäten entgegen Identitätskritik und einer Vielheit von Identitäten in den bisher praktizierten Institutionen repräsentativer Demokratie erzwungen werden und dass dies mit basisdemokratischen Selbstansprüchen, die sich eben nicht auf eine Linie bringen lassen, nicht wirklich vereinbar ist.

3.5 Geschlechterdemokratie ignoriert weltweite Abhängigkeiten

Da der Begriff der Geschlechterdemokratie seine Ansprüche und seinen Horizont innerhalb von National- und Suprastaaten verortet, sind die Aktivitäten von sozialen Bewegungen, die weltweit agieren und versuchen z. B., gegen die systematisch ungleiche Verteilung von Ressourcen zu protestieren, auch nicht wirklich innerhalb des Begriffs der Geschlechterdemokratie ein Thema. Sicher werden innerhalb von repräsentativen Demokratien Problematiken wie die so genannte »Frauenarmut«, die ökonomische Situation von Pensionistinnen und Alleinerzieherinnen innerhalb der eigenen nationalstaatlichen Grenzen punktuell thematisiert. Aber internationale Aktivitäten, wie der Frauenweltmarsch gegen Armut und Gewalt (Regina Dackweiler: 2006), an welchem sechs Millionen Frauen vor allem aus Südamerika, Afrika und Asien teilnahmen, werden im deutschsprachigen Raum mehrheitlich nicht nur in den Mainstream-Medien, sondern auch in den Gender und Queer Studies ignoriert. Über die durch Wirtschaft und Politik vermittelten Zusammenhänge zwischen Frauen des »globalen Nordens« und Frauen des »globalen Südens«, beispielsweise den Entzug von Ressourcen wie Energie oder Nahrungsmittel wird auch in geschlechtertheoretischen Debatten kaum nachgedacht. Einige wenige Konzepte werden dazu diskutiert wie der »Transnationale Feminismus« von Nancy Fraser (2006) und der »Transversale Feminismus« von Regina-Maria Dackweiler, welche diesen Begriff u. a. im Anschluss an Patricia Hill Collins diskutiert. Diese finden aber kaum Eingang in das Konzept von Geschlechterdemokratie oder andere Formen staatlicher Gleichstellung.

Ich habe versucht, vier Widersprüche des Begriffs von Geschlechterdemokratie aufzuzeigen:

a) Geschlechterdemokratie fördert weibliche Elitenbildung
b) Geschlechterdemokratie missachtet Interdependenzen von Herrschaftsstrukturen, insofern sie im Gewand staatlicher und EU-politischer Verwendung auftritt
c) Ein staatlicher und EU-politischer Begriff von Geschlechterdemokratie verstärkt eindeutige Identitäten
d) Derselbe Begriff von Geschlechterdemokratie ignoriert weltweite Abhängigkeiten.

Ich möchte dafür plädieren, zusätzlich zum Begriff der Geschlechterdemokratie zur Präzisierung von Anliegen aus Grassroots-Bewegungen und sozialen Bewegungen den Begriff der Geschlechterbasisdemokratie zu verwenden. Um zu charakterisieren, welche Vorstellungen von Politik und Gesellschaft und welchen Bezug auf das Geschlechterverhältnis Geschlechterbasisdemokratie, als Versuch über aktuelle politische Entwürfe nachzudenken, nimmt, möchte ich im Folgenden fünf Forderungen queerer Politik diskutieren, die mit dem Begriff der Geschlechterbasisdemokratie verknüpft werden.

4 Geschlechterbasisdemokratie: fünf Forderungen queerer Politik?

Die angesprochenen Widersprüche bei der Verwendung des Begriffs Geschlechterdemokratie erstens in Diskussion zu bringen und zweitens über Forderungen queerer Politik expliziter sprechen und nachdenken zu können, ist ein Ziel des Begriffs Geschlechterbasisdemokratie. Dieser macht schneller klar, dass sich die angestrebten emanzipatorischen Vorhaben nicht auf repräsentative Demokratien, National- und Suprastaat beschränken. Geschlechterbasisdemokratie nimmt unter anderem Anleihe an aktuellen Forderungen sozialer Bewegungen, um diese im Kontext der Kritik an Geschlechterdemokratie als mögliche Wege für eine queere Geschlechterpolitik und queere Bündnispolitiken vorzuschlagen. Bei dem Workshop »Anarchafeminismus – Queer Politics – Solidarische Ökonomie« an den 6. internationalen Queer-feministischen Tagen 2008 in Wien stellte ich die am Ende dieses Artikels vorgestellten möglichen Forderungen queerer Politik zur Diskussion. Bei den rund 40 Teilnehmer_innen stießen die meisten davon auf interessiertes Nachdenken. Besonders in Bezug auf die Losdemokratie entstand der Gedanke, statt Stars anzubeten, »eine Person der Woche« zu losen, welche viel Aufmerksamkeit in dieser Zeitspanne erhalten sollte. Eine Teilnehmerin äußerte die Kritik, dass ihr diese Forderungen zu weit gingen, argumentierte dies allerdings nicht.

Diese fünf mit utopischen Elementen verknüpften Vorschläge, Forderungen für eine queere Politik zu entwickeln, berücksichtigen die Strategien der »Enthierarchisierung«, der »Denormalisierung« und der »Veruneindeutigung«, wie sie Antke Engel (Antke Engel: 204 ff.) benennt. Ausgehend von einer »Politik der Autonomie«, entwickelt von Gudrun Perko, wird in den folgenden vorläufigen und grob skizzierten Hilfsbegriffen die Umsetzung der »Abschaffung der Hierarchie(n) als Teilung der jeweiligen Gesellschaft in Macht und Nicht-Macht, ›höhere‹ und ›niedere‹ Statusgruppen, mit Rechten und Nicht-Rechten ausgestatteten Menschen u. v. m. gefordert.« (Perko 2004: 42). Im Zentrum dieser fünf Beispiele für eine queere Politik steht der Gedanke des Verwischens von Identität. Es handelt sich um Gedankenexperimente mit utopischen

Elementen und darum, wie gesellschaftliche Bezüge zueinander unabhängig von Identitätsprüfungen lebbar würden. Das weltweite, bedingungslose Grundeinkommen ohne Bedarfsprüfung wird innerhalb großer Teiler sozialer Bewegungen diskutiert und dient besonders dazu, die scheinbare Alternativenlosigkeit aktueller Machtverhältnisse in Frage zu stellen. »Lust am Denken« nennen Gudrun Perko und Leah Carola Czollek solche Argumentationsversuche. Es geht bei diesen Argumenten aber auch um den Versuch, verschiedene Teile sozialer Bewegungen miteinander ins Gespräch zu bringen. Auch dienen diese utopischen Vorschläge queerer Politik dazu, Denkmöglichkeiten zu artikulieren, welche einen neuen Blick auf unser alltägliches Denken und unsere aktuellen politischen Ansprüche erzeugen.

4.1 Stärkung von Losdemokratie

Herrschaft erzeugt Politikverdrossenheit, da durch sie systematisch Ohnmachtsgefühle verstärkt werden, durch Wahlen ohnehin nichts ändern zu können. Geschlechterbasisdemokratie schlägt deshalb die Ausweitung der bereits jetzt in manchen Gremien geübten Losdemokratie nach dem Konzept von John Burnheim (1985) vor. Personen werden für wichtige Ämter nicht aufgrund ihrer Identität gewählt, sondern per Zufall einmalig gelost. Die Losdemokratie ermöglicht es, dass alle Personen ohne Ausschluss und ohne Identitätsprüfung in Funktionen gelost werden können und dieses Amt für eine Periode ausüben. Dadurch wird der Herausbildung von Oligarchien, Eliten und der systematisch legitimierten Herrschaft innerhalb eines Geschlechts entgegengewirkt. Personen etwa mit »höherer Bildung«, größerem Einkommen, viel Eigentum und Kapital können nur indirekt durch Lobbying und Expertentum auf entscheidende Gremien Einfluss nehmen. Dieses Verfahren führt zur Erhöhung von aktiver und passiver Wählbarkeit in alle politischen Ämter, wodurch diese viel näher an den Alltag heran rücken. Die Anforderungen an die durch das Los bestimmten Personen in entscheidenden Ämtern erreichen keine so unrealistischen Überhöhungen oder Abwertungen wie heute, da alle Personen damit rechnen müssen, konkret, selbst, morgen sich in der Situation dieser

Entscheidungsprozesse zu finden. Klagen, dass große Zentralverwaltungen »bürger_innenfern« sind, wären nicht mehr so überzeugend. Es wäre nicht notwendig, systematisch weibliche Eliten herauszubilden bzw. auf Quoten zu achten, da über das Losverfahren durch das Zufallsprinzip ohnehin eine entsprechende Auswahl von unterschiedlichen Geschlechtern stattfinden würde. Es wäre nicht notwendig, die Herrschaft innerhalb eines Geschlechts, von Frauen über Frauen zu rechtfertigen, da es ohnehin keine auf Gerechtigkeit bezogene gültige Rechtfertigung (als strukturelle Gewalt) dafür gibt. Wenn die Ansprüche von Herrschaft minimiert werden, wäre die Komplexität von Entscheidungsverfahren in kollektiven Gremien leichter bewältigbar, sodass sie von allen begriffen und handelnd beeinflusst werden könnten. Wählbarkeit und Machterhalt sind keine Kriterien mehr, da alle Personen öffentliche Ämter nur genau einmal ausüben können. Die herrschaftliche Strukturierung und Konstruktion von Identitäten und ihre permanente Abgrenzung gegen andere durch das aggressive Spiel des Ein- und Ausschlusses machte nicht mehr so viel Sinn, da es nicht gewählte Personen mit fixierten Identitäten sind, welche wichtige Entscheidungen treffen würden, sondern vom Zufall bestimmte Personen.

4.2 Abschaffung des Geschlechts aus Pässen und weltweiter Personenverkehr ohne Identitätsprüfung

> *Queer* plädiert für ein gleichberechtigtes Miteinander pluraler Existenzformen und Lebensweisen von Menschen und forciert ein demokratisches Verständnis der Verhältnisse zueinander. Präferiert wird das Sein-Können von Menschen, wie sie sein wollen und die Selbstentscheidung aller Subjekte, sich selbst zu präsentieren, zu bezeichnen oder zu definieren, wenn und wann immer sie es wollen: Wichtig ist, dass ›man so gesehen werden soll, wie man will‹, präzisiert ein/e Protagonistin in der Dokumentation Venus Boyz'. Die politische Kategorie des Entscheidens, getragen vom eigenen Willen, ist insofern ins Zentrum gerückt, als gegen Fremdzuschreibungen und -zuweisungen explizit das Recht auf Selbstbestimmung, Selbstpositionierung und Eigendefinition (v. a. in Bezug auf *sex/gender* und Begehren) eingefordert wird. (Perko 2006: 40)

Aus queerer Theorie und queerem Aktivismus, welche die Eindeutigkeit von Geschlechtsidentitäten in Frage stellen, ergibt sich eine

Forderung nach der Streichung von eindeutigen Geschlechtszuordnungen aus Pässen, Identitätskarten und behördlichen Datenbanken in relativ logischer Weise. Identität und Geschlechtsidentität lassen sich aber nicht vom kulturellen Kontext trennen. So verstünde es sich eigentlich von selbst, dass kulturelle und nationale Zuschreibungen in Pässen, Identitätskarten und behördlichen Datenbanken ebenfalls gestrichen werden sollten. Wenn wir aber kulturelle und nationale Bezüge aus Pässen, Identitätskarten und behördlichen Datenbanken weglassen würden, führten sich diese Dokumente selbst ad absurdum. Durch den Fingerprint ließe sich der Personenverkehr weltweit dann noch kontrollieren. Aber auch der Fingerprint wäre mit identitären Zuschreibungen von behördlichen Kontrollinstanzen verbunden, welche sich das Recht und die Gewalt anmaßten über die Bewegungsfreiheit von Menschen entscheiden zu dürfen. Letztlich müsste eine konsequent aus queerer Theorie entwickelte Forderung queerer Politik die nach freiem Personenverkehr weltweit ohne Identitätsprüfung sein.

4.3 Stärkere Verknüpfung von Teilzeitarbeit mit Elternschaft

> Die *Politik der Autonomie* geht nicht davon aus, dass ein (einheitlicher) Identitätsbegriff benötigt wird, um handlungsfähig zu sein. Sie setzt nicht voraus, dass wir ›x oder y‹ seien, einen ›x oder y (kulturellen) Hintergrund‹ haben oder einer ›Gruppe x oder Gruppe y‹ angehören müssen, um im Feld des Politischen aktiv werden zu dürfen oder zu sollen. Im Gegenteil: Das Handeln im Zeichen der *Politik der Autonomie* setzt die Auffassung voraus, das Menschen handeln, weil ihnen irgendetwas ein politisches Anliegen ist (aus welchen Gründen auch immer) und sie Bestehendes verändern wollen: für andere und für sich selbst – ohne der trennenden Auffassung aufzusitzen, ein Handeln *für Andere* sei keines *für das Selbst*. (Perko 2006: 40)

Durch eine stärkere Verknüpfung von Teilzeitarbeit und Elternschaft (Fürsorgearbeit) für alle, sollte die heteronormative Trennung in Teilzeitarbeit und Fürsorgearbeit für Frauen und Vollzeitarbeit für Männer aufgehoben werden. Elternschaft, Fürsorgearbeit oder Politik sollten nicht spezialisierte Aufgaben von bestimmten Gruppen in einer Gesellschaft sein, sondern für alle leicht zugängliche, praktizierbare und erfahrbare Lebensrealitäten. Je vielfältiger die Lebenserfahrungen von Menschen sind, desto leichter wird es, an gesamtgesellschaftlichen Entscheidungen und Belastungen teilzuhaben und diese auch zu teilen, ohne in der Sackgasse der Expertokratie zu landen. Je vielfältiger die Teilhabe an unterschiedlichen politischen Entscheidungen, desto reichhaltiger wird der individuelle Erfahrungsschatz.

4.4 Gratis Güter der Daseinsvorsorge für jede Person ohne Identitätsprüfung

Gemäß den Forderungen solidarischer Ökonomie, wie sie von aktuellen sozialen Bewegungen vertreten werden, wird hier die öffentliche Bereitstellung von Gütern der Daseinsvorsorge gefordert, wie z. B. öffentliche Plätze für Sexualität, ohne Identitätsprüfung benutzbare Druckereien und Radiostationen, kostenloser Wohnraum, kostenlose Nahrung ohne Identitätsprüfungen u. v. m. Die Zugänge zu diesen Ressourcen sollen nicht durch Identitätsprüfungen beschränkt werden.

4.5 Einführung eines weltweiten bedingungslosen Grundeinkommens ohne Bedarfs- und Identitätsprüfung und ohne Arbeitszwang

Die Einführung eines bedingungslosen Grundeinkommens weltweit ohne Bedarfsprüfung und ohne Arbeitszwang, wie es BIEN (Basic Income Earth Network) vertritt, ermöglicht es, Selbstbestimmung und Vielfalt von Identitäten ohne Angst vor ökonomischen Sanktionen zu leben. »A basis income is an income unconditionally granted to all on an individual basis, without means test or work requirement«, so BIEN auf seiner Homepage. Die Debatte über ökonomische und internationale Ebenen von queerer Politik wurde bisher völlig vernachlässigt. Die Grundlage eines bedingungslosen Grundeinkommens ohne Identitätsprüfung und Arbeitszwang, würde die ökonomischen Zwänge zur Entwicklung eindeutiger Geschlechtsidentitäten deutlich minimieren.

Bibliographie

Bernhard, Claudi, Kritik der historischen Demokratie, in: Schwertfisch, 1997, 201–230.

Burnheim, John, Über Demokratie. Alternativen zum Parlamentarismus, Wagenbach, Berlin, 1985.

Clar, Anna, Parlamentarismus und Frauenbewegung. Ansätze einer Anarchafeministischen Kritik, in: Graswurzelrevolution, 1994, 34–40.

Dackweiler, Regina-Maria, Transversale feministische Politik für globale Gerechtigkeit: Der »Frauenweltmarsch gegen Armut und Gewalt«, in: Degener/Rosenzweig, 2006, 183–201.

Degener, Ursula/Rosenzweig, Beate, Die Neuverhandlung sozialer Gerechtigkeit. Feministische Analysen und Perspektiven. Verlag für Sozialwissenschaften, Wiesbaden, 2006.

Engel, Antke, Wider die Eindeutigkeit. Sexualität und Geschlecht im Fokus queerer Politik der Repräsentation. Campus, Frankfurt am Main 2002.

Fraser, Nancy, Mapping the Feminist Imagination: From Redistribution to Recognition to Representation, in: Degener/Rosenzweig, 2006, 37–53.

Graswurzelrevolution: Für eine gewaltfreie herrschaftslose Gesellschaft: »Wer wählt, hat die eigene Stimme bereits abgegeben.« Sonderheft zur Kritik der Parlamentarischen Demoktratie, Münster, 1994.

Lohschelder, Silke, AnarchaFeminismus. Auf den Spuren einer Utopie, Unrast Verlag, Münster, 2000.

Ockrent, Christine (Hrsg.), Das Schwarzbuch zur Lage der Frauen. Eine Bestandsaufnahme, Pendo Verlag, München, 2007.

Pechriggl, Alice, Utopiefähigkeit und Veränderung. Der Zeitbegriff und die Möglichkeit kollektiver Autonomie, Pfaffenweiler: Centaurus Verlag, Wien, 1993.

Perko, Gudrun, Queer-Theorien. Ethisch, politisch und logische Dimensionen plural-queeren Denkens, Papy Rossa, Köln, 2005.

Perko, Gudrun/Czollek, Leah Carola, Lust am Denken. Queeres jenseits kultureller Verortungen, Papy Rossa, Köln, 2004.

Samouiller, Ségolène/Jabre, Kareen, Das allgemeine Wahlrecht und die politische Partizipation von Frauen, in: Ockrent, 2007, 439.

Sänger, Eva, Zur strukturellen Repräsentationsproblematik bei der Vertretung von Fraueninteressen am Beispiel des »Experiments« Unabhängiger Frauenverband, in: Weckert/Wischermann, 2006, 95–113.

Sauer, Birgit, Staat, Demokratie und Geschlecht – aktuelle Debatten, August 2003, http://web.fu-berlin.de/gpo/birgit_sauer.htm

Schwertfisch, Zeitgeist mit Gräten. Politische Perspektiven zwischen Ökologie und Autonomie, Yeti Press, 1997.

Weckwert, Anja/Wischermann, Ulla, Das Jahrhundert des Feminismus. Streifzüge durch nationale und internationale Bewegungen und Theorien, Ulrike Helmer Verlag, Taunus, 2006.

Friederike Habermann

Queeremos! – Emanzipatorische Politik jenseits repräsentativer Demokratie

Bei einer Veranstaltung des Berliner Harriet-Taylor-Mill-Instituts im Herbst 2008 anlässlich des 200. Geburtstages der Namenspatronin diskutierten Feministinnen die Aktualität verschiedener Zitate der Frauenrechtlerin. Es war Sabine Hark, welche immer wieder der vorherrschenden These widersprach, die Gleichberechtigung sei rechtlich weitgehend verwirklicht. Sie wies darauf hin, dass viele Menschen unter uns weit davon entfernt sind, gleiche Rechte zu genießen – nicht zuletzt Menschen ohne (in diesem Fall deutschen) Pass.

Diese Argumentation mag zunächst irritieren – ging es doch in der Fragestellung um den Ausschluss *als* Frau. Doch während so manche Texte und Äußerungen zu der Verkürzung bzw. dem Missverständnis beitragen, Queertheorie sei etwas, was speziell für Lesben und Schwule relevant sei, forderte Sabine Hark hier konsequent ein, wofür Queertheorie steht: für das Aufbrechen des Denkens in bestehenden Identitäten, und dem Sichtbarmachen der bis dahin im Diskurs Ungedachten. Natürlich sind ›*sans papiers*‹, Menschen ohne Papiere, keine neue Entdeckung, und mit Sicherheit besteht ein Diskurs über sie. Doch warum denken wir sie nicht mit, wenn es um Demokratie geht?

Bei der Frage nach wirklicher Demokratie bzw. nach der Partizipation an einem System der Machtausübung müssen die darin historisch geronnenen Machtbeziehungen mit in Betracht gezogen werden. Das heißt, es braucht eine Untersuchung, auf welche Weise die repräsentative Demokratie mit Herrschaftsverhältnissen verknüpft entstanden ist. Hieraus ergibt sich, wie ich im Folgenden zeigen will, dass auch die Konstruktion von Identitäten nicht unabhängig davon gedacht werden kann.

Natürlich ist es nicht falsch zu konstatieren, das Problem der Geschlechterhierarchie habe zumindest an Brisanz verloren. Können Frauen heute nicht zwischen Friseurin und Bundeskanzlerin als Berufswunsch wählen, wie es Alice Schwarzer bei der Wahl von Angela Merkel zur deutschen Kanzlerin im September 2005 ausdrückte? Auf der anderen Seite besteht keine kontinuierliche Aufholbewegung, weder in bezug auf Lohngleichheit noch hinsichtlich der Karrierechancen (vgl. Fröse: 71 f.; DIW: 91). Dieses scheinbare Paradox löst sich auf bei einer Untersuchung des Zusammenhangs zwischen dem modernen, bürgerlichen Staat und ›seinen‹ Identitäten: Es lässt sich zeigen, wie der *homo oeconomicus* als Fundament der heutigen Wirtschaftstheorie nicht nur das Stereotyp des weißen, männlichen (Staats-)Bürgers abbildet, sondern diskursiv mit ihm verknüpft entstand. Damit wurden auch ›andere‹ im modernen, bürgerlichen Staat herausgebildete Identitäten in Relation zu ihm und zueinander geformt. Heute stellt der *homo oeconomicus* das hegemoniale Modell für alle dar, und eröffnet auf der einen Seite neue Möglichkeiten für Frauen / *people of colour*, während er auf der anderen Seite durch die mit ihm verwobenen Identitätskonstruktionen massiv, wenn auch in ›verflüssigterer‹ Form, entlang der Linien *sex, race* und *class* weiterwirkt. Im Sinne von Michel Foucault ist der *homo oeconomicus* dabei als das Korrelat einer Gouvernementalität zu verstehen, welche sich historisch als verbindendes Element zwischen verschiedenen Herrschaftsverhältnissen herausgebildet hat, und welches nach dieser Lesart die Verhaltensmuster einiger Identitäten – jener, die analog zum *homo oeconomicus* entstanden – begünstigt, letztlich jedoch alle Subjekte unterwirft. Dabei ergeben sich stets Aspekte von Einschluss und Ausschluss hinsichtlich der sich wiederum in Interaktion konstruierenden bürgerlichen Demokratie.

Im Folgenden soll zunächst anhand der Entstehungszeit des modernen Nationalstaates die Verwobenheit der repräsentativen Demokratie mit Identitäten vor allem am Beispiel Geschlecht schlaglichtartig herausgestellt werden.[1] Daran anschließend wird der Zusammenhang des homo oeconomicus (und damit der Subjekte) als Korrelat einer sich im bürgerlichen Staat ausbildenden Gouvernementalität untersucht. Es folgen einige darauf aufbauende Überlegungen für eine emanzipatorische Perspektive jenseits repräsentativer Demokratie.

---

1 Eine ausführliche Herausarbeitung dieses Zusammenhanges findet sich in Habermann 2008.

Gesellschaft als geronnene Machtbeziehungen

Das heutige Verständnis von Zweigeschlechtlichkeit ist historisch mit der Entstehung des modernen Staates verwoben. Thomas Laqueur hat in seinem Werk *Auf den Leib geschrieben (Making Sex, 1990)* gezeigt, dass von der klassischen Antike bis zum Ende des 17. Jahrhunderts eine andere Vorstellung existierte: Weiblichkeit galt als graduelle Abweichung von einem männlichen, als ideal verstandenen Grundtypus. Man stellte sich die Vagina als innen liegenden Penis und die Schamlippen als Vorhaut vor sowie die Gebärmutter als dem Hodensack entsprechend und die Eierstöcke den Hoden (vgl. Laqueur: 17). Es wurde davon ausgegangen, dass ein Mangel an vitaler Hitze dazu führe, dass sich die weiblichen Geschlechtsorgane nicht wie bei Männern nach außen richten könnten (vgl. Laqueur 1990: 17): Frauen galten demnach als weniger vollkommene Männer – mit den gleichen Organen, aber an weniger idealen Plätzen. Claudius Galenus, bekannt als Galen von Pergamon (ca. 130–200), der das einflussreichste Modell von der strukturellen Identität der männlichen und weiblichen Reproduktionsorgane entwickelte, zieht einen Vergleich mit den Augen eines Maulwurfs: Diese hätten dieselben Strukturen wie die Augen anderer Tiere, mit der einzigen Ausnahme, dass sie den Maulwurf nicht dazu befähigten zu sehen. Sie öffneten sich nicht, »noch treten sie hervor, sondern verbleiben dort imperfekt«. Nichts anderes gelte für die weiblichen Genitalien, die nur eine unvollkommenere Version dessen darstellten, was sie nach außen gekehrt wären.

Auch bei Aristoteles findet sich eine Darstellung von Körper, so Laqueur,

> in der ein einziges Fleisch eingestuft, eingeordnet und unterschieden werden konnte, wie es die je besonderen Umstände verlangten. Was wir für ideologisch aufgeladene soziale Konstrukte der Geschlechter halten würden – dass Männer aktiv sind und Frauen passiv [...] –, waren für Aristoteles unbezweifelbare Fakten, ›natürliche‹ Wahrheiten. Was andererseits wir für die Grundtatsachen sexueller Unterschiede halten – dass Männer einen Penis und Frauen eine Vagina haben [...] – waren für Aristoteles kontingente und philosophisch nicht gerade interessante Beobachtungen über bestimmte Arten unter gewissen Bedingungen. (Laqueur 1990: 42 f.)

Aristoteles lehnt eine wesenhafte Gleichheit der Geschlechter zwar ab, beschreibt aber auch keine Tugenden, die nur weiblich wären; sondern auch jene, die er den Frauen zuerkennt, definieren sich durch den Bezug auf eine wesenhafte Tugend, die ihre vollendete Form beim Mann finde. Der Mann »besitzt die ethische Tugend in ihrer Fülle«, während für Frauen – wie für die anderen Regierten – genügt, »die ihnen zustehende Menge an Tugend« zu haben (zit. na. Foucault 1984: 111 f.). Die Mäßigung und der Mut sind also beim Mann ihr vollkommenes Modell und zugleich das Prinzip ihrer Verwirklichung.

Laqueur bezeichnet dies Verständnis als Ein-Geschlecht-Modell. Dieses zog sich durch die gesamte Zeit von der Antike bis in das 18. Jahrhundert hinein. Es gab nur einen Körper, welcher als Standard galt, und dieser war männlich. Zwei biologisch unterschiedliche Geschlechter existierten nicht – nach damaligen Vorstellungen war ein Geschlechtswandel auch möglich, wenn sich eine Frau sozial männlich verhielt. Manchmal reichte die Pubertät, über einen Graben zu springen, sexuelle Aktivität oder irgendetwas anderes, wodurch Wärme entstehen konnte, um diesen Prozess in Gang zu setzen: Denn in diesen Fällen konnte es passieren, dass, in den Worten des Gelehrten Gaspard Bauhin (1560–1624), »die Hitze, nachdem sie stärker geworden ist, die Testes nach draußen treibt« – dass die Vagina der Frau nach außen dringt und zum Penis wird (zit. nach Laqueur: 148 f.). Das Zeichen des Phallus berechtigte dazu, als Mann bezeichnet zu werden. Der Penis war folglich eher ein Statussymbol denn ein Zeichen irgendeiner anderen, tief eingewurzelten ontologischen Wesenheit des wirklichen Geschlechts: »Der Genus – Mann oder Frau – war von erheblicher Bedeutung und gehörte zur Ordnung der Welt; der Sexus dagegen war, auch wenn die moderne Terminologie eine derartige Umpositionierung absurd macht, eine Sache der Konvention« (Laqueur: 20).

Generell kann für das Mittelalter nicht von einem Ausschluss von Frauen aus dem öffentlichen Bereich gesprochen werden. Dem Ein-Geschlecht-Modell entsprechend wurden Frauen als defizitär, und damit als subsidiär aufgefasst: Insbesondere dort, wo der Mann abwesend, krank oder tot war, konnte die Frau jederzeit die Männerrolle übernehmen, sei es in der Welt der Herrschaft oder in der Welt der bäuerlichen, handwerklichen und kaufmännischen Arbeit (vgl. Müller: 49).

Der Übergang vom Ein- zum Zwei-Geschlechter-Modell wurde durch die Hexenverfolgung geprägt (vgl. Frietsch: 101 f.). Entgegen der landläufigen Meinung, Hexenverbrennungen seien eine Erscheinung des Mittelalters gewesen, kennzeichnen sie im Gegenteil den Umbruch zur Neuzeit. Die Hexenverfolgung ist nicht zu trennen von der Entstehung der modernen Gesellschaft und des bürgerlich-männlichen Subjekts, seiner Moral und seiner Rationalität (vgl. Bovenschen: 75 / Honegger: 10 f.).

Foucault sieht die von Gott ausgehende Ordnung zu dieser Zeit zerbrechen, und damit den historischen Übergang zu einer ›Regierung der Menschen‹ (vgl. Foucault 1978: 331/ 339). Anstatt wie zuvor den Menschen als vorwiegend soziales Wesen aufzufassen, galt der Mensch mehr und mehr als isoliertes Individuum. Während sich die Fähigkeit der Subjekte, gegenüber Natur und Gesellschaft eine aktive, bestimmende Rolle zu spielen, erweiterte, trat noch stärker die Frage auf, weshalb sich Menschen in Gesellschaften zusammenschließen (vgl. Honegger: 78). Somit galt es, die Subjekte auf die veränderten Verhältnisse zu verpflichten und ihnen adäquate Orientierungsmodelle zu liefern. Claudia Honegger vermutet einen Zusammenhang zwischen dem Widerspruch einer formalen Ausarbeitung eines letztlich nicht rational begründbaren Regierungssystems und der Ausgrenzung alles dessen, was den Ordnungsvorstellungen widersprach (vgl. Honegger: 89 f.).

John Locke (1632–1704) sieht bereits nur Männer mit jener Eigenschaft ausgestattet, die dazu befähige, als freie und gleiche Staatsbürger zu agieren: der Vernunft (vgl. Locke 1690: 238). Parallel dazu führt Locke, der neben seinen *Zwei Abhandlungen über die Regierung* (1690) mit seinem *Essay Concerning Human Understanding* (1689) berühmt wurde, darin den Begriff ›Identität‹ im heutigen Sinne in den westlichen Diskurs ein, und definiert diesen, in den Worten Sabine Harks, als die »Vorstellung *überzeitlicher* Gleichheit menschlicher Differenzierungen gerade dadurch, dass Prozesse der (Selbst-)Transformation *in der Zeit* durch die Vorstellung eines unveränderbaren und höchst idealisierten, immer gleichen Körpers negiert werden«. Im Gegensatz zu der veränderlichen Natur des

Körpers im Ein-Geschlecht-Modell gründe Locke Identität »auf die dauerhafte, unveränderliche Identität des Körpers«, wobei der Körper dazu diene, die »essentielle und autonome Einheit des denkenden Wesens zu garantieren und zu naturalisieren« (Hark: 87). In Verbindung damit, dass Geist bei Locke zum Zeichen transzendentaler, selbstreflexiver Vernunft wird, schließt Stuart Hall daraus, das Individuum habe sich für Locke als »Identität des rationalen Seins« bestimmt (Hall 1992a: 189).

Foucault sieht einsetzend mit Locke in den Theorien des Subjekts des englischen Empirismus eine der wichtigsten Wandlungen im abendländischen Denken seit dem Mittelalter. Von nun an sei das Subjekt als Subjekt individueller Entscheidungen erschienen, welche zugleich nicht weiter zurückführbar und unübertragbar waren. Er führt das Beispiel von David Hume an, welcher ausführte, dass niemand von ihm verlangen könne, sich für das Abschneiden seines kleinen Fingers zu entscheiden statt für den Tod eines anderen. Dieses Prinzip einer atomistischen Entscheidung nenne man Interesse (vgl. Foucault 1979: 373 f.).

Die Idee des Subjekts als das Subjekt eines Interesses war neu und wurde zum Ausgangspunkt einer neuen Gesellschaftsform. Das Interesse erschien dabei zum ersten Mal als eine Form des Willens, der zugleich unmittelbar und absolut subjektiv war. Die Fähigkeit für einen solchen Willen wurde aber gleichzeitig nur Männern zugesprochen.

Die Hexenverfolgung, welche erst Mitte des 17. Jahrhunderts ihren Höhepunkt fand, trug wesentlich zur Zuordnung von Frauen zu Natur auf der einen Seite und die Betonung von Vernunft, Rationalität auf der anderen Seite bei. Dieser Diskurs spiegelte sich sowohl in den Staats- als auch in den ersten Ökonomietheorien. Claudia Honegger vermutet, es sei eine Projektion erfolgt des für das autonom handlungsfähige männliche Subjekt nicht mehr Erlaubtem auf das gesellschaftlich nicht mehr handlungsfähige weibliche Geschlecht (vgl. Honegger: 80).

So ist es nur scheinbar paradox, dass sich hochangesehene Juristen als letzte und entschiedenste Verfechter der Hexenprozesse hervortaten, und ein letztes Anschwellen kurz vor dem Abflauen der Justizmorde bewirkten (vgl. Baschwitz: 355). Als furchtbarster

Hexenverfolger auf protestantischer Seite galt Benedikt Carpzov (1595–1666), Professor in Leipzig, der sich durch seine geordnete Zusammenfassung des gesamten Strafrechts einen Namen machte, und damit die Grundlage für eine selbstständige deutsche Rechtssprechung schuf. Sein Lehrbuch, die *Practica rerum Criminalium*, begründet jedoch ausführlich, warum Richter bei Hexenprozessen von den Regeln eines ordentlichen Untersuchungsverfahrens abzugehen haben, und geht dabei in dem, was Richtern an Willkür und Grausamkeit zur Pflicht gemacht werden sollte, noch weit über das hinaus, was bisherige Rechtsmeinung darstellte. Die Zahl der Todesurteile, die Carpzov selber unterzeichnete, werden auf viele Tausende geschätzt (vgl. Baschwitz: 336 f.).

Der französische Jurist, Ökonom, Naturphilosoph und Staatstheoretiker Jean Bodin (1529–1596) verband in seinen *Six livres de la République* von 1576 das misogyne Frauenbild der Kirche – welches im Hexenhammer seinen Ausdruck gefunden hatte – rechtstheoretisch mit dem Staatsrecht. Seine *Démonomanie des Sorciers* aus dem Jahr 1580 entspricht in Aufbau und Gliederung einer auf den neuesten Stand der wissenschaftlichen Erkenntnis gebrachte Kopie des *Hexenhammers*. Das bald in viele Sprachen übersetzte Werk trieb die Verfolgung entscheidend voran. Bodin betonte, gegen ihren Willen könnten die Menschen nicht vom Teufel missbraucht werden. Demzufolge handelten sie nach freiem Willen und galten als voll zurechnungsfähig und verantwortlich für ihre Taten. Folglich müssten die Hexen getötet werden. Bodin wandte sich gegen die Urteile in Frankreich, welche ihm fast durchgängig zu mild ausfielen, und er selbst ließ sogar Kinder foltern. Während er sich mit seinem Buch *Heptaplomeres*, in welchem sieben weise Männer sich über die verschiedenen Weltanschauungen, die sie vertreten, in gegenseitigem Respekt unterhalten, als Humanist einen Namen macht (vgl. Baschwitz: 105 f.), bezeichnet er die Herrschaft des Mannes über die Frau als die des Geistes über die Natur, der Vernunft über die Begierde, der Seele über den Körper sowie als Ursprung und Grundlage der Gesellschaft schlechthin. Die Hexen, welche sich willentlich mit dem Teufel verbündeten und mit seiner Hilfe die Ordnung zu zerstören suchten, müssten beseitigt werden. Sie seien die schlimmsten Feinde der vernunftbegabten Menschheit.

Als Ergebnis hinterließ die Hexenverfolgung die Dominanz des vernunftbegabten Mannes. Die Frau wurde zum ›Anderen‹. Diese komplementär verstandene Hierarchie wurde zur Grundlage der modernen Staatsordnung. Während die Scheidelinien zwischen Klassen in der Amerikanischen und der Französischen Revolution neu gemischt wurden, wurde diejenige zwischen Männern und Frauen umso sichtbarer gemacht: In der Öffentlichkeit des 18. und vor allem des postrevolutionären 19. Jahrhunderts verschob sich das Schlachtfeld für soziale Rollen zur Natur hin, angeblich biologische Unterschiede zwischen männlichen und weiblichen Körpern wurden in einer Vielzahl von Kontexten erzeugt, um den Ausschluss von Frauen rechtfertigen zu können. Wie auch immer das Argument im Detail verlief, das Ergebnis war, dass Frauen aus in der Natur liegenden Gründen aus der neuen Zivilgesellschaft als ausgeschlossen gelten konnten (vgl. Laqueur: 224). Eine biologisch begründete Unvergleichbarkeit der Geschlechter bot die Möglichkeit zu erklären, wie bereits im Naturzustand und vor dem Bestehen gesellschaftlicher Beziehungen Frauen den Männern untergeordnet waren, und warum ihr Reich ´das Private´ sei. Hatten sich bereits seit dem Beginn der Neuzeit die Möglichkeiten der Männer erweitert und die der Frauen verringert, so stand es im frühen 19. Jahrhundert um die Möglichkeiten der europäischen Frauen schlechter als jemals zuvor (vgl. Anderson/Zinsser: 20 / Mosse 1996: 18).

Die Geschlechtszuschreibungen für Frauen entwickelten sich zur gleichen Zeit wie die rassistischen Rechtfertigungen der Sklaverei. Denn hier ergab sich dasselbe Dilemma: das Ideal von gleichen und damit freien Individuen auf der einen Seite, und die Rechtfertigung der Sklaverei auf der anderen. Der Ausweg bestand auch hier darin, zu argumentieren, dass ›Schwarze‹ den ›Weißen‹ nicht gleich seien, und damit wie bei den Geschlechtern in dem Verweis auf ein biologisch bedingtes Unvermögen hinsichtlich staatsbürgerlicher Tugenden (vgl. Jordan: 304 ff.). Wie beim Übergang vom Ein-Geschlecht-Modell zum Zwei-Geschlechter-Modell diente beim Übergang von der ebenfalls kontinuierlich hierarchisch gedachten *Great Chain of Being* zur Dichotomie von ›schwarz› und ›weiß‹ nicht das Ergebnis naturwissenschaftlicher Forschung, sondern eine naturwissenschaftliche Gedankenkonstruktion als Legitimierung des Ausschlusses ›Schwarzer‹ von der Staatsbürgerschaft bis hin zu ihrer Versklavung. Um soziale Unterschiede plausibel zu machen, bekam die Haut Farbe.

Der Ruf nach »Freiheit, Gleichheit, Brüderlichkeit« blieb in den französischen Kolonien nicht ungehört. Doch bedurfte es eines Sklavenaufstandes auf Santo Domingo (heute Haiti), der, im Jahr 1791 beginnend, trotz einem aus Frankreich entsandten Heer von 18.000 Soldaten nach jahrelangen blutigen Kämpfen letztlich zur rechtlichen Gleichberechtigung führte. Fast eine Million Sklaven wurden nun Staatsbürger von Frankreich. Doch unter Napoléon Bonaparte wurde bereits 1802 die Sklaverei und das Kriterium der Hautfarbe in den französischen Kolonien wieder eingeführt, und zwar nach der Regel, wer nicht völlig weiß sei, wäre schwarz.[2]

Die Erfindung und gleichzeitige Ausgrenzung der angeblich braunen, gelben, roten und schwarzen ›Rassen‹ war in erster Linie eine Eingrenzung der weißen ›Rasse‹ (vgl. Hund: 1012). Je stärker dies auf die Dichotomie zwischen ›schwarz‹ und ›weiß‹ hinauslief und ›die Schwarzen‹ zu ›dem Anderen‹ werden ließ, umso leichter wurde die Verwendung gegen eine solidarische Haltung der unteren Klassen in Europa. Ihr Einschluss funktionierte über den Ausschluss anderer: in Europa mit Hilfe der Staatsgrenzen, in den USA durch die Gesetze zur Diskriminierung Nicht-Weißer. Wie Frauen konnten *people of colour* in dieser Logik keine StaatsbürgerInnen werden. Entsprechend lässt sich die Entstehung des Nationalstaats und bürgerlicher Demokratie von Sexismus und Rassismus nicht trennen: Die Abgrenzung nach außen bewirkte zusammen mit der ›inneren‹ (biologisierten) Ungleichheit Einschluss und Ausschluss aus der Demokratie.

Der moderne Staat als Korrelat einer Gouvernementalität

Doch nicht nur die Vorstellungen von Geschlechtern und ›Rassen‹ sind mit dem bürgerlichen Staat verwoben. Auch durch eine wirtschaftstheoretische Analyse der geschichtlichen Entwicklung des

---

2 Einzige Ausnahme blieb Santo Domingo. Nach weiteren Befreiungskriegen konnte am 1. Januar 1804 die erste schwarze Republik offiziell ausgerufen werden (vgl. Schiebinger: 249).

homo oeconomicus ergibt sich ein Zusammenhang mit *sex & race*. Adam Smith legte für das Konzept eines solchen Wirtschaftssubjekts die gedanklichen Grundlagen, grenzte dieses jedoch stark ab von nicht-weißen, nicht-männlichen und nicht-bürgerlichen Identitäten.

War im Zuge der Inquisition die erste planmäßig arbeitende Policey der Neuzeit sowie eine zentralisierte Gerichtsbarkeit entstanden, so war es im 17. Jahrhundert die Ordnungsfunktion, über welche sich die Policey konstituierte: Die mechanische Ordnung als Begriffssystem war verbunden mit einem Komplex von Wertvorstellungen, die auf Macht basierten, und dem Geist des Handelskapitalismus entsprachen. Ordnung und Macht waren unerlässlicher und untrennbarer Bestandteil der modernen wissenschaftlichen Weltanschauung: Die Staatsräson – der Vorrang der Interessen des Staates, welcher in Konkurrenz zu anderen Staaten trat sowie seine Stärke und Sicherheit nach Innen und Außen – war auf die Entwicklung eines historisch neuen Komplexes von Analysen und Messtechniken angewiesen: Policey und Statistik bedingten sich gegenseitig (vgl. Foucault 1978: 454 f.; 1979: 17 f.): Um mit anderen Staaten ökonomisch in Konkurrenz treten zu können, mussten im Inneren eines Staates neuartige Reglementierungen eingeführt werden. Der Polizeistaat kümmerte sich um die Handlungen der Individuen bis in die kleinste Einzelheit, womit der Gegenstand der Polizei gleichsam ein unendlicher wurde (vgl. Foucault 1979: 19 ff.). »Damit lässt sich Polizei als eine säkularisierte Form pastoraler Macht charakterisieren, die sich um alles und jeden kümmert und die Subjekte zu einem (ökonomisch) sinnvollen Leben führt: ein ökonomisches Pastorat« (Lemke: 167).

Ab Mitte des 18. Jahrhunderts kommt es zu einer Verschiebung weg von der Durchsetzung einer Ordnung gemäß gesetzter Normen: Die Natürlichkeit der Welt wird der Künstlichkeit der Polizei entgegengesetzt – wobei die neue Gouvernementalität allerdings auch diese angebliche Natürlichkeit erst selber herstellt (vgl. Foucault 1979: 29). Dafür orientiert sich die liberale Regierungskunst am Modell des Marktes, wo beispielsweise davon ausgegangen wird, dass, wenn die Preise steigen, sie sich von selbst wieder einpendeln. Funktioniert der Markt optimal, befördert er die Stärke des Staates (vgl. Foucault 1979: 52 ff.). »Mit anderen Worten, die politische Ökonomie entdeckt nicht natürliche Rechte, die der Ausübung der Gouvernementalität vorhergehen, sondern eine bestimmte Natürlichkeit, die den Regierungspraktiken selbst eigentümlich ist« (Foucault 1979: 33). Es geht nicht länger darum, diese Praktiken im Hinblick auf ein moralisches Prinzip als gut oder schlecht zu beurteilen, sondern als wahr oder falsch; es entsteht eine »neue Herrschaft der Wahrheit« (Foucault 1979: 37). Dies ist der Grund, warum Adam Smith´ Theorie so wesentlich für die Wirklichkeit der Gesellschaft wurde. Dieses Prinzip der Regierung erfordert die ›Freiheit‹ der Regierten, und der rationale Gebrauch dieser Freiheit ist die Bedingung einer ›ökonomischen‹ Regierung. »Die Kunst der liberalen Regierung besteht darin, an die Stelle einer äußerlichen Begrenzung über das Recht eine interne Regulation zu setzen: die Politische Ökonomie« (Lemke: 173).

Entscheidendes Moment hierin ist die Figur der Bevölkerung: Hatten die Merkantilisten diese von der Achse Souverän-Untertan aus reglementiert, so behandelten die Nationalökonomen des 18. Jahrhunderts diese als eine Menge von Rechtssubjekten, als eine Gesamtheit von Vorgängen, die man in ihrer Natürlichkeit und ausgehend von ihrer Natürlichkeit verwalten muss (vgl. Foucault 1978: 105 ff.). Diese Bevölkerung ist eine Gegebenheit, die von einer ganzen Serie von Variablen abhängt: u. a. dem Klima, dem Handel, den Gewohnheiten und nicht zuletzt den Gesetzen. Dabei kennt sie nur einen einzigen Handlungstrieb: Begierde. Eine Begierde, gegen die nichts getan werden kann, die nicht mit ›Nein‹ beantwortet werden darf, sondern bei der es darauf ankommt zu wissen, wie zu ihr ›Ja‹ gesagt werden kann, um sie zu regieren. »Wir haben hier folglich die Matrix einer völlig utilitaristischen Philosophie« (Foucault 1978: 113).

Jeremy Bentham, der als wesentlichster Begründer des Utilitarismus gilt, hatte in seinen Gesetzesentwürfen die Antwort auf das Problem der Vermittlung zwischen dem *homo legalis* (dem verständigen Rechtssubjekt) und dem *homo oeconomicus* gesucht: Wie nach den Regeln des Rechts ein Raum der Souveränität regiert werden könne, der von ökonomischen Subjekten bevölkert wird, welche gemäß der Theorie von Adam Smith in ihren rationalen Entscheidungen nicht beeinflusst werden dürfen, da nur so die ›unsichtbare Hand‹ walten könne. Die bürgerliche Gesellschaft war die Antwort (vgl. Lemke: 176 ff.). Der Mechanismus des Gesetzes wurde Ende des 18. Jahrhunderts als Prinzip der Ökonomie im Strafwesen angenommen. *Homo penalis*, der strafbare Mensch, der dem Gesetz unterstellt ist und bestraft werden kann, dieser sei im strengen Sinne, so Foucault, ein *homo oeconomicus* (Foucault 1979: 344 f.). Die bürgerliche Gesellschaft sei das Korrelat einer Gouvernementalität, die sich an der ›ökonomischen Ökonomie‹ ausrichte.

Michel Foucault sieht hier ein wesentliches Moment für die Entstehung der Disziplinargesellschaft, welche mehr und mehr übergehe in eine, wie Gilles Deleuze es später formuliert, Kontrollgesellschaft, in welcher die Verinnerlichung über Technologien des Selbst die äußerliche Kontrolle tendenziell ersetzt. Zudem kommt es zu einem Übergang von der Unterscheidung zwischen den ›Normalen› und den ›Anormalen‹ als jene, welche den gesetzten Standards nicht entsprechend können, hin zu einer Sicherheitsgesellschaft, in welcher das gesellschaftliche Optimum ermittelt und zur Norm erhoben wird. Der *homo oeconomicus* wird so immer mehr als wahrhaftige Beschreibung des Menschen definiert. Dieser so gefasste *homo oeconomicus* wird zunehmend zum hegemonialen Leitbild für alle Identitäten.

Ab der zweiten Hälfte des 19. Jahrhunderts erfolgte dementsprechend eine wichtige Transformation der Regierungstechniken, wobei der Staat eine völlig neue Bedeutung erhielt: nicht mehr parteiisch und potentiell despotisch, sondern scheinbar neutral über und außerhalb der Gesellschaft mit ihren Konflikten stehend. Damit wurde er zur Regulationsinstanz politischer Antagonismen (vgl. Foucault 1979: 29; Lemke: 195). Hier entwickelte sich Zivilgesellschaft und damit ein entscheidendes Feld für das Aushandeln von Interessen und Kräfteverhältnissen.

Emanzipation muss über Partizipation am Bestehenden hinaus weisen

Nicht zuletzt durch Kämpfe um Emanzipation, und damit um den Einschluss in als universal deklarierte Menschenrechte, ist der *homo oeconomicus* heute zum hegemonialen Leitbild für alle geworden. Damit einher geht ein zunehmendes Verständnis von den dem *homo oeconomicus* zugeschriebenen Eigenschaften – insbesondere rational zu sein, aber auch autonom, flexibel etc., – als Beschreibungen für den Menschen schlechthin. Da der *homo oeconomicus* aber in Interaktion mit der Konstruktion des weißen, männlichen Bürgers entstanden ist, bleibt es für Mitglieder dieser Identität leichter, erfolgreich zu sein. Aufstieg und Machtübernahme durch Frauen / *people of colour* ist möglich, doch die Ausgrenzung ›anderer‹ Eigenschaften bleibt eine systematische.

Bemühungen um den weiteren Einschluss in insbesondere repräsentationspolitische Teilhabe von Frauen an der Machtausübung stehen in der Gefahr, genau dieses Leitbildes auszunutzen, beispielsweise indem ›Alphamädchen‹ beweisen, dass sie mindestens ebenso gut wie Männer Karriere machen können. Ohne zu behaupten, dies sei kritikwürdig, bedeutet es doch letztlich, die Logik des *homo oeconomicus* und seiner Ausschlüsse zu reproduzieren und verfeinern. Es bedeutet den Ausschluss jener, die dem hegemonialen Ideal des *homo oeconomicus* nicht nahe kommen, beispielsweise als behinderte Menschen. Darüber hinaus zeichnet sich eine neue Biologisierung der Ungleichheit ab, und zwar hinsichtlich einer Unterklasse, die – obwohl im Diskurs gerade erst wiedergeboren – angeblich seit Generationen von staatlicher Unterstützung lebe und bei denen Bildungsversuche vergeblich seien.

Eine Einbeziehung in das System der Machtausübung ohne eine Veränderung desselben darf allerhöchstens als ›erste Geste‹ (Jacques Derrida) verstanden werden: Judith Butler und mit ihr Teile der lesbischen, aber auch schwulen Bewegung sprechen sich gegen den Kampf um zum Beispiel die Homo Ehe aus, da damit neue Ausschlüsse verbunden seien. Denn der Kampf um, und damit die Logik von Einschluss – und somit Ausschluss – bleibe selbst dem binären Denken verfangen, so Butler. Es seien neue Ausschlüsse damit verbunden.

Auch eine Vervielfältigung von Identitäten verspielt die Möglichkeiten der Queer-Bewegung, da jede Identität, auch *patchwork*-Identitäten, durch Ausschluss konstituiert werden. Butler betont, dies würde nur bedeuten, weitere Subjektpositionen auf einer pluralistischen Achse *im* existierenden Symbolischen, also innerhalb der hegemonialen symbolischen Ordnung, zahlenmäßig zu vervielfachen. Dies, so Butler, hätte nur eine Vervielfachung ausschließender und erniedrigender Schritte zur Folge, welche lediglich noch größere Fraktionierung herstelle, und bedeute eine verstärkte Zunahme von Differenzen ohne die Möglichkeit, zwischen ihnen zu vermitteln. Der politische Impetus einer Politik des Performativen liege stattdessen in der Resignifizierung (vgl. Butler: 130 f.; Moebius: 298): Wenn Foucault davon spricht, es ginge darum, »nicht dermaßen regiert zu werden« (Foucault 1978: 12), so bedeutet dies Widerstand gegen bestehende Subjektivierungsformen sowie die Suche nach neuen Formen der Subjektivität bzw. des Seins.

Eine emanzipatorische Politik richtet sich demnach weniger in Richtung der Macht – um den eigenen Einschluss bemüht und im Glauben, andere damit angemessen repräsentieren zu können – sondern in Richtung der Machtlosen. Die ›zweite Geste‹ besteht in dem Bestreben, Formen eines herrschaftsfreien Dialogs zu entwickeln, Privilegien zu verlernen sowie Identitäten und Verhältnisse zu verschieben, um damit jenseits gegebener Repräsentationsstrukturen neue Formen partizipativer Demokratie zu ermöglichen. Der politische Impetus einer emanzipatorischen Politik des Performativen liegt damit in einer doppelten Resignifizierung: Antonio Gramscis Ansatz, Politik als Artikulation zu begreifen, das heißt in der Verbindung verschiedener Kräfteverhältnisse im Ringen um Hegemonie, ergibt mit Ernesto Laclau und Chantal Mouffe weitergedacht Artikulation als eine Praxis, welche nicht nur den gesellschaftlichen Kontext, sondern auch die Identität im Resultat modifiziert. Beides zu *queeren* sind zwei Seiten desselben Prozesses.

In keiner Beschreibung aufzugehen, ist die eigentliche Bedingung der Wirksamkeit von *queer*, so dass sich der Begriff ›*queer*‹ nahezu als Bedeutungsträger auflöst und damit dem Derrida´schen Ideal einer ›*democratie à venir*‹ nahe kommt, einer Demokratie, die immer im Kommen bleiben muss, da sich gegebene Identitäten immer als mit dem Bestehenden Unrechtssystem verwoben entpuppen.

Bibliographie

Anderson, Bonnie S./Zinsser, Judith P. (1988), Eine eigene Geschichte. Frauen in Europa, Bd. 1: Verschüttete Spuren. Frühgeschichte bis 18. Jahrhundert, Fischer, Frankfurt/M., 1995.

Baschwitz, Kurt (1963), Hexen und Hexenprozesse. Die Geschichte eines Massenwahns, dtv, München,1966.

Bovenschen, Silvia (1976), »Die aktuelle Hexe, die historische Hexe und der Hexenmythos«, in: Claudia Opitz (Hg.), Der Hexenstreit. Frauen in der frühneuzeitlichen Hexenverfolgung, Herder, Freiburg i. Br., 1995, S. 36–98.

Bröckling, Ulrich/Susanne Krasmann/Thomas Lemke, »Gouvernementalität, Neoliberalismus und Selbsttechnologien. Eine Einleitung«, in: dies. (Hg.), Gouvernementalität der Gegenwart – Studien zur Ökonomisierung des Sozialen, Suhrkamp, Frankfurt/M., 2000, 7–40.

Brown, Wendy, States of Injury. Power and Freedom in Late Modernity, Princeton University Press, Princeton, 1995.

Butler, Judith, »Phantasmatische Identifizierung und die Annahme des Geschlechts«, in: Pühl, Katharina (Hg.), Geschlechterverhältnisse und Politik, Institut für Sozialforschung Frankfurt, Frankfurt/ M., 1994.

Deutsches Institut für Wirtschaftsforschung, Spitzenpositionen in deutschen Unternehmen fest in der Hand von Männern, DIW-Wochenbericht Nr. 7, Berlin, 2007

Ehrenreich, Barbara/Deirdre English (1975), »Hexenkunst und Medizin im Mittelalter«, in: Claudia Opitz (Hg.), Der Hexenstreit. Frauen in der frühneuzeitlichen Hexenverfolgung, Herder, Freiburg i. Br. 1995, 18–35.

Finzsch, Norbert, »It is scarcely possible to conceive that human beings could be so hideous and loathsome′: discourses of genocide in eighteenth- and nineteenth-century America and Australia«, in: Patterns of Prejudice, Bd. 39, Nr. 2, 2005, 97–115.

Foucault, Michel (1978), Sicherheit, Territorium, Bevölkerung. Geschichte der Gouvernementalität, Suhrkamp, Frankfurt/M., 2004.

Foucault, Michel (1979), Die Geburt der Biopolitik. Geschichte der Gouvernementalität II, Suhrkamp, Frankfurt/M., 2004.

Foucault, Michel (1984), »Staatsphobie«, in: Ulrich Bröckling; Susanne Krasmann; Thomas Lemke (Hg.), Gouvernementalität der Gegenwart – Studien zur Ökonomisierung des Sozialen, Suhrkamp, Frankfurt/M., 2000, 68–71.

Frietsch, Ute, Die Abwesenheit des Weiblichen. Epistemologie und Geschlecht von Michel Foucault zu Evelyn Fox Keller, Campus, Frankfurt/M./New York, 2002.

Fröse, Marlies W., »Gender in Organisationen und Unternehmen«, in: dies./ Rumpf, Maria (Hg.), Women in Management. Beiträge zu Existenzgründungen von Frauen und Geschlechterkonstruktionen im Management von Organisationen, Ulrike Helmer-Verlag, Königstein, 2004, 61–112.

Habermann, Friederike, Der homo oeconomicus und das Andere. Hegemonie, Identität und Emanzipation, erster Band der Reihe Feminist and Critical Political Economy, hrsg. v. Ruppert, Uta/Young, Brigitte, Nomos, Baden-Baden, 2008.

Hall, Stuart (1992), »Der Westen und der Rest: Diskurs und Macht«, (gekürzt) in: Stuart Hall – Rassismus und kulturelle Identität. Ausgewählte Schriften 2, hrsg. v. Mehlem, Ulrich u. a., Argument, Hamburg 1994, 137–179.

Hall, Stuart (1992a), »Die Frage der kulturellen Identität«, in: Stuart Hall – Rassismus und kulturelle Identität. Ausgewählte Schriften 2, hrsg. v. Mehlem , Ulrich, u. a., Argument, Hamburg, 1994, 180–222.

Hark, Sabine, deviante subjekte. Die paradoxe Politik der Identität, 2., vö. überarb. Aufl., Leske + Budrich, Opladen, 1999.

Honegger, Claudia, »Die Hexen der Neuzeit. Analysen zur Anderen Seite der okzidentalen Rationalisierung«, in: dies. (Hg.), Die Hexen der Neuzeit. Studien zur Sozialgeschichte eines kulturellen Deutungsmusters, Suhrkamp, Frankfurt/M., 1978, 21–151.

Horton, Lois E., »Ambiguous Roles: The Racial Factor in American Womanhood«, in: Finzsch, Norbert/Schirmer; Dietmar (Hg.), Identity and Intolerance. Nationalism, Racism, and Xenophobia in Germany and the United States, Cambridge University Press, Cambridge/ New York, 1998, 295–312.

Hund, Wulf D., »Die Farbe der Schwarzen«, in: Blätter für deutsche und internationale Politik, Nr. 8/93, Bonn, 1993, 1005–1014.

Jordan, Winthrop D., White over Black. American Attitudes Toward the Negro 1550–1812, University of North Carolina Press, North Carolina, 1968.

Laqueur, Thomas (1990): Auf den Leib geschrieben. Die Inszenierung der Geschlechter von der Antike bis Freud, Campus, Frankfurt/M./ New York,1992.

Lemke, Thomas, Eine Kritik der politischen Vernunft. Foucaults Analyse der modernen Gouvernementalität, Argument, Berlin/ Hamburg, 1997.

Locke, John (1689), Essay Concerning Human Understanding, Hackett, Indianapolis, 1996.

Locke, John (1690), Zwei Abhandlungen über die Regierung, Suhrkamp, Frankfurt/M., 1967.

Moebius, Stephan, Die soziale Konstituierung des Anderen. Grundrisse einer poststrukturalistischen Sozialwissenschaft nach Lévinas und Derrida, Campus, Frankfurt/ New York, 2003.

Mosse, George L., Toward the Final Solution. A History of European Racism, Harper & Row, New York u. a., 1978.

Mosse, George L., Das Bild des Mannes. Zur Konstruktion der modernen Männlichkeit, S. Fischer, Frankfurt/M, 1996.

Müller, Maria E. (1991), »Naturwesen Mann. Zur Dialektik von Herrschaft und Knechtschaft in Ehelehren der Frühen Neuzeit«, in: Wunder; Heide; Vanja, Christina (Hg.), Wandel der Geschlechterbeziehungen zu Beginn der Neuzeit, Suhrkamp, Frankfurt/M., 1993, 43–68.

Kirstin Mertlitsch

»... das Gebot der Stunde!«
Gleichstellungspolitiken und Frauenförderung an österreichischen Universitäten

Einleitung

Frauenförderung gilt als Mittel zur Herstellung von Chancengleichheit zwischen Frauen und Männern. Seit den 1980iger Jahren wird davon ausgegangen, dass Geschlechtergerechtigkeit und Gleichbehandlung speziell durch frauenfördernde Maßnahmen und später durch Gender Mainstreamingprozesse hergestellt und vorangetrieben werden kann. Das österreichische Bundesministerium für Wissenschaft und Forschung bietet derzeit die Frauenförderprogramme *fFORTE* und *excellentia* als Beiträge zu mehr Chancengleichheit an den Universitäten an[1]. Aufmerksam wurde ich speziell auf das Förderprogramm *excellentia*, das zur Steigerung des Professorinnenanteils an den österreichischen Universitäten von derzeit (2008) durchschnittlich 15 % auf 26 % bis zum Jahr 2010 beitragen soll. Die Universitäten werden für jede Anstellung einer »ordentlichen«

1 Auf der Homepage des bm:wf lassen sich zwei explizite links zur Frauenförderung und deren Programme finden *fForte* »Frauen in Forschung und Technologie« und *excellentia* »Ein High Potentials Programm für Österreichs Universitäten«. *fFORTE* dient zur »Stärkung von Frauen in Forschung und Technologie als auch zur Unterstützung von Frauen in Wissenschaft und Technik«. Unterstützt wird die Initiative vom Rat für Forschung und Technologieentwicklung und vier Bundesministerien: für *Wissenschaft und Forschung, Wirtschaft und Arbeit, Verkehr, Innovation und Technologie (BMVIT) und Unterricht, Kunst und Kultur* und setzt sich aus vier Programmen zusammen: *fFORTE academic, w-fFORTE, FEMtech-fFORTE, fFORTE Schule.* Mein Fokus wird auf *fFORTE academic* liegen, weil es dem Bundesministerium für Wissenschaft und Kultur zugehörig ist und somit dem universitären Kontext am nächsten steht. Diese Initiative teilt sich in weitere acht unterschiedliche Programme auf, von denen eines *excellentia* ist, das auf der Homepage des Ministeriums neben dem gesamten *fFORTE*-Programm als einziges Programm nochmals eigens angeführt ist und daher von mir als einzelnes Programm genauer analysiert wird. (http://www.bmwf.gv.at/index.php?id=604&MP=129-48&MP=129–48).

Professorin mit rund 33.000 € finanziell belohnt. *Excellentia* gilt als ein erfolgreiches Frauenförderungsprogramm, das vom Bundesministerium in der nächsten Leistungsperiode ab 2010 weitergeführt wird. Das Bundesministerium kann bereits jetzt eine nachhaltige Erhöhung des Professorinnenanteils seit 2005 von 13 % auf 15 % bis 2007 an den Universitäten verzeichnen. Das Programm *excellentia* als eine der zentralen Frauenförderungsmaßnahmen des Bundesministeriums, veranlasste mich, den Begriff der Frauenförderung als Beitrag zur Geschlechterdemokratie näher zu beleuchten und die Frage zu stellen, wie demokratisch eigentlich die Frauenförderungsprogramme an den Universitäten sind? (http://www.bmwf.gv.at/wissenschaft/gender/excellentia/)

Maßnahmen zur Chancengleichheit an österreichischen Universitäten

Die (effektive) Gleichheit zwischen Frauen und Männern an den österreichischen Universitäten ist nach wie vor nicht gegeben. Die Universitäten sind geschlechterhierarchisch organisiert, insofern sich am unteren Ende der Hierarchie hauptsächlich Frauen befinden – Studienanfängerinnen und weibliche administrative Arbeitskräfte – und die Führungsebenen der Institutionen beinahe ausschließlich männlich besetzt sind. In Zahlen ausgedrückt ist laut Universitätsbericht des Jahres 2005 der Anteil der Studienanfängerinnen bei rund 55 %, der Frauenanteil bei den Erstabschlüssen beträgt knapp über 50 % und bei den Zweitabschlüssen (Promovierte) 40 %. Beim wissenschaftlichen Personal beträgt der Frauenanteil an Assistentinnen knapp 30 % und bei Professorinnen 13,7 %. (Frauenpolitischer Beirat für Universitäten 2007: 20)

Obwohl die Universitäten als ExpertInnenorganisationen (Pellert 2000) bezeichnet werden, versagen sie bei der Umsetzung von (Geschlechter-) Demokratisierungsprozessen in der eigenen Institution. Unter Geschlechterdemokratie wird die gleiche Teilhabe von Männern und Frauen an Politik, Wirtschaft und Gesellschaft verstanden. Das bedeutet nach Hollstein, gleiche Chancen, gleiche Rechte, gleiche Pflichten und gleiche Gratifikationen für Männer und Frauen in allen Lebens- und Arbeitsbereichen (vgl. Hollstein: 243).

Und eine weitere Definition lautet:

> Geschlechterdemokratie ist dann erreicht, wenn Frauen und Männer gleichberechtigt an politischen Entscheidungen und gesellschaftlichen Ressourcen teilhaben und autoritär-hierarchische Strukturen in den privaten Verhältnissen sowie explizit gewaltförmige Herrschaftsausübung von Männern über Frauen abgeschafft sind. (Unmüßig /Fücks: 7)

In der Realpolitik wird jedoch der Begriff der Geschlechterdemokratie oft mit der Strategie der Gleichstellungsmaßnahme des Gender Mainstreamings verbunden. Der Begriff der Geschlechterdemokratie unterscheidet sich von der »Frauenpolitik«, indem er auf die Veränderung der Geschlechterordnung v. a. in Wirtschaft und Politik abzielt. Eine prinzipielle Herrschaftskritik der Demokratien als androzentrisch im Sinne der feministischen Demokratietheorien, wird bei den Strategien zur Umsetzung der Geschlechterdemokratien nicht vertreten. In seiner Begriffsdefinition zu Geschlechterdemokratie schreibt Victor Rego Diaz u. a.:

> Als taktische Artikulation zielt Geschlechterdemokratie darauf ab, vorherrschende Transformationsprozesse der ›Modernisierung‹ und ›Professionalisierung‹ in Wirtschaft und Politik zu beeinflussen. Die für aktuelle Politik hegemonierelevanten Begriffe Geschlecht und Demokratie werden zum Losungswort einer Strategie verknüpft, eine Politik zur ›Gleichstellung‹ der Geschlechter in alle Politikbereiche und Organisationsstrukturen einzuschreiben. (Diaz: 436)

In Universitäten kann unter Geschlechterdemokratie die numerische gleiche Partizipation der Geschlechter bei politischen Entscheidungen und an Ressourcen in allen Abteilungen, Instituten und Organisationseinheiten verstanden werden. Wobei der gängige Begriff der Geschlechterdemokratie andere Formen der sozialen Ungleichheit (wie Alter, Klasse, Ethnizität etc.) nicht mit einschließt – dazu komme ich später ausführlicher.

Obwohl mittlerweile mehrheitlich Frauen ein Studium absolvieren und abschließen, verhindern gesellschaftliche und institutionelle Strukturen eine gesamtuniversitäre Geschlechtergleichheit. Das Old-Boys-Network, Vereinbarkeit von Beruf und Familie und geschlechterstereotype Vorurteile werden als Gründe angeführt, die eine Gleichheit für Frauen und Männer an der Universität verunmöglichen. Die Gleichstellungspolitik hat rechtliche Rahmenbedingungen, wie z. B. das Bundesgleichbehandlungsgesetz und den (universitären) Frauenförderungsplan geschaffen und der Arbeitskreis für Gleichbehandlungsfragen wacht über die Einhaltung der gesetzlichen Erlässe. Frauenfördernde Maßnahmen basieren auf diesen gesetzlichen Grundlagen. Anders ausgedrückt, typologisiert die Untersuchung zur Wirkungsanalyse frauenfördernder Maßnahmen des Bundesministeriums für Wissenschaft und Forschung (bmwf) die Einzelmaßnahmen, die seit den 1990er Jahren gesetzt wurden, in Maßnahmen mit Programmcharakter, legistische Maßnahmen, monetäre und nicht monetäre Individualförderung, sowie begleitende Strukturmaßnahmen[2] (vgl. Wroblewski/Gindl/Leitner/Pellert/Woitech: 13).

Die Perspektive meiner Fragestellung, wie demokratisch gleichstellungspolitische Maßnahmen an den Universitäten sind, richtet sich in weiterer Folge auf frauenfördernde Maßnahmen mit Programmcharakter des bmwf, v. a. auf das Programm *excellentia,* das Teil von *fForte academic* ist.

Einige kritische Überlegungen zur Frauenförderung

Der Begriff Frauenförderung ist im Kontext der Frauenbewegung der 1970iger und 1980iger Jahre entstanden, um Frauen in einer patriarchalen Lebens- und Arbeitswelt zu stärken. Dabei lag der Fo-

2 Maßnahmen mit Programmcharakter des bm:bwk sowie durch die EU beeinflusste Programme (AM: z. B. *fFORTE, excellentia):*

- Legistische Maßnahmen und darauf basierende Institutionen, wobei zwischen Gesetzen, Maßnahmen auf Ebene des bm:bwk/bmwf sowie Maßnahmen auf Ebene der Universitäten differenziert werden kann. (z. B. Bundesgleichbehandlungsgesetz, Frauenförderungsplan (auch an Universitäten) und Arbeitskreis für Gleichbehandlungsfragen (2000–2007 bm:bwk – Bundesministerium für Bildung, Wissenschaft und Kunst / ab 2007 bmwf – Bundesministerium für Wissenschaft und Forschung);
- Monetäre und nicht monetäre Individualförderungen (z. B. *APART-Programm, DOC-fFORTE,* Gabriele Possaner Preis);
- Begleitende Strukturmaßnahmen sowie spezifische Initiativen zur Förderung der Vernetzung an einzelnen Universitäten und österreichweit (z. B. Koordinationsstellen für Frauen- und Geschlechterforschung, Kinderbetreuungseinrichtungen an den Universitäten)« (Wroblewski/Gindl/Leitner/Pellert/Woitech: 13).

kus, ähnlich wie in der Frauenforschung, auf dem Subjekt »Frau«, das sich nicht nur von Diskriminierung und Opferstatus befreit, sondern in einer androzentrischen Welt besonderer Unterstützung bedarf. In den 1990er Jahren wurden die gleichstellungspolitischen Maßnahmen durch die Idee des Gender Mainstreamings ergänzt, die sich von der Frauenförderung dadurch unterscheiden, dass sie auf Strukturveränderungen abzielen und sich in weiterer Konsequenz auf die Geschlechterverhältnisse positiv auswirken sollen. Um eine Definition des Begriffs Frauenförderung heranzuziehen, verwende ich die Unterscheidung der Begriffe Frauenförderung und Gender Mainstreaming, die in der Broschüre »Wie kommt Gender in die Forschung?« gemacht wird:

> Ist Gender Mainstreaming bloß ein anderer Begriff für Frauenförderung oder ein neues Instrument, das Frauenförderung ersetzt? Weder das eine noch das andere. Gender Mainstreaming und Frauenförderung sind zwei Strategien, die einander ergänzen und zusammen wirken, und in unterschiedlicher Form zur Gleichstellung von Frauen und Männern beitragen.

Frauenförderung	**Gender Mainstreaming**
– richtet sich an Frauen	– richtet den Blick auf Frauen und Männer und ihre unterschiedlichen Positionen in der Gesellschaft
– zielt auf den Abbau von Benachteiligung von Frauen	– zielt auf die Veränderung von Rahmenbedingungen und Strukturen, die Ungleichheit hervorbringen
– ist eine spezifische, kurzfristig wirkende Intervention gegen Benachteiligung von Frauen	– ist eine generelle, langfristige Strategie zur Gleichstellung
– erarbeitet frauenpolitische Strategien, die andere Politikbereiche nicht decken	– erarbeitet Strategien für alle Politikbereiche
Beispiel Frauenförderung: Um die Beteiligung von Frauen an technisch-naturwissenschaftlichen Programmlinien des 6. EU-Programms zu erhöhen, wird vom bm:bwk eine spezifische	Beispiel Gender Mainstreaming: Maßnahmen zur Gleichstellung an Universitäten könnten in Zukunft im Kontext der Leistungsvereinbarungen (§ 13(2)1d UG 2002) als Wettbewerbsvorteil und Anreiz wirken. Diese Strukturmaßnahmen drücken sich in Folge auch im

Trainingsmaßnahme (EU-Coaching) angeboten. www.fforte.at	Globalbudget der Universitäten aus und kommen daher neben dem Gleichstellungsnutzen weiblichen wie auch männlichen Universitätsangehörigen zu Gute.

(König/Brustmann 2004: 1)

Frauenförderung gilt heute als Teil des Gender Mainstreamings und kann demnach nicht als überholte Strategie angesehen werden, weil sie die unterschiedlichen Maßnahmen der Gleichstellungspolitik ergänzt. Trotzdem bestehen einige Kritikpunkte an den Frauenförderungsmaßnahmen, die auf Erkenntnissen der Geschlechterforschung beruhen.

Der »Abbau der Benachteiligung von Frauen«, als Teil der Definition der Frauenförderung, impliziert einerseits, dass alle Frauen benachteiligt und somit Opfer sind und dass bei der Aufhebung der Benachteiligung von Frauen wiederum bei Frauen angesetzt werden muss. Dieser Zugang suggeriert ein Defizit bei Frauen, welches durch spezielle Förderungen behoben werden muss. Die Benachteiligung von Frauen wird als »Frauenproblem« und nicht als gesellschaftliches Problem gesehen. Frauenförderung kann somit als Symptombekämpfung, als »eine spezifische, kurzfristig wirkende Intervention gegen Benachteiligung von Frauen« charakterisiert werden, weil es die zu Grunde liegenden gesellschaftlichen Ungleichheiten unberührt lässt. Die Idee der Förderung geht von einem bestehenden gesellschaftlichen System aus, das an sich demokratisch ist, und nun nur noch um den geschlechterdemokratischen Aspekt ergänzt werden soll. Der Förderaspekt gleicht einer Reparatur, einer Behebung eines Fehlers in einem System, zu dessen optimalem Funktionieren. Bestehende Verhältnisse werden jedoch durch eine Förderung nicht von Grund auf verändert. Förderungen zielen allein zur Verbesserung von Zuständen ab, belassen aber bestehende Systeme. Mir scheint jedoch, dass der Förderaspekt von den eigentlichen Problemen, die zur Benachteiligung führen, nicht nur ablenkt und für eine Scheinlösung sorgt, sondern gleichzeitig subtil den Grund der Benachteiligung mittransportiert. Implizit wird in der Strategie der Frauenförderung die Botschaft vermittelt, Frauen sind selbst schuld an ihrer Misere. Wenn sie nur intensiv an sich arbeiten – daher die unzähligen Workshops und Weiterbildungen, speziell für weibliche Wissenschafterinnen (z. B. Selbstpräsentation in Berufungsverfahren, Erfolgsstrategien für Nachwuchswissenschafterinnen etc.) – können sie ihre Benachteiligung selbst beheben.

Aus einer konstruktivistischen Perspektive geht eine weitere Kritik hervor, die in der Frauenförderung eine Reproduktion der Zweigeschlechtlichkeit ortet, indem sie Vorannahmen und Geschlechterstereotypen von Frauen in der Hochschul- und Wissenschaftspolitik aufrechterhält und verfestigt. So hinterfragt Angelika Wetterer die Strategien der Frauenförderung dahingehend, ob diese nicht von einer binären Logik bestimmt sind, die die Diskriminierung von Frauen an den Universitäten erst hervorbringen und damit die Geschlechterhierarchien an den Hochschulen permanent wiederholen. Sie unterstreicht, dass nicht Frauen ein Problem mit der Wissenschaft haben, sondern umgekehrt die Wissenschaft ein Problem mit der Integration von Frauen. Bisher hätte die Frauenförderung die monokulturellen Strukturen und die eingeschlechtlich dominierten Macht- und Herrschaftsverhältnisse an den Universitäten nicht abbauen bzw. dekonstruieren können (vgl. Kahlert 2003: 43).

Diese beiden Kritikpunkte an der Frauenförderungspolitik fasst Angelika Wetterer zusammen:

> Frauenförderung reproduziert – erstens – tradierte geschlechtsspezifische Zuschreibungen, etwa wenn sie als Erleichterung der Vereinbarkeit von Familie und Beruf stillschweigend voraussetzt, dass es auch bis auf Weiteres die Frauen sein werden, die das leidige Vereinbarkeitsproblem haben. Und Frauenförderung tendiert – zweitens – dazu, vermeintliche Defizite auf Seiten der Frauen abbauen zu wollen, statt die Strukturen des Geschlechterverhältnisses in den Blick zu nehmen, die Geschlechterungleichheiten vielfach auch dann noch präformieren, wenn von Defiziten bei den Frauen längst nichts mehr zu sehen ist. (Wetterer: 20)

Dekonstruktive und intersektionalistische Ansätze kritisieren den Begriff »Frauen«, der eine unspezifische und einheitliche Gruppe voraussetzt, als ob weltweit alle Frauen dieselben patriarchalen Unterdrückungen erführen. V. a. die »Women of Color« haben kritisiert, dass im Feminismus hauptsächlich die Perspektive der weißen, mittelständischen und westlichen Frauen eingenommen wird. Diskriminierungsformen auf Grund des Geschlechts sind je nach kulturellem und zeitlichem Kontext unterschiedlich und können nicht ohne weiteres auf eine universale Diskriminierungsformel reduziert werden. Ethnizität, Alter, Klasse, Behinderung, etc. sind weitere signifikante Merkmale, die soziale Ungleichheiten auch unter Frauen hervorbringen. Nicht alle Frauen werden auf gleiche Weise benachteiligt, sie bilden keine homogene Gruppe benachteiligter Menschen. V. a. der Ansatz der Intersektionalitäten (vgl. Klinger/Knapp/Sauer 2007; Walgenbach/Dietze/Hornscheidt/Palm 2007) verdeutlicht die Verschiedenheit von Frauen, indem er die Kategorie gender um ethnicity, class, disability, age etc. erweitert, die zu sozialen Ungleichheiten in der Gesellschaft führen – auch unter Frauen. Die Verschränkung von verschiedenen Diskriminierungsformen macht sichtbar, dass die Benachteiligungen unter Frauen stark variieren können.

Daher stellt sich auch die Frage, welche »Frauen« von den speziellen Frauenförderprogrammen unterstützt werden. Sind hier alle Frauen an der Universität mitgemeint? Wird auf die Vielfalt und Unterschiede von Frauen in einem universitären Kontext eingegangen und sind die frauenfördernden Programme darauf abgestimmt?

Die Kritiken an Frauenförderungen machen die zunehmende Differenz zwischen Theorie und Praxis der Geschlechterpolitik und Geschlechterforschung sichtbar. Dazu schreibt Angelika Wetterer:

> Die Institutionalisierung und Professionalisierung der Frauen- und Gleichstellungspolitik auf der einen, der Frauen- und Geschlechterforschung auf der anderen Seite haben inzwischen dazu geführt, dass sich deren Wege ein gutes Stück getrennt haben: Die praxisorientierten Gender-Expertinnen und die theoretisch versierten Vertreterinnen einer sich explizit feministisch verstehenden gesellschaftskritischen (Sozial-) Wissenschaft bewegen sich heute in unterschiedlichen diskursiven Arenen. (vgl. Meuser 2004; Runge, Koreuber 2005 zitiert nach Wetterer: 18)

Cornelia Klinger spricht hier von einer »Bewusstseinsspaltung« und um diese Aporie zu veranschaulichen, führt sie den Widerspruch zwischen Theorie und Praxis an, nämlich den, dass Frauen theoretisch nicht existieren, politisch aber schon und dass mit diesem Paradox bzw. Dilemma in der Geschlechterpolitik und Geschlechterforschung umgegangen werden muss: »Das mag zwar theoretisch falsch sein, ist aber für die Praxis unabdingbar.« (vgl. Klinger zitiert nach Degele: 69).

Dieser Argumentation schließe ich mich vorerst auf einer theoretischen Ebene an. Trotz theoretischer Differenzierungen und den daraus folgenden Widersprüchen, würde ich Frauenförderung als geschlechterdemokratische Maßnahme bewerten, wenn sie als Doppelstrategie (vgl. Kahlert 2003: 53) gemeinsam mit Gender Mainstreaming verstanden wird. Dabei kann, so Kahlert, Frauenförderung als Personalentwicklung und Gender Mainstreaming als Struktur verändernde Maßnahme unter Einbezug von Männern auf allen hochschulpolitischen Ebenen als Top Down Strategie und organisationale Gemeinschaftsaufgabe umgesetzt werden.

Frauenförderungsprogramme in der Praxis – Wie demokratisch sind sie?

Auffallend bei den Ausschreibungen von Frauenförderungsprogrammen[3], sind die Argumente dafür, warum Frauen speziell in Bereichen, in denen sie unterrepräsentiert sind, gefördert werden sollten. Geschlechterdemokratie, Chancengleichheit und Gleichbehandlung stehen nicht, wie man glauben möchte, im Mittelpunkt der Programme. Sie zielen auf die ökonomische Verwertbarkeit der Humanressource »Frau« ab, auf deren Potenziale die Universitäten und Wissenschaftsstandorte nicht verzichten können, und die sie im »Wettbewerbsvorsprung Österreichs unentbehrlich« machen:

> Die Wissenschafterinnen bilden ein enormes Potenzial an Begabungen und Know how. Dieses müssen wir als Wissenschaftsstandort ausschöpfen, indem wir den Frauen akademische Karrieremöglichkeiten erschließen – das ist das Gebot der Stunde! (bm:wf 2008: 3)

> Europäische Studien zeigen, dass hervorragend ausgebildete Frauen das am stärksten vernachlässigte Potenzial an qualifizierter Arbeitskraft darstellen. Ein Umstand, der die Universitäten wichtige Humanressourcen und innovatives Know how kostet. Bis zum Jahr 2010 werden durch Pensionierung ca. 40 % aller Professuren vakant. Diese Situation ermöglicht die sanfte, aber effektive Erschließung bislang weitgehend ungenutzter Humanressourcen für den Lehr- und Forschungsbetrieb. (http://www.fforte.at/drucken/unterseite/9/fforte-academic.html)

---

3 Ich beziehe mich hier vornehmlich auf die Programme des Bundesministeriums für Wissenschaft und Forschung.

Und weiter:

> Gerade jetzt stehen die österreichischen Universitäten in ihrer Autonomie großen Herausforderungen gegenüber. Der internationale Wettbewerb, aber auch die Veränderungen in der Wissensgesellschaft verlangen eine optimale Positionierung in der internationalen Forschungs- und Bildungslandschaft. (bm:wf 2008: 4)

Die zunehmende Privatisierung und Ökonomisierung der Universitäten wirken sich auf die Gender- und Frauenpolitik aus. Seit einigen Jahren wird von feministischen Theoretikerinnen die »Verbetriebswirtschaftlichung« (vgl. Kahlert zitiert nach Wetterer: 22) der Gleichstellungspolitik vehement kritisiert. Die Strukturen des New Public Management lassen sich bestens mit den Strategien des Gender Mainstreamings vereinbaren. Gleichstellungspolitiken werden als Verwaltungs- und Managementfragen wahrgenommen und stehen unter dem Primat der Ökonomie und obwohl ich sowohl Frauenförderung, als auch Gender Mainstreaming für wesentliche Werkzeuge zur Annährung an geschlechterdemokratische Verhältnisse verstehe, halte ich es doch für hochproblematisch, dass sie neoliberalen Instrumentalisierungsmechanismen nichts entgegenzusetzen haben. Zwar konzentriere ich mich in diesem Artikel speziell auf Frauenförderungsprogramme, jedoch bleibt die Logik der Ökonomie dieselbe wie die des Gender Mainstreamings. Nach Angelika Wetterer wird das ökonomische Kalkül in der Frauenförderpolitik u. a. dadurch deutlich, dass Universitäten, die die Integration von Frauen in der Wissenschaft fördern, auf wirtschaftliche Verwertbarkeit abzielen, um den Pool der »Besten« (Exzellenten) zu vergrößern (vgl. Wetterer: 22).

Die Programme und Gleichstellungspolitiken verlieren in ihrer ökonomischen Ausrichtung ihren emanzipatorischen Anspruch. Gremien und Posten werden vordergründig im Sinne der Geschlechterdemokratie paritätisch besetzt bzw. werden Anstrengungen unternommen, geschlechtergerechte Teilhabe herbeizuführen, um letztlich Vorgaben zu erreichen, die sich marktwirtschaftlich rentieren. Zwar sind Gleichbehandlungsstellen und so genannte »Berufsfeministinnen« von emanzipatorischen Motiven geleitet, werden jedoch durch die Rahmenbedingungen in ihrem Agieren in ein neoliberales Diktat gezwungen, in dem es darum geht, die Humanressource »Frau« bestmöglich auszunutzen.

Um aber die Frauenförderung noch ein stückweit konkreter zu fassen, sollen neben der ökonomischen Ausrichtung die geförderten Subjekte, die »Frauen«, genauer in den Blick genommen werden. Welche Frauen werden eigentlich gefördert?

Excellentia – ein Eliteprogramm

Das Frauenförderungsprogramm *excellentia* lässt seinem Namen nach bereits darauf schließen, welche Intentionen dieses Programm verfolgt. Nur eine Selektion der besten Wissenschafterinnen wird in diesem »High Potential Programm« als förderwürdig erachtet. Das *excellentia*-Programm ist in die EU-weiten Forschungsstrategien, die Bildungs- und Leistungseliten in der Forschung forcieren, eingebettet.

Um näher auf dieses Programm einzugehen, wird kurz auf die Bedeutung von Exzellenz (*excellentia*), die oft mit dem Begriff der Elite gleichsetzt wird, eingegangen. Die Begriffe Exzellenz und Elite unterscheiden sich insofern, als Exzellenz eine Auswahl der Besten aufgrund von Leistung und Elite eine Personengruppe, die sich durch Status (z. B. Herkunft, Eigentumsverhältnisse ...) charakterisiert, bezeichnet. In der Studie »Gender und Exzellenz« wird der Exzellenzbegriff, der sich auf Leistungsorientierung beruft, im Gegensatz zum Elitebegriff definiert, der mit Personen assoziiert wird, die je nach Standpunkt gerechtfertigt oder unverdient auf Grund von Leistung oder Status eine privilegierte Position in der Gesellschaft einnehmen(vgl. Schacherl/Schaffer/Dinges /Polt: 20).

Vor allem der Begriff Elite ist historisch und politisch äußerst fragwürdig, nachdem er im europäischen Kontext in faschistoiden Herrschaftsregimen eine bedeutende Rolle gespielt hat. Zudem kann der Begriff Elite auch in Nachbarschaft zum Begriff der herrschenden Klasse gebracht werden. Zumeist wird der Begriff Elite in Abgrenzung zu einer breiten Masse gesetzt. Diese »undifferenzierte Menschenmenge« wird oft mit Chaos und Massen assoziiert, über die allein eine herrschende Elite walten kann (vgl. Krais 2001). Beate Krais steht dem Begriff Elite äußerst skeptisch gegenüber:

> Die Assoziationsräume, die der Elitebegriff aufspannt, sind also alles andere als erfreulich, und es ist vor diesem Hintergrund schwer vorstellbar, wie er mit unserem Verständnis von einer pluralistischen, auf der politischen und sozialen Teilhabe der Bürgerinnen und Bürger gegründeten Gesellschaft versöhnt werden könnte. (Krais: 14)

Der Begriff der Elite wurde durch die neunzehnachtundsechziger Bewegung massiv in Frage gestellt und hat nicht zuletzt zur Öffnung der Universitäten für alle Bildungsschichen Anfang der 1970iger Jahre geführt. Heute wird zumeist der Begriff Exzellenz verwendet, der aus dem angloamerikanischen Sprachraum übernommen wurde und mit Qualität und Leistung beschrieben wird. Dabei bleibt im Diskurs um Exzellenz oft unklar, wie überhaupt Leistung bemessen werden kann (v. a. in den Geistes- und Kulturwissenschaften im Gegensatz zu den Natur- und Technikwissenschaften).

Die Ideen einer Bildungs- und Leistungselite bzw. eines Centre of Excellence entsprechen einer neoliberalen und neokonservativen Gesinnung, deren Ideal in ökonomischen Parametern liegt, die durch Wettbewerb, Leistung und Konkurrenz gekennzeichnet sind. Ziel der Exzellenzstrategien ist – auf europäischer und nationaler Ebene – die Steigerung des Forschungsoutputs und dessen erhöhte Sicht- und Vergleichbarkeit, so die Studie »Gender und Exzellenz«. Diese Strategie motiviert sich durch wettbewerbsfähige Forschungsförderung, Förderung verstärkter Selektion und Profilbildung, sowie Qualitätssicherung mittels entsprechender Evaluierungs- und Steuerungsinstrumente (vgl. Schacherl/Schaffer/Dinges/Polt: 8). Der aufklärerische Anspruch, alle Menschen gleichermaßen aus ihrer »selbstverschuldeten Unmündigkeit« zu befreien bzw. das humboldtsche Bildungsideal »Bildung für die breite Bevölkerung« wird durch die Idee der Leistungs- und Bildungseliten des Neoliberalismus zutiefst erschüttert. Demokratiepolitische Bildungsansätze lassen sich nicht mit dem Ideal einer Bildungselite vereinbaren, weil die Forderung nach Chancengleichheit in Ausbildung bzw. nach gleicher Teilhabe an Ausbildung mit Selektionsbestrebungen in einem unauflösbaren Widerspruch steht.

Aus einer feministischen Perspektive sind mehrere Argumentationen für und gegen eine weibliche Bildungselite auszumachen.

Zum einen tritt der Egalitätsfeminismus für gleiche Partizipation von Frauen in allen Lebens- und Arbeitsbereichen ein. An der Universität ist dieser Gleichheitsanspruch in den Führungsebenen durch die Unterrepräsentanz von Frauen noch nicht erfüllt. Daher fördert die universitäre Gleichstellungspolitik hoch qualifizierte Wissenschafterinnen, um eine Geschlechtergerechtigkeit in den Spitzenpositionen zu erwirken. In diesem Sinne entspricht die Frauenförderungspolitik den feministisch-emanzipatorischen Ansprüchen nach Gleichheit und trotzdem kann man mit Heike Kahlert die Debatte um Gleichstellung von Frauen in Führungspositionen als eine »verdeckte feministische Elitediskussion« interpretieren (vgl. Kahlert 2000: 157).

Gleichzeitig haben feministische Strömungen seit jeher den Anspruch auf Gesellschafts-, Herrschafts- und Machtkritik. Hierarchien wie sie durch Bildungseliten aufgebaut werden, entstehen nicht nur zwischen Männern und Frauen – diese sollen ja hier abgebaut werden – sondern auch unter Frauen. Frauenförderprogramme wie *excellentia*, die alleine auf den Abbau der Geschlechterungleichheit zwischen Männern und Frauen abzielen, lassen andere Kategorien, die zu sozialer Ungleichheit auch unter Frauen führen, außer acht. Wenn die Frauenförderpolitik im feministischen Sinne herrschaftskritisch bleiben möchte und gleichzeitig das Paradox einer weiblichen Bildungselite befürwortet, sofern dies überhaupt möglich ist, so müsste sie in ihrer Förderpolitik auch auf die sozialen Unterschiede von Frauen (Alter, Klasse, Herkunft etc.) eingehen, um unter Frauen eine Chancengleichheit hinsichtlich Bildung zu ermöglichen (siehe auch Utta Isop in diesem Band).

Eine andere Form der Mitgift

Und eine weitere Facette des Anreizsystems weist das Programm *excellentia* auf. Für universitäre Institute, deren Zusammensetzung geschlechterdemokratisch verteilt ist, ist es nicht unüblich, dass finanzielle »Belohnungen«, nach Erfüllung von Kriterien und Quoten, ausgeschüttet werden. Demokratiepolitisch jedoch unterwandern solche Anreizsysteme (geschlechter-) gerechte Institutionen, indem sie zu verstehen geben, dass demokratische Verhältnisse außerhalb der Norm stehen und eine Einhaltung der Demokratie einer extra Belohnung bedarf. Oder anders ausgedrückt, jede Überschreitung von (geschlechter-)demokratischen Verhältnissen entspricht der Normalität. Wie immer man zu Anreizsystemen stehen mag, sie sind m. E. ein Ausdruck von Hilflosigkeit, wobei die finanzielle »Belohnung« des *excellentia* Programms in Form von »Kopfgeld« besonders auffällig ist. Aus mehreren Gründen: Zum einem weil die finanzielle Abgeltung hier direkt Personen bezogen ist und ich denke, dass dieses Faktum kein Zufall ist. (Üblicherweise werden Gelder im Sinne des Anreizes, nach Bemessung durch unterschiedliche Indikatoren zu Geschlechtergerechtigkeit an den jeweiligen Instituten herangezogen. Ein personenbezogenes Anreizsystem ist mir bisher fremd.) Für die Berufung jeder Professorin erhält eine österreichische Universität einen Beitrag von rund 33.000 Euro. Was an dieser Form der »Belohnung« befremdend wirkt, ist ihre Einbettung in einen streng überwachten Tauschvorgang: hoch qualifizierte Arbeitskraft wird gegen ein Honorar getauscht, was voraussetzt, dass beide »Waren« – zumindest vordergründig – gleichwertig sein müssen. Zudem wird im Vorfeld auch sichergestellt, dass die zu berufende Dozentin unter allen BewerberInnen die bestqualifizierte oder zumindest mit dem besten Bewerber absolut gleichrangig ist. Die »Kopfgeldzahlung« kann also im besten Falle nur einen Prozess belohnen, der zu keinem anderem Ausgang hätte führen können oder sie muss als Anreiz verstanden werden, sich nicht an die bestehenden Regeln zu halten – ein Paradox.

Ich denke, dass es hinter diesem Anreizsystem eine symbolische Ebene aufzudecken gilt, um dieses Phänomen begreifen zu können. Durch den zusätzlichen Geldbetrag, den die Universität vom Bundesministerium für jede eingestellte weibliche Professur erhält, steigt nicht der Wert der Wissenschafterinnen. Im Gegenteil, dieses Extra-Geld, mindert den Wert der Wissenschafterinnen vehement, weil sie zwischen zwei Institutionen, einerseits dem Ministerium und andererseits der Universität durch die finanzielle Belohnung zu einem Tauschobjekt degradiert wird. Nicht sie, die Dozentinnen, verfügen über das Geld, um über ihren Marktwert selbst zu verhandeln, sondern über ihren Kopf hinweg werden Geschäfte seitens der Institutionen abgewickelt. Diese Form der Geschäftemacherei möchte ich nicht allein einem ökonomischen Aspekt zuordnen, indem Gelder umverteilt werden oder als tatsächliches Anreizsystem eingesetzt werden – dafür sind die erhaltenen Beträge zu knapp bemessen.

In allen universitären Hierarchieebenen verschieben sich die Geschlechterverhältnisse zu Gunsten von Frauen. (Auch in den technisch-naturwissenschaftlichen Bereichen ist die Zahl der wissenschaftlichen Stellen steigend). Ausgenommen ist dabei die Ebene der ProfessorInnenschaft, die jedoch, wie das Bundesministerium schreibt (siehe oben), in den kommenden Jahren durch männliche Pensionierungen ausgeglichen werden könnten. Geschlechterdemokratie ist selbstverständlich nicht das Ergebnis eines »natürlich-fortschreitenden« Prozesses, sondern wurde durch Gleichbehandlungsstellen und durch rechtliche Maßnahmen erkämpft. Dass die Entwicklung zu mehr Geschlechterdemokratie, ein Zusammenspiel rechtlicher Maßnahmen und der Pensionierung von männlichem wissenschaftlichem Personal, auch in den kommenden Jahren voranschreitet, muss jedoch nicht als Ergebnis der Erwirtschaftung von *excellentia*-Geldern gelten, sondern als Ergebnis der Anstrengungen der Gleichstellungspolitik.

Auf der Ebene der symbolischen Ordnung kann die bisherige Besetzung von wissenschaftlichem Personal an den Universitäten als männliche Erbschaftsfolge, von Vätern zu den Söhnen, (vgl. Krondorfer: 141) interpretiert werden. In den letzten Jahren wurde diese patrilineare Genealogie in sämtlichen Hierarchieebenen durchbrochen – bis auf die Ebene der Professuren. Gehen Ministerium und Universität einen Handel ein, bei dem die Berufung von Frauen auf Professuren zusätzliche Gelder für die Hochschulen bedeuten, so interpretiere ich dieses Faktum als die letzte Bastion männlich-universitärer Herrschaft, deren objektiver Machtverlust auf eine symbolische Ebene transferiert wird. Dabei wird assoziativ an der Institution Frauentausch und der Mitgift angeknüpft. Luce Irigaray bezieht sich bei ihrer Abhandlung zum Thema »Frauenmarkt« auf die Kulturtheorien von Claude Levi-Strauss »Die elementaren Strukturen der Verwandtschaft», denen zufolge die Grundlage der Gesellschaft auf Frauenzirkulation beruht. Kulturen basieren bei Levi-Strauss auf dem Exogamiegebot bzw. Inzestverbot, d. h. Frauen werden in einen fremden Klan eingeheiratet und dies bildet »die ökonomische, gesellschaftliche und kulturelle Ordnung« (vgl. Irigaray: 177) unserer Kultur. Dabei gelten die Frauen auch als Mittlerinnen, um die Banden zwischen den jeweiligen Sippen zu initiieren und zu stärken – Ingvild Birkhan spricht hier sogar von einer friedensstiftenden Wirkung, indem die »fremden» Frauen Beziehungen zwischen (feindlichen) Sippen überhaupt herstellen (Birkhan: 146). Irigaray interpretiert den Frauentausch als (homo-sozialen) Akt zwischen Männern, indem Frauen allein als Tauschobjekte fungieren. Der Tausch, der durch männliche Vertragspartner vollzogen wird, reproduziert die männliche Herrschaft im Sinne des Patriarchats. Dazu Luce Irigaray:

> Oder noch anders gesagt: alle Tauschsysteme, die die patriarchalischen Gesellschaften organisieren, und alle Arten produktiver Arbeit, die darin anerkannt, wertgeschätzt und entlohnt werden, sind Männersache. Frauen, Zeichen, Waren werden wegen ihrer Produktion immer auf den Mann zurückverwiesen (wenn ein Mann ein Mädchen kauft, dann ›bezahlt‹ er den Vater oder den Bruder, nicht die Mutter ...) sie werden immer von einem Mann zu einem anderen, von einer Männergruppe zu einer anderen gereicht. Die Arbeitskraft wird also immer männlich angenommen, und die ›Produkte‹ dienen als Gebrauchs- und Transaktionsobjekte ausschließlich unter Männern. (Irigaray: 178)

Zum anderen liegt die Assoziation der Gelder des *excellentia*-Programms zur Mitgift nahe, die auch in Europa weit verbreitet war und heute noch in Form der »Aussteuer« bei Hochzeiten auf den rituellen Gabentausch verweist. Wie Christiane Klapisch-Zuber schreibt, wurde die Mitgift nicht zuletzt deshalb eingeführt, um Frauen aus einer patrilinearen Erbschaftslinie auszuschließen: »Die Frau wird von der Teilung der aus der väterlichen Abstammungslinie stammenden Güter ausgeschlossen. Sie wird zwar durch ihren Vater oder ihre Brüder mit einer angemessenen ›Mitgift‹ ausgestattet. Aber sie darf kein Grundstück, das den Kern des väterlichen Besitzes bildet, noch irgendein Haus, in dem die Vorfahren gelebt haben, erhalten. Diese Mitgift-Praxis spiegelt ein bereits vollständig verinnerlichtes Gebot wider, das kein Florentiner um 1400 in Frage gestellt haben würde.« (Klapisch-Zuber: 52). Mitgift galt als Form der Kompensation von Erbschaft, die Frauen dazu dienen sollte, bei Witwenschaft oder anderer existenzieller Gefährdung, eine finanzielle Lebensgrundlage zu ermöglichen. Sie würde also nach dem heutigen Verständnis als eine veralterte Form der Frauenförderung verstanden werden. Ganz im Sinne der zweiten Frauenbewegung, um Frauen in einer patriarchalen Gesellschaft zu stärken. Sie liefert aber damit gleichzeitig den Beweis dafür, dass nicht jede Form von Frauenförderung emanzipatorischen Zielen dient.

Die hier nur knapp angeführten Erklärungsmodelle symbolischer Kulturtheorien sind insofern auf das konkrete Förderprogramm *excellentia* übertragbar, als im Frauentausch deutlich wird, dass Tauschgeschäfte bisher allein unter Männern üblich waren und dass Frauen als Tauschobjekte gelten und Erbschaften zwischen Vätern und Söhnen erfolgten. Der Betrag, den die Universität vom Ministerium erhält, kann als Mitgift gedeutet werden, die den Ausschluss der Wissenschafterinnen aus dem Wissenschaftsproduktionszusammenhang im Sinne einer männlichen Erbschaftslinie nochmals unterstreicht. An Universitäten wurde die patriarchale Genealogie unter Wissenschaftern des Längeren schon von den »Töchtern« nachhaltig gestört. Die letzte männlich-patriarchale Bastion scheint allein die Führungsebene zu betreffen, die jedoch zunehmend brüchig wird. Dass das Ministerium trotz dieser (geschlechterdemokratischen) Entwicklungen den Universitäten Gelder für weibliche Professuren angedeihen lässt, hat nichts mit Verbesserungen der Strukturen mittels Anreiz zu tun; sondern ich interpretiere dies vielmehr als letztes Aufbäumen einer patriarchalen Herrschaftsgeste, die gerade durch die Anreizgelder den Wert der weiblichen Professuren schmälert und zugleich die Entwicklung der Geschlechterdemokratie in Frage stellt.

Bibliographie

Bm. W_Fa/ Schaller-Steidl, Roberta/Martos, Daniela, Excellentia. Ein High Potentials Programm für Österreichs Universitäten, Wien, 2008.

Bm:wf / Frauenpolitscher Beirat für Universitäten, Zehn Punkte Programm zur Förderung von Frauen in Wissenschaft und Forschung, Wien, 2007.

Birkhan, Ingvild, Fremde sind wir uns selbst – Zum Pathos von Krieg und Tod im problematischen Kontext kollektiver Identität, in: Wiener Philosophinnen Club (Hg.). Krieg/War, Fink, München, 1997, 143–151.

Degele, Nina, Gender / Queer Studies, Fink, Paderborn, 2008.

Diaz, Victor Rego, Geschlechterdemokratie, in: Haug, Frigga (Hg.). Historisch-Kritisches Wörterbuch des Feminismus, Argument, Hamburg, 2003, 436–442.

Hollstein, Walter, Geschlechterdemokratie. Männer und Frauen: Besser miteinander leben, VS, Wiesbaden, 2004.

Irigaray, Luce, Das Geschlecht das nicht eins ist, Merve, Berlin, 1979.

Kahlert, Heike, Gender Mainstreaming an Hochschulen, Leske und Budrich, Opladen, 2003.

Kahlert, Heike, Die Debatte um Gleichstellung von Frauen in Führungspositionen: eine verdecke feministische Elitediskussion, in: Metz-Göckel, Sigrid/ Schmalzhaf-Larsen, Christa/Belinszki, Eszter (Hg.). Hochschulreform und Geschlecht, Leske und Budrich, Opladen, 2000, 155–166.

Klapisch-Zuber, Christiane, Das Haus, der Name, der Brautschatz, Campus, Frankfurt/New York, 1995.

Klinger, Cornelia/Knapp Gudrun-Axeli/Sauer, Birgit (Hg.), Achsen der Ungleichheit, Campus, Frankfurt a. M. 2007.

König, Ilse/Brustmann, Ursula, Bundesministerium für Bildung, Wissenschaft und Kultur, AG Gender Mainstreaming (Hg.): Top Ten – Top Down Top 5, Wie kommt Gender in die Forschung? Leitfaden Leitweg Checkliste, Wien, 2004.

Krais, Beate, Die Spitzen der Gesellschaft. Theoretische Überlegungen, in: Krais, Beate (Hg.), An der Spitze. Von Eliten und herrschenden Klassen, Campus, Konstanz, 2001, 7–62.

Krondorfer, Birge, Feminismus in der Universität – eine Antagonie?, in: Krondorfer, Birge (Hg.), Differenzen und Vermittlung. Feminismus.Bildung.Politik, edition/Frauenhetz, Wien, 1995, 139–144.

Levi-Strauss, Claude, Die elementaren Strukturen der Verwandtschaft, Suhrkamp, Frankfurt a. M., 1981.

Pellert, Ada, Expertenorganisationen reformieren, in: Hanft, Anke (Hg.), Hochschulen managen? – zur Reformierbarkeit der Hochschulen nach Managementprinzipien. Hochschulwesen Wissenschaft und Praxis, Luchterhand, Neuwied, 2000, S. 143–173.

Schacherl, Ingrid/Schaffer, Nicole/Dinges, Michael/Polt, Wolfgang, Gender und Exzellenz. Explorative Studie zur Exzellenz und Leistungsberurteilung im Wissenschaftssystem, Wien, 2007.

Unmüßig, Barbara/Fücks, Ralf, Vorwort, in: Heinrich-Böll-Stiftung (Hg.). Geschlechterdemokratie wagen, Helmer, Berlin, 2003, 9–23.

Walgenbach, Katharina/Dietze, Gabriele/Hornscheidt, Antje/Palm, Kerstin (Hg.): Gender als interdependente Kategorie, Barbara Budrich, Opladen & Farmington Hill, 2007.

Wetterer, Angelika, Gender Expertise, Feministische Kritik und Alltagswissen: Gleichstellungspolitik im Spannungsfeld unterschiedlicher Spielarten von Geschlechterwissen, in: Krondorfer, Birge (Hg.), Gender im Mainstream?, Wien, 2007, 17–28.

Wroblewski, Angela/Gindl, Michaela/Leitner, Andrea/Pellert, Andrea/Woitech, Birgit, Wirkungsanalyse frauenfördernder Maßnahmen im bm:bwk. Materialien 21. Förderung von Frauen in Wissenschaft und Forschung, Wien, 2007.

http://www.bmwf.gv.at/wissenschaft/gender/excellentia/ 17. 12. 2008

http://www.bmwf.gv.at/index.php?id=604&MP=129-48&MP=129-48, 17. 12. 2008

Christine M. Klapeer

Mit der »Homo-Ehe« in Richtung einer sexuellen Demokratie?

Demokratietheoretische Überlegungen zur Bedeutung aktueller veränderter partnerschaftlicher Normsetzungen

Im Juni 2007 rief Volker Beck, Mitglied der *Fraktion Bündnis 90/ Die Grünen im Deutschen Bundestag,* dazu auf, den Umgang mit der Minderheit der Lesben und Schwulen als Indikator dafür zu sehen, »wie intakt oder gestört der Demokratiegehalt einer Gesellschaft ist« (Beck 2007). In seiner Definition, was ein »demokratischer Umgang« im Hinblick auf den Status von LGBTQ's[1] bedeutet oder bedeuten könnte, blieb Beck jedoch vage. Er nannte keine konkreten *Demokratiestandards,* an denen dieser Demokratiegehalt gemessen werden könnte. Im weitesten Sinne spielte er lediglich auf die politische Kultur einer Gesellschaft an, wenn er diese daraufhin befragen will, ob sie »mit Vielfalt umgehen«, sich »von Vorurteilen lösen« und »allen Menschen faire Chancen« bieten kann (ebd.).

Eine Definition oder Festlegung von *Demokratiestandards,* anhand derer der demokratische Status von LGBTQ's gemessen werden kann, ist auch vor dem Hintergrund aktueller politischer und theoretischer Auseinandersetzungen schwierig. Denn eine Bestimmung spezifischer Demokratiestandards und damit einhergehend die Beurteilung dessen, ob Reformen, wie z. B. die Eingetragene PartnerInnenschaft für Lesben und Schwule, als Demokratisierung gewertet werden können, ist nicht zuletzt vom Demokratieverständnis selbst sowie von jeweils unterschiedlichen theoretischen und inhaltlichen Deutungen von (Homo-)Sexualität abhängig. Wir haben es daher nicht nur innerhalb unterschiedlicher Segmente lesbischer, schwuler, transgender und queerer Bewegungen und theoretischer Kontexte mit ganz divergierenden Forderungen und Ansprüchen an Demokratie(n) zu tun, sondern auch die aktuelle Demokratie-

1 Die Abkürzung LGBTQ steht für *Lesbians, Gay, Bisexual, Transgender and Queer,* wobei das Q am Ende auch für das Wort *Questioning* steht – ein Verweis darauf, dass die Autorin um den Konstruktionsgehalt dieser Kategorien weiß und diese daher in kritischer Weise verwendet.

forschung stellt in diesem Kontext lediglich einige Impulse, jedoch keine wirklichen Anhaltspunkte zur Formulierung entsprechender Demokratiestandards oder Indikatorenkataloge bereit.

Eine Auseinandersetzung mit der Frage, inwieweit aktuelle Veränderungen in den partnerInnenschaftlichen Normsetzungen insgesamt und die zunehmende Ausweitung von Heirats- und/oder PartnerInnenschaftsrechten auf lesbische und schwule Beziehungen demnach als Demokratisierung gewertet werden können, gestaltet sich vor diesem Hintergrund als schwierig. Im folgenden Beitrag möchte ich daher eine *relationale* und *kontextualisierende* Auseinandersetzung mit den demokratisierenden Implikationen aktueller Veränderungen in der partnerInnenschaftlichen Normsetzung vorlegen. D. h., die Frage, ob diese Veränderungen als Demokratisierung gewertet werden können und die Institutionalisierung schwuler und lesbischer PartnerInnenschaften durch die Öffnung der Zivilehe oder entsprechender anderer Rechtsinstitute, als wichtige Indikatoren zur Messung von Demokratien herangezogen werden können oder sollen, wird im Rahmen unterschiedlicher Demokratieverständnisse diskutiert. Ausgehend von aktuellen theoretisch- wissenschaftlichen und politisch-aktivistischen Debatten innerhalb eines LGBTQ-Kontextes habe ich im folgenden Beitrag versucht, vorhandene Positionen zu bündeln und eine abstrakte Typologisierung von unterschiedlichen Demokratieverständnissen im Hinblick auf die jeweilige Interpretation des (demokratischen) Status von LGBTQ's zu entwickeln. Denn je nachdem, wie das demokratische Konzept verstanden und seine politischen und sexualitätstheoretischen Implikationen, prozedurale wie partizipative Reichweite definiert werden, fällt auch die Beurteilung dessen aus, was als Demokratisierung gewertet werden kann. Die folgende Typologisierung ist jedoch nicht als sich ausschließende Kategorisierung von im LGBTQ-Kontext vertretenen Demokratieverständnissen zu verstehen, sondern die Grenzen sind zum Teil graduell und/oder einzelne Demokratieverständnisse lassen sich verbinden oder referieren aufeinander. Im Rahmen von fünf Demokratieverständnissen soll damit kontextuell diskutiert werden, wie aktuelle Veränderungen partnerInnenschaftlicher Normsetzungen interpretiert werden können, welcher Stellenwert Heirats- und Partnerschaftsrechte damit zukommen und ob diesen gleichsam »demokratisierender Gehalt« zugesprochen werden kann.

Der Beitrag schließt mit einem kritischen Resümee dieser unterschiedlichen Demokratieverständnisse und Standpunkte und versucht vor dem Hintergrund einer feministisch inspirierten herrschafts- und machtpolitischen Synopsis, problematische ebenso wie fruchtbare Ansätze herauszuarbeiten. Darüber hinaus möchte ich in dieser Zusammenschau auch einige Impulse dafür geben, welche analytischen Ebenen bei einem weiteren Nachdenken über Demokratiestandards im LGBTQ-Kontext eine sinnvolle Basis bilden könnten.

Die Kontextualität einer »Demokratisierung der Demokratien«

Die lesbischen, schwulen, transgender und queeren Bewegungen zeigen sich am Beginn des 21. Jahrhundert mehr als ausdifferenziert. Es kann nicht (und konnte vielleicht auch nie) von *einer* (westlichen) Lesben- und Schwulenbewegung im Singular oder gar einzigen »Homosexuellenbewegung« gesprochen werden. Nicht nur innerhalb der lesbischen/schwulen Bewegungen gibt es seit Stonewall[2] eine Diversität an Positionen und unterschiedlichen Strömungen, sondern durch feministische, antirassistische/Schwarze, transgender und queere Bewegungen und Kritiken fanden und finden wiederum unablässig Differenzierungen statt. Vor diesem Hintergrund ist es daher nicht überraschend, dass sich innerhalb eines breit gefassten LGBTQ-Bewegungskontextes auch unterschiedliche Demokratieverständnisse konstatieren lassen, ist doch der Demokratiebegriff selbst ein politisch und diskursiv umkämpfter Begriff, dessen Inhalt und Bedeutung je nach historischem Zeitpunkt,

2 Das »Stonewall Inn« war jenes Schwulen-, Lesben- und Transgenderlokal in New York, in dem am 27. Juni 1969 die so genannten »Stonewall-Riots« ausbrachen. Lesben, Schwule und Transsexuelle leisteten gegen eine Polizeirazzia massiven Widerstand und es folgte ein Wochenende von Straßenschlachten. »Stonewall« fungiert damit international als mythischer und zugleich symbolischer Stichtag für den Beginn einer breiten und selbstbewussten (westlichen, amerikanisch-europäischen) Lesben- und Schwulenbewegung.

Kontext, geopolitischer Lage und ideologischem Umfeld differiert. Besonders deutlich zeigen sich diese unterschiedlichen Demokratieverständnisse in der Debatte um die (demokratisierende) Bedeutung der »Homo-Ehe«[3].

Auch innerhalb der »Lesbian and Gay Studies« und »Queer Studies« wurde und wird die Frage der »Homo-Ehe« äußerst kritisch, aber auch sehr umfassend, diskutiert und überwiegend im Rahmen einer Diskussion um den marginalisierten citizenship-Status von LGBTQ's verortet (u. a. Kaplan 1997, Phelan 2001, Klapeer 2008). Aktuell existieren jedoch keine dezidiert demokratietheoretischen Arbeiten zum Verhältnis von Demokratiemodellen/-verständnissen und dem demokratischen Status von LGBTQ's. Ansätze zur Klärung der entsprechenden Demokratieverständnisse finden sich jedoch in einigen aktuellen Publikationen, die vor allem aus einer kritisch-feministischen und/oder queeren Perspektive das liberal-repräsentative Demokratiemodell und deren identitätsbasierten Gestus infrage stellen (u. a. Rahman 2000, Quaestio 2000, Phelan 2001, Engel 2002).

Trotz dieser Diversität an Positionen und Zugängen innerhalb eines LGBTQ-Kontextes lässt sich m. E. daraus eine Typologie von fünf unterschiedlichen Demokratieverständnissen ableiten. Diese Typologisierung verstehe ich als einen Abstraktionsprozess und eine Zentrierung vorhandener Positionen, der jedoch eine wissenschaftliche Beschreibung und damit verstehende Ordnung von im LGBTQ-Kontext vertretenen Demokratieverständnissen ermöglichen soll. Die Einteilung erfolgt nach bestimmten Merkmalskomplexen, die in der jeweiligen Definition genau erklärt werden. Zum Teil orientiere ich mich dabei auch an Typologien und Merkmalsbeschreibungen der politikwissenschaftlichen Demokratietheorien (Schmidt 2000).

3 Den medial geprägten Begriff der »Homo-Ehe« verwende ich in diesem Beitrag als Sammelbegriff für unterschiedliche (rechtliche) Forderungen, die jedoch alle eine rechtliche Absicherung bzw. Institutionalisierung von lesbischen und schwulen Lebensgemeinschaften/Beziehungen beinhalten und damit derzeit bestehende Diskriminierungen gegenüber der heterosexuellen Ehe bzw. auch nichtverheirateten heterosexuellen Lebensgemeinschaften/Beziehungen beseitigen sollen.

Heiratsrechte als Menschenrecht und ziviles Grundrecht – Das rechtsdiskursiv-liberale Demokratieverständnis

Unter einem rechtsdiskursiv-liberalen Demokratieverständnis fasse ich jene Positionen innerhalb eines LGBTQ-Kontextes zusammen, die ihre Forderungen überwiegend im Rahmen eines rechtsbasierten Lobbyismus bzw. Aktivismus formulieren und die Beseitigung rechtlicher Diskriminierungen als zentralen Fokus von Demokratisierungsprozessen im LGBTQ-Bereich bestimmen. Demokratie wird hier in Anlehnung an liberal-repräsentative Demokratiemodelle (Schmidt 2000,148 ff.) interpretiert und somit die Verfasstheit sowie das Funktionieren des institutionellen Gefüges eines modernen repräsentativen Verfassungsstaates nicht in Frage gestellt. Veränderungen werden im Rahmen dieses institutionellen Gefüges als möglich erachtet, indem Defekte beseitigt, »Blindstellen« reformiert oder »Auslassungen« hinzugefügt werden. Oder wie es Sabine Hark kritisch ausdrückt: Rechte werden verfolgt, »als ob Gleichheit von Lesben und Schwulen innerhalb der existierenden sozialen Ordnung realisiert werden könnte, ohne daß dafür zunächst das heterosexuelle Privileg dezentriert werden muß«. (Hark 2000a: 41). Insofern kann dieses Demokratieverständnis auch als *empirisch-realistisch* (Pelinka 1991) bezeichnet werden.

Einem rechtsdiskursiv-liberalen Demokratieverständnis liegt mehrheitlich ein identitätsbasiertes Repräsentations- und Minderheitenmodell zugrunde. Lesben und Schwule werden als »vor dem Gesetz« (Butler 1991: 17) existierende Minderheitengruppe angenommen, welche, analog zu anderen »Minderheitengruppen«, durch entsprechende Gesetze oder Gesetzesänderungen endlich anerkannt, vor Diskriminierung geschützt und Zugang zu allen Grundrechten erhalten müssten. Einzelne RepräsentantInnen oder Organisationen vertreten in diesem Rahmen öffentlich und politisch die (vermeintlichen) Anliegen der LGBTQ's und versuchen vorwiegend über den Weg von Lobbying und Verhandlungen mit politischen Eliten den demokratischen *Output*, also den legistischen Normsetzungsprozess, zu beeinflussen. Auf EUropäischer Ebene ist hier besonders die europäische Sektion der *International Lesbian and Gay Association (ILGA)* zu nennen, welche mit Unterstützung der EU ein eigenes Büro in Brüssel besetzt und u. a. Lobbyarbeit bei der Europäischen Kommission betreibt.[4]

Besonders kennzeichnend für das rechtsdiskursiv-liberale Demokratieverständnis innerhalb des LGBTQ-Kontextes ist darüber hinaus das Festhalten an politischen Werten der neuzeitlichen Moderne und der Aufklärung. In diesem Kontext spielt daher die Idee der individuelle Freiheit und Selbstverwirklichung sowie Chancengleichheit und Gleichheit vor dem Recht eine wichtige Rolle. In Rekurs auf die historische Bedeutung von *civil liberties* als Voraussetzung und Grundlage eines demokratischen Systems, nimmt die Ausdehnung des Grund- bzw. Menschenrechtsdiskurses auf LGBTQ's daher – und nicht zuletzt vor dem Hintergrund internationaler Entwicklungen – einen zentralen Stellenwert ein. Entsprechend agierende Organisationen und Vereinigungen, wie etwa die *ILGA,* die *International Gay and Lesbian Human Rights Commission (IGLHRC)* oder auch die LGBT-Sektionen von *Amnesty International,* stehen international für dieses rechtsdiskursiv-liberale Demokratieverständnis. Aber auch auf nationaler Ebene agieren schwul-lesbische Verbände in diesem Rahmen, etwa der *Lesben- und Schwulenverband Deutschlands* (LSVD) oder die *Lesbian and Gay Taskforce* in den USA.

Aktuelle Veränderungen in der partnerInnenschaftlichen Normsetzung müssen und werden daher ohne Zweifel als Demokratisierung des Status von LGBTQ's gewertet. Denn eine Ausweitung des Heiratsrechtes auf Lesben und Schwule bzw. die Möglichkeit eine institutionalisierte Form der PartnerInnenschaft einzugehen, stellt nicht nur eine semantische sondern auch praktische Ausweitung der zivilen Grund- und Menschenrechte dar. Da zivile Grund- und Menschenrechte gleichsam als Grundlage und Grundindikatoren demokratischer Systeme gesehen werden, welche den institutionellen Kern moderner Demokratien ausmachen, besitzt die Ausweitung von Heiratsrechten folglich demokratisierenden Gehalt.

Vor dem Hintergrund historischer Entwicklungen macht es auch Sinn, die demokratische Implikation und Qualität dieses Rechtes

4 Außerdem hat die ILGA-Europe konsultativen Status beim *Economic and Social Council* der UN (ECOSOC) sowie partizipativen Status im Europarat.

zu betonen, existierten doch immer wieder Heiratsverbote, die mit einer Verweigerung von BürgerInnenrechten für die diskriminierte Gruppe einhergingen (Bsp. Heiratsverbote zwischen Weißen und Schwarzen US-BürgerInnen bis 1967[5]). Auch Hanna Arendt betonte 1959 die Bedeutung von Heiratsrechten als Menschenrecht, als sie zu den Heiratsverboten zwischen Weißen und Schwarzen US-AmerikanerInnen Stellung bezog:

> Das Recht zu heiraten, wen man will, ist ein elementares Menschenrecht. Selbst politische Rechte wie etwa das Wahlrecht und nahezu alle anderen in der Verfassung aufgezählten Rechte sind zweitrangig, verglichen mit den unveräußerlichen Menschenrechten auf ›Leben, Freiheit und das Streben nach Glück‹ (...) und zu dieser Kategorie zählt fraglos das Recht, einen Hausstand zu gründen und zu heiraten. (Arendt 1986 [1957/1959]: 108)

Aktuell werden Heiratsrechte als (bürgerliche) Grundrechte nicht zuletzt im Zusammenhang mit so genannten »Dritte-Welt« Ländern oder religiösen Regimen und entsprechenden Gesetzgebungen diskutiert. Zahlreiche nationale Verfassungen (wie etwa die Bundesdeutsche), die *Allgemeine Erklärung der Menschenrechte* und die *Europäische Konvention zum Schutze der Menschenrechte und Grundfreiheiten (EMRK)* definieren die Ehe als besonders geschütztes (demokratisches) Grundrecht. Das »Recht der freien Wahl des Ehegatten« (Artikel 12 der EMRK) wird auch als Demokratieindikator gehandelt, der in bekannten Demokratiesurveys abgefragt wird. Der »Freedom in the World Survey« – er wird jährlich von der US-amerikanischen Forschungsgesellschaft *Freedom House* erstellt – führt beispielsweise »choice of marriage partners« als Indikator für»personal freedom« im engeren und »civil liberties« im weiteren Sinne (Freedom House 2008).

Heiratsrechte sind damit in der internationalen Menschenrechts- und wissenschaftlichen Demokratiediskussion ein zentraler Indikator für die demokratische Verfasstheit politischer Systeme und Gesellschaften, was die Legitimität des Festhaltens an der Bedeutung dieses Rechts unterstreicht. Im Rahmen eines rechtsdiskursiv-liberalen Demokratieverständnisses schließt man sich

5 Supreme Court Urteil *Loving v. Virginia.*

dieser Interpretation an und bestimmt Heirats- und PartnerInnenschaftsrechte für Lesben und Schwule folglich als *einen* zentralen Indikator, anhand dessen der demokratische citizenship-Status von LGBTQ's zwischen einzelnen Ländern verglichen werden kann.

Es hat sich in diesem Kontext fast durchgängig ein triadisches Stufenmodell etabliert, in welchem eine Entkriminalisierung lesbischer und schwuler sexueller Aktivitäten und Beziehungen sowie gleiche Altersgrenzen für hetero- und homosexuelle Kontakte/Beziehungen gleichsam als Minimum an Demokratie für LGBTQ's bewertet werden; diverse Antidiskriminierungsbestimmungen, welche z. B. gegen Diskriminierung am Arbeitsplatz und beim Wohnen schützen (sollen), werden als Erweiterung der demokratischen Rechte von LGBTQ's gelesen. Und obwohl Heiratsrechte als zivile Grundrechte und im Kontext eines Rechts auf Privatheit, historisch betrachtet, eigentlich als Voraussetzung eines demokratischen Status angesehen werden müss(t)en, stellen PartnerInnenschafts- und Adoptionsrechte gleichsam die höchste Stufe der Anerkennung in diesem international gebräuchlichen triadischen Stufenmodell dar.[6]

Erklärt kann diese Widersprüchlichkeit vor allem damit werden, dass das Heiratsrecht verbunden mit dem Recht auf Privatheit nicht ausschließlich in seiner negativen Freiheitsdimension, also seinem institutionenkritischen Impetus, angerufen wird, sondern vor allem als anti-diskriminatorisches »defense shield« gegen gesellschaftliche Marginalisierung interpretiert wird. Insofern »rutscht« dieses eigentlich bürgerliche Grundrecht in den Bereich der »social (citizenship-)rights«, wo es in Rekurs auf den citizenship-Theoretiker T. H. Marshall neben wohlfahrtsstaatlichen Rechten auch um »the right to share to the full of the social heritage and to live the life of a civilised being according to the standards prevailing in the society« (Marshall 1973: 8) geht. D. h. von Seiten des Staates müssen/können spezifische strukturelle Ressourcen (hier: freier Zugang zu PartnerInnenschaftsrechten) bereitgestellt wer-

6 Vgl. z. B. ILGA World map, auf: http://www.ilga.org/map/LGBTI_rights.jpg.

den, um volle »social rights« für marginalisierte oder diskriminierte Gruppen zu ermöglichen.[7]

Veränderte partnerInnenschaftliche Normsetzungen als ethische Kräfte Das pluralistisch-kulturalistische Demokratieverständnis

Begriffe wie »gesellschaftliche Akzeptanz«, »soziale Anerkennung«, »Pluralität von L(i)ebe(n)sweisen«, »tolerantes Klima« finden sich durchgängig im öffentlichen Diskurs um eine von zahlreichen LGBTQ-Organisationen als dringend notwendig empfundene Veränderung des homophoben gesellschaftlichen Klimas. Demokratisierung wird in diesem Kontext besonders mit einer Demokratisierung der politischen Kultur in Zusammenhang gebracht, was konkret bedeutet: homophobe Werteinstellungen zu minimieren, die soziale Legitimität und Wertschätzung lesbischer, schwuler und transgender Lebensweisen zu erhöhen und damit insgesamt eine möglichst pluralistische bzw. pluralismusfreundliche demokratische Kultur zu schaffen. In Rekurs auf pluralistische Demokratietheorien (z. B. Fraenkel 1991) impliziert eine pluralistische demokratische Kultur, dass der demokratischen Interessensvielfalt ein besonderer Raum gewährt wird und zivilgesellschaftliche Zusammenschlüsse als wichtige AkteurInnen in Demokratisierungsprozessen anerkannt werden.

Ein pluralistisch-kulturalistisches Demokratieverständnis, wie wir es im aktuellen LGBTQ-Kontext finden, impliziert daher einen starken Fokus auf die sozio-kulturelle Dimension von Demokratie(n) und hebt besonders den Aspekt von vorhandenen Werten und Einstellungen hervor. Anleihen dazu finden sich nicht zuletzt auch in »political culture« Ansätzen (z. B. Inglehart/Welzel 2005), in welchen betont wird, dass der Demokratiegehalt einer Gesellschaft nicht ausschließlich anhand vorhandener demokra-

7 Seyla Benhabib stellte ähnliche Widersprüchlichkeiten in der von T. H. Marshall proklamierten historischen Abfolge von bürgerlichen, politischen und sozialen Rechten auch beim demokratischen Status von MigrantInnen ohne Staatsbürgerschaft fest. Diese hätten zwar bürgerliche und soziale Rechte, aufgrund ihrer Erwerbstätigkeit fehlen ihnen aber grundlegende politische Rechte (Benhabib 1997).

tischer Strukturen und Prozesse analysiert werden kann, sondern auch die Einstellung der Bevölkerung zu »demokratischen Werten« eine zentrale Rolle spielen muss. Umfragen, inwieweit etwa die Bevölkerung eines Landes homosexuelle PartnerInnenschaften als »normal« empfindet, werden in diesem Rahmen besonders gerne als Demokratieindikatoren herangezogen, um den jeweiligen pluralistischen Demokratiegehalt einer Gesellschaft zu betonen.

Die demokratische bzw. demokratisierende Bedeutung aktueller Veränderungen in den partnerInnenschaftlichen Normsetzungen wird im Rahmen eines pluralistisch-kulturalistischen Demokratieverständnisses daher nicht ausschließlich in der Ausweitung von Grundrechten gesehen, sondern vor allem in deren Auswirkungen auf die moralischen Werte und sozialen Normen einer Gesellschaft. Legistische Normsetzungen werden daher als *Norm setzende* Kräfte interpretiert, die gleichsam soziale Normen, also subjektive Einschätzungen, Einstellungen und Werte maßgeblich verändern können.

Der US-amerikanische Philosoph Morris B. Kaplan, Autor des vielzitierten Werkes »Sexual Justice«, betont in seiner Publikation explizit die Bedeutung einer Institutionalisierung lesbischer und schwuler PartnerInnenschaft als eine Form der Verstärkung von »acceptance of the moral legitimacy and ethical validity of the shared ways of lesbian and gay citizens« (Kaplan 1997: 209). Eine legistische Anerkennung des moralischen Wertes lesbischer und schwuler Beziehungen »undercuts the construction of queers as sexual subversives« (ebd.: 210), so Kaplan. Auch Georg Klauda konstatiert, dass eine Öffnung der Ehe für Lesben und Schwule innerhalb einiger LGBTQ-Kontexte gleichsam als »sittenbildende Kraft« beurteilt würde (Klauda 2005).

Recht wird dabei als produktive Kraft begriffen, dem – im Gegensatz zum dekonstruktivistisch-queeren Demokratieverständnis – jedoch positive und emanzipatorische Potentiale zugesprochen werden. Gerade für Minderheiten könnten neue »Normsetzungen« auf politisch-rechtlicher Ebene zu wichtigen Motoren des gesellschaftlichen Wandels werden, weil insbesondere Veränderungen im Zivilrecht eine besondere »normativ-symbolische« Wirkung entfalten (vgl. Baer 1998) – eine Auffassung, die sich in bedingter

Form nicht nur historisch, sondern auch im Hinblick auf aktuelle Entwicklungen empirisch nachweisen lässt. Werden, wie in der folgenden Grafik dargestellt, Reichweite und Tiefe von PartnerInnenschaftsgesetzen in den einzelnen EU-Ländern[8] mit der jeweiligen Einstellung der Bevölkerung zur Legitimität von homosexuellen Beziehungen[9] korreliert, dann ergibt sich ein relativer Zusammenhang (Stand Dezember 2007): Je umfassender die PartnerInnenschaftsgesetze sind (etwa durch die Öffnung der Zivilehe für Lesben und Schwule), desto höher ist die Akzeptanz lesbischer und schwuler Beziehungen in den einzelnen Ländern.[10]

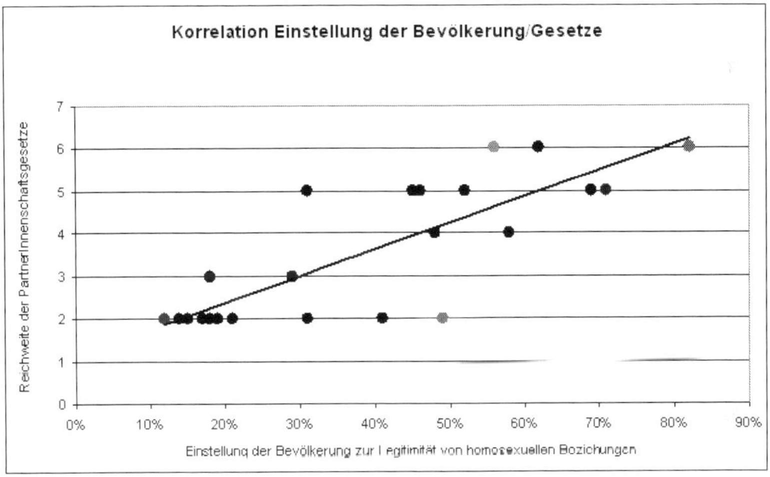

Vor dem Hintergrund dieser empirischen Daten ist es daher einsichtig, dass zahlreiche LGBTQ-Organisationen die sozialen und moralischen Effekte von veränderten partnerInnenschaftlichen

8 Folgende Abstufungen wurden bei der Beurteilung der Reichweite und Tiefe von PartnerInnenschaftsgesetzen für Lesben und Schwule angenommen: Zivilehe (1), Eingetragene Partnerschaft mit nahezu gleichen Rechten wie in der Ehe (2), Eingetragene Partnerschaft mit geringere Rechte wie Ehe (3), Gleichstellung mit nicht-verheirateten heterosexuellen Paaren (4), Punktuelle Gleichstellung mit nicht-verheirateten heterosexuellen Paaren (5), Keine rechtliche Anerkennung (6).

9 Der Eurobarometer Umfrage 2006.

10 Der Korrelationskoeffizient liegt bei +0,8.

Normsetzungen auf die Anerkennungspraxen in der Gesellschaft betonen. Aktuelle Veränderungen in der partnerInnenschaftlichen Normsetzung werden daher besonders in ihrer demokratisierenden Wirkung auf gesellschaftliche Normen als positiv beurteilt. Das pluralistisch-kulturalistische Demokratieverständnis kann daher auch als eine Erweiterung des rechtsdiskursiv-liberalen interpretiert werden bzw. rekurrieren beide Konzepte z. T. aufeinander.

Heiratsrechte als mögliche aber begrenzte Partizipationsressourcen Das partizipatorisch-deliberative Demokratieverständnis

Ansätze zur Charakterisierung dieses partizipatorisch-deliberativen Demokratieverständnisses finden sich derzeit vorwiegend in wissenschaftlichen Auseinandersetzungen mit dem marginalisierten citizenship-Status von LGBTQ's. Es lassen sich diesem Kontext jedoch durchaus enge Querverbindungen zu partizipatorischen, feministischen und deliberativen Demokratietheorien ziehen, wo der »Eigenwert politischer Beteiligung« (Schmidt 2000: 251) eine zentrale Rolle spielt und Demokratie mehr als »Lebensform« (Barber 2000) oder »Seinsweise« (Benhabib 1996) betrachtet wird. Prozesse der diskursiven Ausverhandlung von Entscheidungen, Deliberation der öffentlichen Kommunikation (v. a. in Rekurs auf Habermas) und die Verallgemeinerung von Teilhaberechten jenseits vorgegebener, prozeduraler Mitbestimmungsrechte repräsentativer Demokratien, stehen daher im Zentrum dieses Demokratieverständnisses.

Diskutiert wird der demokratische (citizenship-)Status von LGBTQ's im Kontext eines partizipatorisch-deliberativen Demokratieverständnisses daher vor allem im Rahmen qualifizierter und substanzieller Partizipationsmöglichkeiten in öffentlichen Diskursen und politischen Entscheidungsprozessen – also inwieweit es möglich ist, »to articulate one's interest as a matter for public concern« (Phelan 2001: 13). Die Möglichkeit an der symbolisch-imaginären Konstruktion des Staats(volkes) und seiner materiellen und sozialen Kultur mitzuwirken, ist daher das, was den Demokratiegehalt einer Gesellschaft wesentlich anzeigt. »Political membership« fungiert hier als Schlüsselbegriff, wenn es darum geht den Grad der Teilnahmemöglichkeiten zu diskutieren. Vollwertiges »political membership« bedeutet nach Shane Phelan, »that one [is being] recognized not in spite of one's unusual or minority characteristics, but with those characteristics understood as part of a valid possibility for the conduct of life. Emergence into publicity [meint hier: politische Öffentlichkeit, Anm. d. Autorin] as an equal means that one appears on the terms by which one understands oneself – that one be an active constructor of one's public appearance« (Phelan 2001:15).

Um vollwertiges »political membership« für alle zu erreichen, müssen demnach spezifische Ressourcen für diese Teilnahme bereitgestellt werden. In diesem Kontext gibt es deshalb Auseinandersetzungen darüber, ob die aktuellen Veränderungen in der partnerInnenschaftlichen Normsetzung gleichsam als »Partizipationsressource« gewertet werden und Heiratsrechte beispielsweise als sozialer Empowerment-Faktor fungieren können. Während Morris B. Kaplan diesen Empowerment-Faktor betont, stehen Phelan und andere feministische Demokratietheoretikerinnen diesem eher skeptisch gegenüber (Kaplan 1997, Phelan 2001). Trotz der widersprüchlichen Progressivität von Heiratsrechten, lässt sich zumindest *ein* minimaler Grundtenor ausmachen, nämlich dass die Öffnung der Zivilehe oder anderer Partizipationsressourcen für Lesben und Schwule zumindest *kurzfristig* als PartnerInnenschaftsrechte für Teile dieser marginalisierten Gruppe dienen können. In dieser Betonung einer *temporären* Sinnhaftigkeit von Demokratisierungsindikatoren bzw. in der Bereitstellung spezifischer Partizipationsressourcen, besteht auf theoretischer Ebene daher eine enge Verbindung zu jenen feministischen Diskussionen, in welchen die zeitweilige Einführung von »group rights« für marginalisierte Gruppen gefordert wird (Young 1990).

Anders als im rechtsdiskursiv-liberalen Demokratieverständnis, können Demokratisierungsprozesse hier jedoch keinesfalls ausschließlich mit additiven Reformen eingeleitet werden, sondern es werden dafür grundlegendere Umstrukturierungen von Demokratien als nötig erachtet. Die Strukturen liberal-repräsentativer Demokratien werden folglich als unzureichend für die Verwirklichung adäquater demokratischer Teilhaberechte für LGBTQ's beurteilt, ein diffuses Ideal von Demokratie bleibt jedoch aufrecht. Das partizipatorisch-deliberative Demokratieverständnis kann daher als *normativ-expanisv* charakterisiert werden – da es zwar um einen demokratischen *soll*-Zustand geht, der jedoch ein *expansives* Verständnis von Demokratie und ihren Strukturen voraussetzt.

Bewegungspolitisch hat dieses Demokratieverständnis bisher wenige Entsprechungen gefunden, auch wenn einzelne Aspekte partiell vertreten werden. Anschlüsse gibt es etwa im Kontext einer Charakterisierung von Heiratsrechten als »social rights« im Rahmen eines rechtsdiskursiv-liberalen Demokratieverständnisses, da die Forderung nach einer substanziellen Angleichung des LGBT-citizenship-Status durch strukturelle Maßnahmen dem partizipativen Ressourcenaspekt nahe kommt. Darüber hinaus weist auch das pluralistisch-kulturalistische Demokratieverständnis im Hinblick auf die besondere Stellung zivilgesellschaftlicher Prozesse eine Nähe zu einem partizipatorisch-deliberativen Demokratieverständnis auf.

Die bewegungspolitische Absenz dieses Demokratieverständnisses kann aber nicht zuletzt mit der zu konstatierenden bipolaren bzw. oppositionellen Staatssicht innerhalb der LGBTQ-Bewegungen in Zusammenhang gebracht werden. Denn ein Teil (der hier keineswegs als homologer Bewegungsblock verstanden wird) sieht im Staat einen wichtigen Agenten, der zur Gleichstellung und Anerkennung von LGBTQs beitragen kann und durch entsprechende Gesetze, Gleichstellungsmaßnahmen und Antidiskrimierungsbestimmungen deren demokratischen Status adäquat sichern kann (dieser Teil rekurriert zweifelsohne auf die bereits vorgestellten Demokratieverständnisse); ein zweiter Teil wiederum bezweifelt in Rekurs auf (lesbisch-)feministische und queere Kritiken prinzipiell diese Reformfähigkeit modernern Demokratien und steht dem Staat als »Gleichstellungsagentem« eher ablehnend gegenüber. Ein aktivistischer Zwischenraum wurde bisher noch nicht besetzt.

Wider die patriarchalen Beziehungsnormen
Das institutionenkritisch-feministische Demokratieverständnis

Das hier vorgestellte institutionenkritisch-feministische Demokratieverständnis ist nicht unbedingt als eigenständige Form eines Demokratieverständnisses zu beschreiben, sondern mehr durch sein kritisches Verhältnis zu den bereits vorgestellten Demokratieverständnissen zu charakterisieren. Es impliziert jedoch wichtige Anregungen, Demokratisierungsprozesse im LGBTQ-Kontext auch im Hinblick auf eine Demokratisierung von Geschlechterverhältnissen zu beleuchten bzw. insgesamt staatliche Prozesse im Zusammenhang mit ihrer androzentrischen Historie kritisch in den Blick zu nehmen. Vertreten wird ein institutionenkritisch-feministisches Demokratieverständnis vorwiegend in feministisch-lesbischen Bewegungs- und Diskurskontexten, die größtenteils im Rahmen der Autonomen Frauen- und Lesbenbewegung zu situieren sind und sich zum Teil von einer gemischten LGBTQ-Politik distanzieren. Weitreichende Anschlüsse ergeben sich trotzdem zu einem dekonstruktivistisch-queeren Demokratieverständnis, vor allem im Hinblick auf die Interpretation von Recht als produktiv-repressive Normsetzungsinstanz und der kritischen Bewertung von Reformen *innerhalb* bestehender liberaler, repräsentativer Demokratien.

Was die aktuellen politischen Diskussionen um die »Homo-Ehe« betrifft, so äußern lesbische/feministische Aktivistinnen weitreichende Kritiken an dem Einschluss von LGBTQ's in ein, ihrer Meinung nach, patriarchales Instrument der Unterdrückung. Der Ausschluss von Lesben von Eherechten sei freilich eine Form der Diskriminierung, so die Argumentation, aber »this does not mean that the object of this discrimination must necessarily be desirable« (Grup de Lesbianes Feministes 2002). Im Rahmen eines institutionenkritisch-feministischen Demokratieverständnisses wird zwar anerkannt, dass durch die aktuellen Veränderungen in der partnerInnenschaftlichen Normsetzung alte Normen und Werte sehr weitreichend transformiert würden, aber der patriarchale und heterosexistische Kern dieser Normen bliebe trotzdem erhalten.

> Marriage means redirecting our relationships toward a logic that is heterosexual, patriarchal and matrimonial, although our lesbianism has little to do with this logos (...). (ebd.)

Die Ehe wurde in diesem Kontext – und in Rekurs auf wissenschaftliche Arbeiten – als bürgerliche Disziplinierungs- und Unterwerfungsinstanz dechiffriert, welche historisch betrachtet, geschlechtsspezifische Hierarchien und Rollenzuschreibungen entlang der Dichotomie privat/politisch produzierte. Es könne daher nicht Ziel einer lesbisch-feministischen Politik sein, Einschluss in eine solche Institution zu fordern. Dieses Demokratieverständnis schreibt aktuellen Veränderungen in der partnerInnenschaftlichen Normsetzung folglich auch einen begrenzten oder keinen demokratisierenden Gehalt zu.

Auch wenn es problematisch ist, im Rahmen dieses Demokratieverständnisses den Begriff Demokratisierung zu verwenden, so würde Demokratisierung in diesem Kontext, wohl aus einer radikalen Ent-Patriarchalisierung partnerInnenschaftlicher Normsetzungen bestehen. Und dies hieße konkret »abolishing civil marriage« (Grup de Lesbianes Feministes 2002) und eine diskursive Demontage des besonderen Wertes von Zweierbeziehungen als »moralisch« erwünschte Form des Zusammenlebens. Veränderungen in der partnerInnenschaftlichen Normsetzung müssten in diesem Demokratieverständnis eine Anerkennung der Vielfältigkeit (feministisch-)lesbischer Lebensrealitäten beinhalten, denn »[a]bgesehen von der YschützenswertenY heterosexuellen oder homosexuellen Zweierbeziehung mit oder ohne Kind gibt es eine breite Palette von Lebenszusammenhängen, wie z. B. selbstverliebte Singlehaushalte, Mehrfachbeziehungen, WGs, Hausgemeinschaften, Frauenbanden, FreundInnennetzwerke, u. v. m., die nicht nur darauf abzielen, ihr Eigentum und ihre Arbeitskraft zu poolen und ökonomisch durch juristische Verträge abzusichern (...)« (Schönpflug/Lila Tipp 2004).

Es waren auch besonders lesbische/feministische Aktivistinnen, die die ökonomische Dimension der patriarchalen Ehe als klassisches männlich-zentriertes Versorgermodell deutlich machten und die damit einhergehende geschlechtsspezifische Zuweisung von bezahlter Produktionsarbeit an Männer und un- oder schlechtbezahlter *Care*-Arbeit an Frauen thematisierten. Darüber hinaus müssten auch die aktuellen Veränderungen in der partnerInnenschaftlichen Normsetzung mit neoliberalen Individualisierungsdiskursen in Zusammenhang gebracht werden:

> Besonders in einem ökonomisch neoliberalen gesamtgesellschaftlichen Kontext, in dem Individualismus und der/die einzelne als ›Ich-Aktie‹ immer wichtiger genommen werden, ist es unerlässlich, niemanden und/oder keine Form von Miteinander auszugrenzen. Die lesbische

> Community sollte ein Ort sein, wo solidarische Verhältnisse für alle gelten, ohne Privilegien und Belohnungen für diejenigen, die es geschafft haben, sich mehr oder weniger dauerhaft in Zweierreihen zu gruppieren. (ebd.)

Die »Homo-Ehe« müsste daher auch im Kontext aktueller neoliberaler Entwicklungen und der langsamen Demontage wohlfahrtsstaatlicher Sicherungssysteme gesehen werden. Denn insbesondere im Rahmen einer Privatisierung sozialer Leistungen kommt es von Seiten des Staates zu einer verstärkten politischen Forderung nach einer »Refamiliarisierung« (Sauer 2001) innerhalb der Gesellschaft, sollen doch mit dem Entfallen sozialstaatlicher Betreuungsleistungen zunehmend PartnerInnen innerhalb der familialen Privatheit für diese sozialen Versorgungspflichten herangezogen werden, was bedeutet, dass Disparitäten zwischen »Verheirateten/Verpartnerten« und »Nichtverheirateten/Nichtverpartnerten« auch weitreichende sozio-ökonomische Folgen haben können (Klapeer 2008: 120 f.).

Partnerschaftsrechte als Zementierung heterosexueller Normalitäten Das dekonstruktivistisch-queere Demokratieverständnis

Aktuell geäußerte Kritik an der »Homo-Ehe« verortet sich vorwiegend in Wechselwirkung zwischen einem institutionenkritisch-feministischen und dekonstruktivistisch-queeren Demokratieverständnis. Die Unterschiede sind zum Teil fließend und graduell, wobei im Rahmen eines dekonstruktivistisch-queeren Demokratieverständnisses, wie der Name bereits suggeriert, stärker die Forderung nach einer Dekonstruktion der Kategorien, respektive der Dichotomien Homo/Heterosexualität und männlich/weiblich sowie die grundlegende Überwindung der Produktionsnotwendigkeit und Wirkungsmacht von »Minderheitskonzepten« im Mittelpunkt steht. In diesem Kontext existieren daher aufschlussreiche Analysen darüber, inwieweit das Recht keineswegs nur eine emanzipierende Wirkung auf LGBTQ Subjekte hat, sondern in seiner produktiven Eigenschaft normierend und konstituierend sein kann. »Rechte erzeugen mithin machtvolle und widersprüchliche Wirklichkeiten«, so Sabine Hark, rechtliche Anerkennung sei damit «nicht dasselbe, wie Partizipation« (Hark 2000b: 60). Der Konstruktion einer Klasse von Homosexuellen mit berechtigten Rechtsansprüchen, läge darüber hinaus die »stillschweigende Annahme« zugrunde, dass dieser »eine stabile und nicht zu hinterfragende Klasse von Heterosexuellen« (Hark 2000a, 40) gegenüberstehe.

Anders als im Rahmen eines rechtsdiskursiv-liberalen und pluralistisch-kulturellen Demokratieverständnisses wird hier keineswegs von einem »Minderheitenmodell« ausgegangen, sondern Homosexualität als (historisch) produzierte Kategorie begriffen, die für die Herstellung der moralischen Ordnung von modernen Gesellschaften »ein notwendiges Feld« (ebd.) darstelle. Aktuelle Veränderungen in der partnerInnenschaftlichen Normsetzung wären daher zwar im Rahmen des bestehenden Demokratieverständnisses eine Demokratisierung, aber gleichzeitig werde in diesem Prozess nur auf eine »bestätigende Vertiefung bestehender Institutionen und Normen« (Hark 2000b, 60) hingearbeitet.

> Sie definiert, was ›gut‹ ist, nämlich das schon Bestehende, und fordert lediglich den nachholenden Einschluss. Indem die politische Aufmerksamkeit auf die Anerkennung des Paares gelenkt wird, wird unterstellt, dass unsere Vorstellungen vom ›guten Leben‹ sich decken mit den bereits etablierten und abgesicherten Vorstellungen. Es ist, wenn man so will die heterosexuelle Normalisierung von Homosexualität. (ebd.)

Nina Degele, Christian Dries und Anne Stauffer bezeichnen die »Homo-Ehe« deshalb als eine Strategie der »progressiven Konservierung, die das bestehende festschreibt und zugleich die Zustimmung zahlreicher fortschrittlicher gesellschaftlicher Gruppen garantiert« (Degele et al. 2002: 138).

Auch im Rahmen eines dekonstruktivistisch-queeren Demokratieverständnisses ist es problematisch von Demokratisierung zu sprechen. Gleichzeitig würde ich jedoch konstatieren, dass Demokratisierungsprozesse darin immer im Verhältnis zu Prozessen der Ver-Uneindeutigung und De-Normalisierung gesetzt werden (vgl. Engel 2002). PartnerInnenschaftsrechte, welche auf dem Modell der (heterosexuellen) Zweierbeziehung aufbauen, ebenso wie eine Erweiterung der Zivilehe stehen in diesem Zusammenhang daher außerhalb jeglichen demokratischen Wertes.

Einige wissenschaftliche Arbeiten schließen mit ihrer umfassenden Forderung nach Partizipationsrechten für LGBTQ's jedoch auch an ein partizipatorisch-deliberatives Demokratiemodell an, wo Demokratisierungsprozesse zumindest im Rahmen eines expansiven Demokratieverständnisses möglich wären.

Fazit: Welche »sexuelle Demokratie«?

Es ist ein Verdienst vieler international und national agierender LGBTQ-Organisationen, dass Ausschlüsse aus dem Heiratsrecht als Verletzung von Menschen- und Grundrechten thematisiert werden und wurden und mittlerweile eine weitreichende Integration von LGBTQ-Forderungen besonders auf EU-Ebene stattgefunden hat. Entwicklungen in der internationalen Rechtssprechung sind nicht ausschließlich von legistischer Bedeutung, sondern eine offizielle Inklusion in den Katalog der Menschenrechte entfaltet auch eine besondere gesellschaftliche Wirkmacht. Nicht zuletzt verbessern und verbesserten rechtsbasierte Demokratisierungen, jenseits berechtigter Einwände von feministischer und queerer Seite, auch immer *unmittelbar* die Existenzbedingungen zahlreicher LGBTQ's.

Unmittelbar sind, wie besonders durch die Korrelationsgrafik deutlich wurde, auch jene Veränderungen, die diese rechtsbasierten Demokratisierungen auf gesellschaftliche Anerkennungs- und Inklusionsprozesse entfalten. Die Öffnung des Heiratsrechtes ist hier als wichtige systemimmanente Demokratisierung zu charakterisieren – dieses Grundrecht stellt für *einige* Menschen wichtige Lebens-Ressourcen bereit, kann soziale Anerkennung fördern und partiell Werte »pluralisieren«. Besonders im Kontext einer zunehmenden Verschärfung von Asyl- und Aufenthaltsrechten könn(t)en Heirats- und/oder PartnerInnenschaftsrechte nicht nur ein interventionistisches Potenzial entfalten, sondern vor allem aus *existenziell* (lebens-)bedrohlichen Situationen einen (möglichen) Ausweg eröffnen.

Gleichzeitig sind hier queere und feministische Kritiken ernst zu nehmen, die dazu auffordern, Mechanismen und Grundlagen von Anerkennungs- und Inklusionsprozessen auszuloten. Denn diese basieren nach wie vor auf einem »Minderheitenmodell«, in dem die Dichotomie von Hetero-/Homosexualität aufrecht bleibt und herrschende (patriarchale) Geschlechterverhältnisse kaum tangiert werden. Sexualität bzw. die »sexuelle Orientierung« wird dabei als »Persönlichkeitsmerkmal« begriffen und keineswegs als »prominenter Schauplatz politischer Auseinandersetzungen«, auf dem »gesellschaftliche Verhältnisse (neu) geordnet sowie demokratische Rechte und politische, ökonomische und kulturelle Ressourcen verteilt werden« (Hark/Genschel 2003: 134). Die Herrschaftsdimension von Heterosexualität als inhärenter Teil einer androkratischen Gesellschaftsordnung bleibt ausgeblendet und die geschlechtsspezifische Wirkungsweise von aktuellen Veränderungen in der partnerInnenschaftlichen Normsetzung auf Basis bestehender Ungleichheiten zwischen Männern und Frauen wird vernachlässigt.

Auch wenn im Rahmen veränderter partnerInnenschaftlicher Normsetzungen »traditionelle« Familienbilder unterlaufen werden, bleiben Verwandtschaftsverhältnisse und PartnerInnenschaften zwischen zwei Personen der privilegierte Ort der Anerkennung. Hier sind insbesondere auch jene feministischen Analysen von Bedeutung, welche aktuelle Veränderungen in der partnerInnenschaftlichen Normsetzung vor dem Hintergrund einer zunehmenden Demontage wohlfahrtsstaatlicher Rechte in dem Kontext neoliberaler Erfordernisse verorten.

Trotzdem darf der *agierende* Anteil in einem Prozess der Norm-*Setzung* nicht unterschätzt werden. Alice Pechriggl kritisiert zu Recht, dass innerhalb eines queeren Diskurses »Heteronormativität« vielfach eine naturrechtliche Ausgestaltung erfahren hat und damit dem *Prozess* der Setzung von Normen, und damit auch der Möglichkeit einer »anderen« Setzung, kein Raum gewährt wird (Pechriggl 2008). Auch Susanne Baer plädiert im Rahmen eines juristischen Kontextes dafür, Recht nicht – wie etwa in einem institutionenkritisch-feministischen und dekonstruktivistisch-queeren Demokratieverständnis – seine subversive Wirkmacht abzusprechen. Auch Rechte könnten dazu taugen »Diskurse freizusetzen, Bedeutungen zu verschieben« und »Ordnungen zu durchbrechen« (Baer 1998: 239):

> Die produktive Kraft (...) kann auch befreiende Wirkung haben. Zwar besteht immer die Gefahr, daß staatliches Recht zu ungerechten Zwecken eingesetzt wird. Doch liegt darin kein Automatismus. Recht ist

> insofern eine Ressource neben anderen, die sozial Dominante zum Nachteil der Diskriminierten nutzen. Wenn die Angst vor dieser diskriminierenden Nutzung, die regelmäßig auch auf entsprechende Erfahrungen zurückgeht, gerade die Diskriminierten davon abhält, Recht anders zu nutzen, wird sich der juristische Diskurs nicht ändern. Gerade wer aus konstruktivistischer Sicht Recht als Diskurs versteht, muß die Möglichkeiten, Diskurse zu gestalten, auch für das Recht anerkennen. Damit sind Gefahren verbunden, doch sichert nur die Einmischung das, wie Butler so prägnant formuliert, ›linguistische Überleben‹ (...) Einmischung erscheint aber nur sinnvoll, wenn Recht als produktiv, nicht nur als repressiv verstanden wird. (ebd.: 238)

Meines Erachtens liegt folglich derzeit das größte demokratische Potenzial in einem partizipatorisch-deliberativen Demokratieverständnis, das demokratische Prozesse zu nutzen versucht, sich aber resistent gegenüber politischen Festschreibungen von Minderheitenpositionen und Repräsentationsmodellen zeigt. Auf Basis einer teilnehmenden Intervention in demokratischen Prozessen und der Möglichkeit, »that one [can] be an active constructor of one's public appearance« (Phelan 2001: 15 f.) kann Demokratisierung in diesem Zusammenhang mehr als aktive *agency* begriffen werden, die als kollektiver Prozess stattfindet und im Rahmen sozialer Bewegungen und Arenen situiert ist. Die aktuellen Veränderungen in der partnerInnenschaftlichen Normsetzung stellen daher temporär sicher eine wichtige Ressource in diesem Prozess dar, können aber nicht wirklich als Demokratisierungsindikator in diesem Kontext gewertet werden. Auch möchte ich zusammenfassend dafür plädieren, Demokratisierungsprozesse im LGBTQ-Kontext immer auch im Hinblick auf eine *Demokratisierung von Herrschaftsverhältnissen* zu überprüfen, denn systemimmanente Demokratisierungen lassen Achsen der sozialen Schließung vielfach unberührt.

In Rekurs auf und gleichzeitig in Erweiterung eines partizipatorisch-deliberativen Demokratieverständnisses schlage ich daher abschließend folgende Ebenen der theoretischen Analyse vor, um den »demokratischen Gehalt« einer Gesellschaft im Hinblick auf den Status von LGBTQ's zu analysieren:

- *Die Mikroebene des Individuums:* Inwieweit wird die sexuelle Integrität gewahrt (u. a. durch Schutz vor Gewalt)? Ist (sexuelle und geschlechtliche) Selbstbestimmung und Autonomie vorhanden? Werden ausreichende Kompetenzen (u. a. im Bildungssystem, in den Medien) und Ressourcen (u. a. soziale Rechte, Bestärkungs-Institutionen) für eine (mehr oder weniger) freie »erotic-self formation« (Kaplan 1997) zur Verfügung stehen?

- *Die Mesoebene der Partizipation:* Inwieweit wird eine Teilnahme an demokratischen Prozessen garantiert? Inwieweit können LGBTQ's an jenen Prozessen, in welchen »institutionalisierte Muster kultureller Wertsetzung« (Fraser 2003: 44) ausverhandelt werden, gleichberechtigt teilnehmen? Welche Anerkennungsforderungen von welchen Gruppen werden gehört und als teilnahmeberechtigt aufgenommen? Wer wird als legitmeR SprecherIn anerkannt? Werden ihre SprecherInnenpositionen an spezifische »Minderheitenpositionen« geknüpft?
- Die *Makroebene politischer Institutionen:* Wie ist der Staat daran beteiligt, sexuelle und geschlechtliche Devianz zu produzieren (im Sinne eines »queering of the state« müssen hier nicht nur unmittelbare LGBTQ-policies analysiert werden, sondern auch, inwieweit der gesamte staatliche *Output* die symbolische und materielle Ebene von Geschlechter- und Sexualitätsverhältnissen tangiert, z. B. Fragen von Caring Labor)?
- Und zuletzt die *Metaebene der sozio-kulturellen Werte*: Inwieweit verändern sich sozio-kulturelle Einstellungen in Hinblick auf LGBTQ's? Welche Geschlechterbilder rangieren in der Gesellschaft?

Darüber hinaus dürfen wir jedoch auch unter bestehenden demokratischen Verhältnissen, jenen Individuen, die aus unterschiedlichen Gründen (z. B. Asyl) die geschaffenen partnerInnenschaftlichen Möglichkeiten, für sich nutzbar machen (wollen), nicht die Kapazität absprechen, diese neuen Institution zu reflektieren und zu verändern. Denn Demokratisierungsprozesse stehen eben nicht jenseits von menschlichen Handlungen und *Agency*.

Bibliographie

Arendt, Hanna, »Little Rock«, in: Zur Zeit. Politische Essays, Rotbuch Verlag, Berlin, 1986 [1957/1959], 95–117.

Baer, Susanne, Inexcitable Speech. Zum Rechtsverständnis postmoderner feministischer Positionen in Judith Butlers »Excitable Speech«, in: Antje Hornscheidt/ Gabriele Jähnert/ Annette Schlichter (Hg.), Kritische Differenzen – geteilte Perspektiven, Westdeutscher Verlag, Opladen, 1998, 229–252.

Barber, Benjamin R., Starke Demokratie. Über die Teilhabe am Politischen, Rotbuch Verlag, Berlin, 2000.

Beck, Volker, Homosexualität – Indikator für Demokratie, in: Die Welt (Online-Ausgabe), 23. 06. 2007, auf: http://debatte.welt.de/kommentare/25824/homosexualtaet+indikator+fuer+demokratie?#comment-25883 (Download: 14. November 2007).

Benhabib, Seyla, Democracy and Difference: Contesting the Boundaries of the Political, Princeton University Press, Princeton–New Jersey, 1996.

Benhabib, Seyla, Wer sind wir? Probleme politischer Identitäten im ausgehenden 20. Jahrhundert, Working Papers des Institut für Höhere Studien (IHS), Reihe Politikwissenschaft/ Political Science Series No. 42, Wien, 1997.

Butler, Judith, Das Unbehagen der Geschlechter, Suhrkamp, Frankfurt/M., 1991.

Degele, Nina/Dries, Christian/Stauffer, Anne, Rückschritt nach vorn. Sozilogische Überlegungen zu »Homo-Ehe«, Staat und queerer Liebe, in: polymorph (Hg.), (K)ein Geschlecht oder viele? Transgender in politischer Perspektive, Querverlag, Berlin, 2002, 137–152.

Engel, Antke, Wider die Eindeutigkeit. Sexualität und Geschlecht im Fokus queerer Politik der Repräsentation, Campus Verlag, Frankfurt/M; New York, 2002.

Europäische Kommission, Eurobarometer 66. Die Öffentliche Meinung in der Europäischen Union, auf: http://ec.europa.eu/public_opinion/index_en.htm (Download 14. November 2007).

Fraenkel, Ernst, Deutschland und die westlichen Demokratien, Suhrkamp, Frankfurt/M., 1991.

Fraser, Nancy, Soziale Gerechtigkeit im Zeitalter der Identitätspolitik, Umverteilung, Anerkennung und Beteiligung, in: Nancy Fraser/ Axel Honneth, Umverteilung oder Anerkennung? Eine politisch-philosophische Kontroverse, Suhrkamp, Frankfurt/M, 2003, 13–128.

Freedom House, Freedom in the World Survey. Methology and indicators, auf: http://www.freedomhouse.org/template.cfm?page=35&year=2006 (Download: 14. November 2007).

Grup de Lesbianes Feministes, Beyond Marriage, 2002, auf: www.lesbifem.org (Download: 24. 07. 2004).

Hark, Sabine, Durchquerung des Rechts. Paradoxien einer Politik der Rechte, in: quaestio (Hg.), Queering Demokratie. Sexuelle Politiken, Querverlag, Berlin, 2000a, 28–44.

Hark, Sabine, Vor dem Gesetz, in: Ilona Bubeck (Hg.), Unser Stück vom Kuchen? Zehn Positionen gegen die Homo-Ehe, Querverlag, Berlin, 2000b, 57–61.

Hark, Sabine/Genschel, Corinna, Die ambivalente Politik von Citizenship und ihre sexualpolitische Herausforderung, in: Gudrun-Axeli Knapp/ Angelika Wetterer (Hg.), Achsen der Differenz. Gesellschaftstheorie und feministische Kritik II, Westfälisches Dampfboot, Münster, 134–169.

Inglehart, Ronald/Welzel, Christian, Modernization, Cultural Change, and Democracy. The Human Development Sequence, Cambridge University Press, Cambridge, 2005.

Kaplan, Morris B., Sexual Justice. Democratic Citizenship and the Politics of Desire, Routledge, New York–London, 1997.

Klapeer, Christine M., Für eine neue Grammatik der Anerkennung. Eine kritische Inspektion unterschiedlicher Anerkennungskonzeptionen für eine Theorie und Politik im LGBT-Kontext, in: Rainer Bartel et al. (Hg.), Heteronormativität und Homosexualitäten (= Reihe transblick), Studienverlag, Innsbruck–Wien–Bozen, 2008, 109–128.

Klauda, Georg, Trojanische Pfede, auf: http://www.gigi-omline.de/troja1.html (Download: 17. 01. 2005).

Marshall, T. H., Class, Citizenship, and Social Development, Greenwood Pub-GroupInc., Westport, 1973.

Pelinka, Anton, Demokratietheorie, in: Everhard Holtmann (Hg.), Politik-Lexikon, Oldenbourg, München–Wien. 1991, 108–110.

Pechriggl, Alice, Naturrechtliche »Hetronormativität« vs. Politische Normsetzung. Zur Kritik von Diskursen über die Norm und diese hinweg ..., in: Rainer Bartel et al. (Hg.), Heteronormativität und Homosexualitäten (= Reihe transblick), Studienverlag, Innsbruck–Wien–Bozen, 2008, 25–42.

Phelan, Shane, Sexual Strangers. Gays, lesbians, and dilemmas of citizenship, Temple University Press, Philadelphia, 2001.

Quaestio (Hg.), Queering Demokratie. Sexuelle Politiken, Querverlag, Berlin, 2000.

Rahman, Momin, Sexuality and Democracy. Identities and Strategies in Lesbian and Gay Politics, Edinburgh University Press, Edinburgh, 2000.

Sauer, Birgit, »Feminisierung« eines männlichen Projektes? Sozialstaat im Zeitalter der Globalisierung, in: Erna Appelt/ Alexandra Weiss (Hg.), Globalisierung und der Angriff auf die europäischen Wohlfahrtsstaaten, Argument Verlag, Hamburg, 2001, 67–83.

Schmidt, Manfred G., Demokratietheorien, Leske + Budrich, Opladen, 2000

Schönpflug, Karin/ Lesbenberatung Lila Tipp, Weg mit der Ehe!, 2004, u. a. veröffentlicht auf: www.diestandard.at (Download: 23. 7. 2004).

Young,Iris Marion, Justice and the Politics of Difference, Princeton University Press, Princeton–New Jersey 1990.

Sushila Mesquita

Alte Normen – neue Normsetzungen?
Betrachtungen zum Schweizer Partnerschaftsgesetz

Seit 1. 1. 2007 haben gleichgeschlechtliche Paare in der Schweiz die Möglichkeit, ihre Partner_innenschaft eintragen zu lassen. Langjährige, teils heftig geführte, inner- wie außerparlamentarische Debatten gingen dieser Entwicklung voraus, an deren Endpunkt eine Volksabstimmung stand. Im Juni 2005 wurde das Partnerschaftsgesetz von 58 Prozent der stimmberechtigten Bevölkerung angenommen. Damit ist die Schweiz das erste und bislang einzige Land, in dem die rechtliche Anerkennung gleichgeschlechtlicher Partner_innenschaften per Volksentscheid abgesegnet wurde.

Im Folgenden möchte ich Überlegungen über die Ambivalenzen dieser Normsetzung anstellen. Denn einerseits erscheint die Ausweitung politischer Rechte und die damit einhergehende Erweiterung gesellschaftlicher Gestaltungsmöglichkeiten hinsichtlich der nicht allzu lange zurückliegenden Kriminalisierung von Lesben und Schwulen nicht zu Unrecht als politischer Erfolg langjähriger Kämpfe. Unbestritten ist zudem die Notwendigkeit, in Hinblick auf die materiellen Konsequenzen fehlender Absicherungsmöglichkeiten grundsätzlich Anspruch auf bestimmte Rechte zu haben. Nichtsdestotrotz ist es unabdinglich zu analysieren, zu welchem Preis diese Rechte gewonnen wurden bzw. wo es künftig noch zu kämpfen gilt, wenn das Ziel weiter gesteckt ist als bedingt Einschluss in ein bestehendes, zweifellos ungerechtes, Privilegiensystem zu erlangen.

Meine kritische Auseinandersetzung mit dem Schweizer Partnerschaftsgesetz spielt sich also vor dem Hintergrund einer stets mit dem Begehren nach Recht(en) verbundenen Ambivalenz ab: Zum einen verspricht die rechtliche Anerkennung durch die Schaffung eines Instituts für gleichgeschlechtliche Partner_innen einen großen Schritt in Richtung Normalisierung und damit verbundene Freiheitsgewinne. Zum anderen werden jedoch »neue« Normen und Regeln als Bedingungen und zugleich als Begrenzungen dieser Anerkennung bzw. Normalisierung festgeschrieben, die in einem spezifischen Verhältnis zu bereits verankerten, von heteronormativen Grundannahmen geprägten, Normen stehen.[1]

Meine Untersuchung basiert auf einem *Queer Reading* unterschiedlicher Materialien[2] rund um das Schweizer Partnerschaftsgesetz (PartG). Um die Bedingungen und die Begrenzungen der Anerkennung gleichgeschlechtlicher Partner_innenschaften in der Schweiz sichtbar zu machen, werde ich den Fokus zunächst auf den Kontext und die Art der Aufnahme, die das PartG ins Normgefüge staatlicher Anerkennungsstrukturen gefunden hat, richten. Daran anschließend werde ich die heteronormativen Vorannahmen, auf denen das PartG gründet, exemplarisch anhand der Begründungsstrukturen in Zusammenhang mit der Verweigerung des Rechts auf Adoption für eingetragene Partner_innen herausarbeiten.

1. Der Normsetzungsprozess

Im europäischen Vergleich stellt das PartG eine eher moderate Variante dar.[3] Dies ist in Anbetracht des politischen Systems der Schweiz nicht verwunderlich. Allparteienregierung und drohendes Referendum, das ein Gesetz mittels Volksabstimmung zu Fall bringen kann, sorgen dafür, dass bereits zu Beginn der Gesetzgebungsverfahren versucht wird, einen möglichst breiten Konsens zu erzielen und heikle Punkte zu entschärfen. Zum Ausloten der unterschiedlichen Extrempositionen werden dabei so genannte *Vernehmlassungsverfahren* einberufen. Darin holt die Regierung die

1 Dies gilt freilich insbesondere für Fälle, in denen ein separates Gesetz für gleichgeschlechtliche Paare geschaffen wurde wie beispielsweise in Deutschland, Dänemark, Großbritannien etc. Die Bedeutung der Öffnung der standesamtlichen Ehe, wie es in Europa in den Niederlanden, in Schweden, in Belgien, Spanien und Norwegen geschehen ist, gilt es hingegen hinsichtlich des Verhältnisses von alten und neuen Normen getrennt zu analysieren.

2 Die wichtigste Quelle dieser Untersuchung stellt die vom Bundesrat herausgegebene erläuternde »Botschaft zum Bundesgesetz über die eingetragene Partnerschaft gleichgeschlechtlicher Paare« (Botschaft 2002) dar. Daneben werden Presseaussendungen, Parlamentsdebatten, Vernehmlassungsverfahren sowie Material aus den Kampagnen zur Volksabstimmung in die Analyse miteinbezogen.

3 Siehe dazu u. a. http://www.hosiwien.at/wir-wollen-heiraten/europa-ubersicht.

Stellungnahme von Parteien, Wirtschaftsverbänden, NGOs, religiösen und anderen gesellschaftlichen Institutionen ein, noch bevor der Entwurf dem Parlament zur Beratung vorgelegt wird.

Der Erstellung des Vorentwurfs zum PartG ging die Veröffentlichung eines Berichts des Bundesrats zur rechtlichen Situation gleichgeschlechtlicher Paare in der Schweiz im Jahr 1999 voraus, der den diesbezüglichen Handlungsbedarf deutlich gemacht und neben einem Rechtsvergleich auch fünf Lösungsvarianten für die Aufhebung der Diskriminierung gleichgeschlechtlicher Partner_innenschaften präsentiert hat (vgl. Lagebericht 1999). Unter den fünf Varianten fanden sich neben der Möglichkeit der Öffnung der Ehe, punktuellen gesetzgeberischen Interventionen und einem obligationsrechtlichen Partnerschaftsvertrag auch zwei relativ ähnliche, von den Vernehmlasser_innen gleichermaßen favorisierte, Optionen: Eine registrierte Partnerschaft mit relativ eigenständigen Wirkungen auf der einen, und eine registrierte Partnerschaft nach skandinavischem Modell mit weitgehend ehegleichen Wirkungen auf der anderen Seite. Genau genommen votierten die meisten großen Parteien und Kantone für zweitere Option (vgl. Vernehmlassung Lagebericht 2000; vgl. Baur: 11), die vom Bundesrat letztendlich gewählte erste Option wurde jedoch als »konsensfähiger« erachtet (vgl. Montini: 115). Die Ergebnisse der Vernehmlassung zum zwei Jahre später, im November 2001, veröffentlichten Vorentwurf bestätigen diese Entscheidung für die Wahl der Variante einer registrierten Partnerschaft mit relativ eigenständigen Wirkungen. Denn einerseits zeichnete sich in der Vernehmlassung eine deutliche Zustimmung zur Schaffung einer gesetzlichen Regelung ab u. a. mit dem Verweis auf die symbolische Wirkung einer rechtlichen Anerkennung und deren Notwendigkeit aufgrund des verfassungsrechtlich verankerten Diskriminierungsverbots.[4] Andererseits äußerte die Mehrheit der Vernehmlasser_innen das Bedürf-

4 Im Jahr 1999 kam es zu einer Totalrevision der Schweizer Verfassung, im Zuge derer u. a. eine Diskriminierung aufgrund der Lebensform (Art. 8 Abs. 2 BV) verfassungswidrig wurde. Der Gesetzgeber darf Unterscheidungen zwischen Ehepaaren und eingetragenen Partner_innen nur noch dann treffen, wenn sachliche Gründe für eine Differenzierung vorliegen (vgl. dazu u. a. Hangartner 2001; Hochl 2002; Breining/Byers 2006).

nis nach einer deutlichen Distanz zur Ehe (vgl. Vernehmlassung Vorentwurf 2002). Die konkrete Verfasstheit des PartG stellt mithin einen Kompromiss zwischen einer Öffnung der Ehe für gleichgeschlechtliche Paare, wie sie von lesbischen und schwulen Interessensvertretungen sowie von der grünen und der sozialistischen Partei gefordert wurde, und der Minimalvariante von punktuellen gesetzgeberischen Interventionen dar, für die u. a. die SVP (Schweizerische Volkspartei) eingetreten ist.

Die beiden Kammern des Parlaments haben dem Gesetzesentwurf im Sommer 2004 letztendlich relativ klar zugestimmt. Dennoch wurde, wie allerdings zu erwarten war, von den (rechts)konservativen Parteien EDU (Eidgenössische Demokratische Union) und EVP (Evangelische Volkspartei) das Referendum ergriffen und mit dem Erreichen von über 66.000 Stimmen eine Volksabstimmung notwendig gemacht.

Die stimmberechtigte Schweizer Bevölkerung stand schließlich am vorläufigen Ende des Normsetzungsprozesses. Die Abstimmung über das PartG fand am 5. 6. 2005 zeitgleich mit der Abstimmung über bilaterale Abkommen zwischen der Schweiz und der EU unter überdurchschnittlich hoher Beteiligung von 56,6 Prozent der Stimmberechtigten statt. Das PartG wurde mit 58 Prozent der Stimmen angenommen und trat am 1. 1. 2007 in Kraft.

Aus einer Studie über die Abstimmungsergebnisse geht hervor,

> dass bei den Stimmenden der Grundsatzentscheid zur gesellschaftlichen und rechtlichen Anerkennung homosexueller Paare überwog. (...) Analysiert man die Argumente, so stellt man fest, dass sich die überwiegende Mehrheit der BefürworterInnen des Partnerschaftsgesetzes dem Argument anschloss, wonach die Partnerschaft eine ausgewogene, moderne Lösung zur Gleichstellung der gleichgeschlechtlichen Paare darstellte. (vgl. Engeli/Tresch: 3)

Im Folgenden werde ich zeigen, dass dieser »Grundsatzentscheid zur gesellschaftlichen und rechtlichen Anerkennung homosexueller Paare« an spezifische Voraussetzungen gekoppelt ist, die im Vorfeld der Abstimmung kommuniziert wurden. Zu nennen sind hier in erster Linie das Adoptionsverbot für eingetragene Partner_innen und die Betonung, dass die eingetragene Partnerschaft die Ehe respektiere und sie als Institution unangetastet lasse. Aber auch der gesellschaftliche Nutzen, der durch die an den Zugewinn von Rechten gekoppelten Pflichten entsteht, spielte eine wichtige Rolle in der Argumentation der Gesetzesbefürworter_innen (vgl. Gute Argumente für ein JA zum Partnerschaftsgesetz 2004).[5]

Es handelt sich hier also mitnichten um eine grundsätzliche bzw. bedingungslose Anerkennung, schon gar nicht um eine »Gleichstellung« gleichgeschlechtlicher Partner_innenschaften. Vielmehr besteht die Bedingung der Anerkennung gerade in der Betonung, Herstellung und Festschreibung von hierarchisch angeordneten, miteinander verschalteten Differenzen: Auf der Differenz der eingetragenen Partnerschaft von der Ehe, auf der Differenz von homosexuellen und heterosexuellen Beziehungen, sowie auf der Differenz der Geschlechter.

2. Alte und neue Normen
Eingetragene Partnerschaft und Ehe

Das Verhältnis von Ehe und eingetragener Partnerschaft (EP) ist von einer Spannung zwischen Abgrenzung und Anlehnung geprägt. Die Abgrenzung wird über eine Reihe formaler, symbolischer und inhaltlicher Differenzierungen vollzogen. So stellt das Partnerschaftsgesetz ein Sondergesetz dar, das zwar weitgehend an das Eherecht angelehnt, jedoch autonom ausformuliert und im Gegensatz zum Eherecht bewusst nicht in das Familienrecht des Zivilgesetzbuches integriert wurde (vgl. Amtliches Bulletin: N 1817). Zudem wurden einige Differenzen zum Eherecht mit eher symbolischem Charakter denn tatsächlichen Auswirkungen auf die Ausgestaltung der Partner_innenschaft eingestreut: es gibt kein Verlöbnis, das Paar verfügt nicht über ein gemeinsames Bürgerrecht, es darf keinen gemeinsamen amtlichen Namen tragen, und das Jawort auf dem Zivilstandesamt wurde zugunsten einer schlichten Protokollierung der Willenserklärung gestrichen.[6] Auf

5 Für eine Analyse des Abstimmungskampfes mit Schwerpunkt auf die visuellen Strategien der Gesetzesbefürworter_innen s. Mesquita 2009.

6 Welcher Stellenwert diesen symbolischen Details tatsächlich zukommt wird an der seit Oktober 2007 anhaltenden Debatte um Ort und Ausgestaltung der Eintragungszeremonie für gleichgeschlechtliche Paare in Österreich sichtbar.

der inhaltlichen Ebene, also bezüglich der Ausgestaltung einzelner Rechtsnormen, wird das Spannungsverhältnis besonders deutlich. Während einzelne Bereiche des PartG nahezu analog zum Eherecht angelegt wurden – dies betrifft beispielsweise das Steuer-, das Erb- und das Sozialversicherungsrecht – unterscheiden sich Ehe und EP hinsichtlich des Vermögensrechts, der Scheidungsregelungen, sowie bezüglich des Kindesrechts erheblich. Die Trennlinie zwischen den beiden Rechtsinstituten verläuft somit bis auf wenige Ausnahmen entlang der *partnerschaftlichen* Elemente der Ehe, die weitgehend übernommen wurden, und deren *familienrechtlich* geschütztem Bereich (vgl. Hochl: 41 ff.).[7] Deutlich zum Ausdruck kommt hierin der Wille des Gesetzgebers, dass die EP »keine Grundlage für eine Familiengründung« (Botschaft: 1310) darstellen und sich deutlich von der Ehe unterscheiden soll. Gleichzeitig gilt das Eherecht bzw. sein »vorgegebener Kerninhalt« (vgl. Büchler/Michel: 15) – die monogame, umfassende und auf Dauer angelegte Wohn-, Wirtschafts- und Bettgemeinschaft, oder in den Worten der Botschaft des Bundesrats, die »sittlich-affektive und geschlechtliche Verbindung zweier erwachsener, gleichgestellter Frauen oder Männer« (vgl. Botschaft: 1329) als logischer Ausgangspunkt der gesetzlichen Regelung gleichgeschlechtlicher Partner_innenschaften.

Diese Orientierung am Modell der Ehe ist insofern bedauerlich, als hier die Chance (bewusst) vergeben wurde, »kreativ« normsetzend tätig zu werden. Michelle Cottier etwa weist darauf hin, dass paradoxer Weise gerade die im Vernehmlassungsverfahren von der Schweizer Bischofskonferenz geäußerten Vorschläge, den Kreis

7 Eingetragene Partner_innen sind Ehepaaren im Erbrecht, in der beruflichen Vorsorge, im Steuerrecht, im Ausländerrecht, im Prozessrecht, im Schuldbetreibungs- und Konkursrecht, sowie in der Verfügung über die gemeinsame Wohnung, der Vertretung der Gemeinschaft und bezüglich der gegenseitigen Auskunftspflicht gleichgestellt. Ähnlich gestaltet sind Beistands- und Rücksichtspflicht, sowie das Unterhaltsrecht. Im Sozialversicherungsrecht herrscht Gleichstellung mit der wichtigen Ausnahme der Behandlung der überlebenden Partnerin als Witwer. Dagegen bestehen im Bürgerrecht, bezüglich der Namensgebung, der Auflösung der Partnerschaft, im Vermögensrecht, sowie durch das ausdrückliche Verbot von Adoption und Zugang zu fortpflanzungsmedizinischen Technologien wesentliche Differenzen zum Eherecht.

der rechtlich anerkannten Beziehung (auf geistliche und soziale Lebensgemeinschaften) auszuweiten, weitaus innovativeren Charakter aufweisen als die letztlich umgesetzte Variante (vgl. Cottier: 198 f.; vgl. Stellungnahme Schweizerische Bischofskonferenz: 2). – Dies gilt freilich nur hinsichtlich des Grundgedankens, prinzipiell unterschiedlichen Lebensformen rechtliche Anerkennung zukommen zu lassen. Doch statt eine auf die verschiedenen Bedürfnisse vielfältiger Beziehungskonstellationen und Lebensrealitäten zugeschnittene alternative Institution zu schaffen, bleibt das PartG einem Anerkennungsschema verhaftet, das bestimmte Arten von Zweierbeziehungen gegenüber anderen Zweier- ebenso wie Nicht-Zweierbeziehungen privilegiert. Überdies wird implizit die Notwendigkeit der Zugehörigkeit zu einem von zwei Geschlechtern – eine eingetragene Partnerschaft kann nur von zwei Personen des gleichen Geschlechts eingegangen werden – entsprechend vorgegebener Kriterien als eine der grundlegenden Bedingungen der Anerkennung durch das Rechtssystem gestärkt.

Heteronorm und Homonorm

Die Art der Aufnahme, die das PartG in das Normgefüge staatlicher Anerkennungsstrukturen erfahren hat, möchte ich mit dem Begriff der *Normalisierung* bezeichnen. Darunter verstehe ich in Anlehnung an Antke Engel einen »Mechanismus hierarchisch differenzierter Integration« (vgl. Engel 2005: 136).[8] Denn es handelt sich um eine Integration als *Anderes* im Verhältnis zur Ehe, was durch die bewusste Abgrenzung auf formaler, symbolischer und inhaltlicher Ebene deutlich zum Ausdruck kommt. Und obwohl die Ehe nun nicht länger die einzige legitime und von staatlicher Seite anerkennungswürdige Beziehungsform darstellt, wird sie durch diese Abgrenzung aufgewertet und zudem als in ihrer derzeitigen Form gute, erhaltenswerte und unantastbare Norm bestätigt. Gerade in Zeiten eines eklatanten Bedeutungsverlustes der Ehe, der sich in rückläufigen Eheschließungen und wachsenden Scheidungszahlen materialisiert, sorgt die Einführung der eingetragenen Partnerschaft damit paradoxerweise für eine massive symbolische Aufwer-

8 Vgl. auch Foucault 1977 und 1983.

tung der Ehe (vgl. Büchler 2001). Diese Höherstellung als nicht nur rechtlich privilegierte normative Vorlage grenzt die Ehe freilich auch von anderen heterosexuellen Beziehungs- und Lebensformen ab – dazu gehören u. a. kinderlose Ehen. Denn die Privilegierung der Ehe wird im Zuge der Debatten um die Einführung der eingetragenen Partnerschaft vorrangig über ihre gesellschaftliche Bedeutung aufgrund der vorgeblichen Ausrichtung auf Kinder legitimiert (vgl. u. a. Lagebericht: 60 f.), eine Ausrichtung, die gleichgeschlechtlichen Paaren gerade durch das PartG abgesprochen und explizit verweigert wird.

Die angenommene Kinderlosigkeit gleichgeschlechtlicher Personen und Paare bildet wiederum das Kernstück einer *Homo-Norm*, auf die das Partnerschaftsgesetz zugeschnitten wurde, um den »Besonderheiten gleichgeschlechtlicher Paare Rechnung tragen« (vgl. Medienmitteilung EJPD 2000) zu können. Zum Zwecke der Bestimmung dieser »Besonderheiten« wurde folgender Idealtypus der gleichgeschlechtlichen Lebensgemeinschaft vorgestellt, respektive produziert:

> Im heutigen Zeitpunkt soll für die gesetzliche Regelung primär das Bild zweier erwachsener Personen maßgebend sein, die miteinander einen Haushalt führen und gemeinsam ihr Leben gestalten wollen. (...) Da gleichgeschlechtliche Paare miteinander keine gemeinsamen Kinder haben können und auch nicht zu fortpflanzungsmedizinischen Verfahren oder zur Adoption zugelassen werden sollen (...), beruht der Verzicht oder die Einschränkung der Erwerbstätigkeit einer Partnerin oder eines Partners entweder (...) auf einem freien Entscheid, oder die Aufgabe, die eine Erwerbstätigkeit verunmöglicht, hat ihre Gründe nicht in der eingetragenen Partnerschaft. Zu denken ist hier an die Betreuung von Kindern aus einer früheren heterosexuellen Beziehung. Der Gesetzesentwurf soll auf solche Verhältnisse von bisexuell veranlagten Personen zwar Rücksicht nehmen, sie aber nicht zum Ausgangspunkt der ganzen Regelung machen. So soll beispielsweise nicht wie im Eherecht die vermögensrechtliche Regelung von der Errungenschaftsbeteiligung, sondern von der Gütertrennung ausgehen. (Botschaft: 1311)

Der Idealtypus der eingetragenen Partnerschaft, salopp ausgedrückt: die »Homo-Norm«, basiert auf einer Reihe von Vorannahmen, die sich bei genauerem Hinsehen vor allem aus einer gender-Perspektive als äußerst problematisch erweisen: Ausgegangen wird von zwei gleichberechtigten Partner_innen, die aufgrund ihrer Kinderlosigkeit beide vollerwerbstätig sind. Sind sie dies nicht, so basiert die eingeschränkte Erwerbstätigkeit auf einer freien Entscheidung, ist also für den Gesetzgeber nicht weiter von Interesse.

Diese Annahme einer »freien Entscheidung« vernachlässigt neben der derzeitigen Arbeitsmarktsituation vor allem auch die in gleichgeschlechtlichen ebenso wie in gemischtgeschlechtlichen Beziehungen weit verbreitete Realität einer – beispielsweise durch Krankheit, Behinderung oder unterschiedlichen Ausbildungsstand bedingten oder bewusst gewählten oder sich aus der Beziehungskonstellation ergebenden – ungleichen Aufteilung von Erwerbs- und Hausarbeit. Hinter der Norm der Vollerwerbstätigkeit steht also nicht nur die Norm der Vollerwerbsfähigkeit sondern auch die Norm der Gleichberechtigung beider Partner_innen, die aus der Gleichgeschlechtlichkeit abgeleitet wird. Nicht vollerwerbstätig sein zu können oder zu wollen wird als freiwilliger Verzicht angesehen und unterliegt damit der Eigenverantwortung.

Die aus diesen normativen Annahmen resultierende Regelung der Gütertrennung als ordentlicher Güterstand der eingetragenen Partnerschaft[9] wurde im Zuge des Vernehmlassungsverfahrens zum Vorentwurf des Partnerschaftsgesetzes von mehreren Seiten kritisiert. So forderte etwa die Schweizer Konferenz der Gleichstellungsbeauftragten (SKG), eine Anerkennung und Ausgleichsleistung für Hausarbeit auch in gleichgeschlechtlichen Beziehungen vorzusehen. Zudem wurde darauf hingewiesen, dass innerhalb gleichgeschlechtlicher Beziehungen unterschiedliche Machtverhältnisse nicht a priori auszuschließen seien und die schwächere Partei nicht von staatlichem Schutz ausgenommen werden dürfe (vgl. Stellungnahme SKG: 2 f.). Darüber hinaus gab die Lesbenorganisation LOS zu bedenken, dass die Norm des vollerwerbstätigen Paares keineswegs geschlechtsneutral ist:

> Zu berücksichtigen ist überdies, dass für Frauen neben den (Kinder-) Betreuungspflichten, die ihre existenzsichernde Erwerbstätigkeit einzuschränken vermögen, auch in bedeutendem Maße die Sozialisation, Vorurteile und weitere geschlechtsspezifische Schranken eine große

9 Es besteht allerdings die Möglichkeit einer alternativen vertraglichen Lösung (vgl. Art. 25 PartG). Im Gegensatz zum PartG sieht das Eherecht jedoch, so mittels Ehevertrag nicht anders vereinbart, automatisch die Errungenschaftsbeteiligung als ordentlichen Güterstand vor.

> Rolle spielen. Eine zukunftsweisende Regelung sollte daher nicht nur das Erwachsenenpaar als solches im Auge haben, sondern ebenso die über die Zweiergemeinschaft hinausreichenden Verpflichtungen sowie die Stellung der beteiligten Frauen und Männer im gesellschaftlichen Kontext. (Stellungnahme LOS: 2)

Auch wenn es, wie die LOS betont, nicht nur (Kinder-)Betreuungspflichten sind, die es speziell Frauen ungleich schwerer machen, die Norm der Vollerwerbstätigkeit zu erfüllen, spielen diese vor allem für Lesbenpaare eine bedeutende Rolle. Unterschiedliche Studien gehen davon aus, dass in rund einem Drittel der lesbischen Beziehungen und etwa einem Fünftel der schwulen Beziehungen Kinder leben.[10] Diese relativ hohe Zahl vermag die »Homo-Norm« der Botschaft des Bundesrats allerdings nicht zu tangieren, da Lesben und Schwule mit Kind(ern) in der Botschaft konsequent als »bisexuell orientierte Personen« bezeichnet werden, auf die zwar Rücksicht genommen werden soll, die aber nicht zum »Ausgangspunkt der ganzen Regelung« gemacht werden dürfen (vgl. Botschaft: 1311).

In Anbetracht der nach wie vor bestehenden erheblichen Ungleichstellungen von Frauen und Männern im Erwerbsleben, sowie der wesentlich höheren Zahl an Kindern, die in lesbischen Beziehungen leben, lässt sich unschwer folgern, dass schwule Paare in weitaus größerem Ausmaße der dem Partnerschaftsgesetz zugrunde gelegten »Homo-Norm« entsprechen und daher auch in weitaus größerem Ausmaß vom Partnerschaftsgesetz profitieren. Diese Folgerung wird im Übrigen durch die Zahl der bisherigen Eintragungen bestätigt: Von im Jahr 2007 insgesamt 2004 eingegangenen Partner_innenschaften bestanden fast dreiviertel, nämlich 1431 aus Männerpaaren.[11]

3. Heteronormative Grundannahmen

Das (Schweizerische) Recht geht grundsätzlich von einer Unveränderbarkeit von Geschlecht und Begehren aus, die auf den An-

10 Vgl. für die Schweiz u. a. Bühler 2000; Boos/Büchler: 426 und Copur: 298.

11 Vgl. Statistik Schweiz http://www.bfs.admin.ch/bfs/portal/de/index/themen/01/06/blank/key/07.html.

nahmen einer »Kongruenz von biologischem und kulturellem Geschlecht (...), zweitens von eindeutiger, polar angelegter Geschlechtsidentität und drittens von heterosexueller Orientierung« (Büchler/Cottier: 117) basiert.[12] Die Annahme einer Kontinuität des Begehrens wird anhand der Ausführungen zur Bisexualität in der Botschaft des Bundesrats ersichtlich. Die Bisexualität, das geht aus folgendem Zitat noch deutlicher als aus der bereits kommentierten Passage hervor, dient als Erklärung für die scheinbar höchst begründungsbedürftige Tatsache des Vorhandenseins von Kindern in gleichgeschlechtlichen Partner_innenschaften: »Da auch Personen mit einer bisexuellen Orientierung eine eingetragene Partnerschaft eingehen können, ist es möglich, dass eine Partnerin oder ein Partner Kinder aus einer heterosexuellen Beziehung hat« (Botschaft: 1344). Bisexualität fungiert hierbei als Ausweich-Kategorie zur Aufrechterhaltung der (Geschlechter-)Ordnung. Denn lesbisch und schwul, genauso wie hetero- und bisexuell, erscheinen auf diese Weise als stabile Identitäts- bzw. Begehrenskategorien – lesbische und schwule Elternschaft, das zeigt sich hierin deutlich, ist im PartG nicht nur nicht vorgesehen, sie scheint noch nicht einmal vorstellbar.

Im Folgenden werde ich auf die Artikel des Partnerschaftsgesetzes eingehen, die sich mit dem überaus heiklen Thema von Kindern in eingetragenen Partnerschaften befassen, da hier die heteronormativen Voranannahmen bezüglich Zweigeschlechtlichkeit und Geschlechterdifferenz ganz besonders deutlich zum Ausdruck kommen.[13] Ein Blick auf die Parlamentsdebatten über besagte Artikel, sowie auf die Kampagnen der Abstimmungsbefürworter_innen und der Abstimmungsgegner_innen macht deutlich, was hier auf dem Spiel stand. Während die Befürworter_innen des Gesetzes nicht müde wurden zu betonen, dass die EP keine Grundlage für eine Familiengründung darstelle, argumentierten die Gegner_in-

12 Mit Inter- und Transsexualität kennt das Schweizerische Recht allerdings »zwei Ausnahmen vom Prinzip der Unveränderbarkeit der geschlechtlichen Zuordnung« (vgl. Büchler/Cottier: 117). Zur Heteronormativität des Rechts vgl. auch Büchler 2001; Holzleithner 2002 und Danielczyk/ Holzleithner 2004.

13 Nicht eingehen kann ich an dieser Stelle auf das in Art. 28 PartG geregelte Verbot des Zugangs zu fortpflanzungsmedizinischen Technologien.

nen, dass es sich hierbei lediglich um eine »Salamitaktik« mit dem »Endziel Kinder« handle, früher oder später also mit der Streichung des Adoptionsverbots zu rechnen sei (vgl. Medienmitteilung Referendumskomitee 2005). Die Frage der Elternschaft gleichgeschlechtlicher Paare wurde dementsprechend von allen Seiten als Schicksalsfrage für Zustimmung bzw. Ablehnung des Gesetzes durch die Bevölkerung gesehen.[14]

Art. 27 und 28 PartG

Der rechtliche Umgang mit Kindern, die mit eingetragenen Partner_innen leben, wird in zwei Artikeln das PartG geregelt. Während Art. 27 PartG den Umgang mit bereits vorhandenen Kindern betrifft, indem es die Unterstützungspflicht in der Ausübung der elterlichen Sorge gegenüber vorpartnerschaftlichen Kindern analog zur Sorge des ehelichen Stiefelternteils regelt (vgl. Bundesgesetz: 6 f.), untersagt Art. 28 PartG die Zeugung und Adoption von Kindern durch eingetragene Partner_innen (vgl. a. a. O.: 7). Es wird somit zwar anerkannt, dass es Kinder gibt, die mit einem gleichgeschlechtlichen Paar zusammenleben. Dem Kinderwunsch vieler gleichgeschlechtlicher Paare und dessen Umsetzung, die auch trotz Verbot von Adoption und Zugang zu fortpflanzungsmedizinischen Technologien de facto stattfindet, wird hingegen kein rechtlicher Rahmen gewährt. Die rechtliche Situation dieser, dem gemeinsamen Kinderwunsch beider Partnerinnen bzw. Partner entspringenden Kinder würde eine »differenzierte Beurteilung verlangen, wird aber vom Gesetzgeber gleich behandelt« (vgl. Boos/Büchler: 427). Das wirkt sich vor allem im Falle einer Trennung des Paares nachteilig für das Kind aus, da gegenüber der sozialen Mutter bzw. dem sozialen Vater kein Anspruch auf Unterhalt, Waisenrente und keine Möglichkeit des Eintritts in die Erbfolge besteht. Auch für den Co-Elternteil ist diese Situation mehr als problematisch, erwächst

14 Es ist fraglich, ob das PartG angenommen worden wäre, wenn eingetragenen Partner_innen der Zugang zu Adoption und fortpflanzungsmedizinischen Technologien nicht explizit verboten worden wäre. Aus einer Umfrage aus dem Jahr 2005 geht hervor, dass 59 % der Schweizer_innen die Adoptionsmöglichkeit von gleichgeschlechtlichen Paaren ablehnen (vgl. Perspektive Schweiz 2005).

aufgrund der fehlenden elterlichen Sorge nämlich lediglich ein rudimentärer Anspruch auf persönlichen Verkehr.

Die Stiefkindadoption durch den eingetragenen Partner bzw. die eingetragene Partnerin ist in der Schweiz allerdings genauso untersagt wie die Fremdadoption sowie die Einzeladoption durch Personen, die in eingetragener Partnerschaft leben. Paradoxerweise dürfen Lesben und Schwule in der Schweiz zwar als Einzelpersonen Kinder adoptieren, mit dem Eintritt in eine EP erlischt die Möglichkeit zur Adoption jedoch. Diese Regelung ist höchst umstritten (vgl. u. a. Schwenzer 2007; Cottier 2005; Copur 2007; Büchler/Schwenzer 2007) – interessanterweise wurde sie sogar von Seiten der Gegner_innen des Gesetzes kritisiert, wenn auch mit der Intention, das Gesetz an sich mittels Volksabstimmung zu Fall zu bringen. So argumentierte das Referendumskomitee: »Neue, echte Diskriminierung bringt das Gesetz, indem es jetzt die Möglichkeit für Alleinstehende gibt, ein Kind zu adoptieren nach der Registrierung mit einem homosexuellen Partner nicht mehr« (Argumentarium Nein zum Partnerschaftsgesetz: 12). Auch im internationalen Vergleich steht die Schweiz mit dieser Regelung, die damit begründet wird, dass auf diesem Wege das Adoptionsverbot umgangen werden könnte, alleine da (vgl. Schwenzer: 458). Dabei sind ohnehin mit Abstand die meisten Fremdadoptionen in der Schweiz sog. Drittwelt-Adoptionen durch Ehepaare. Die Adoption durch Einzelpersonen ist zwar prinzipiell erlaubt, ihre Chancen sind gegenüber denen von Ehepaaren jedoch weitaus geringer. Zudem müssen für die Gewährung einer Einzeladoption besondere Umstände im Interesse des Kindeswohls vorliegen (vgl. Botschaft: 1320).

Kindeswohl

In der Argumentation der Botschaft zu Art. 28 PartG nimmt das Kindeswohl einen zentralen Stellenwert ein. Da es kein subjektives Recht eines Paares bzw. einer Einzelperson auf Adoption gibt und das Diskriminierungsverbot (Art. 8 Abs. 2 BV) dem Kindeswohl untergeordnet ist, stellt letzteres neben dem Hauptkriterium für die Möglichkeit einer Einzeladoption auch die Entscheidungsgrundlage für die generelle Öffnung oder aber Verwehrung der Adoption für gleichgeschlechtliche Paare dar.

Das Kindeswohl, die oberste Maxime des Kindesrechts, ist ein unbestimmter Rechtsbegriff, der sich einer abschließenden Definition entzieht. Sinngemäß bezeichnet es »die körperliche, geistige und seelische Integrität des Kindes sowie eine in allen Belangen förderliche Umgebung« (vgl. Art. 268a ZGB zit. nach Hochl: 67). Die Offenheit des Begriffs bringt mit sich, dass seine Anwendung veränderbaren Interpretationen unterliegt und nie frei von Werturteilen ist (vgl. Boos/Büchler: 436 f. und Cottier: 195). Sie legt auch nahe, stets in der konkreten Situation zu entscheiden, worin das Kindeswohl in Hinblick auf den jeweiligen Einzelfall besteht. In dieser Hinsicht stellt sich die grundsätzliche Frage, ob es überhaupt sinnvoll ist, das Kindeswohl zu verallgemeinern, d. h. von vornherein und generell zu vertreten, dass das Kindeswohl durch die gemeinsame (rechtliche) Elternschaft gleichgeschlechtlicher Paare gewährleistet oder nicht gewährleistet ist.

In der Botschaft des Bundesrats finden sich lediglich einzelne Anhaltspunkte wie das Kindeswohl in Bezug auf die Elternschaft gleichgeschlechtlicher Paare zu interpretieren ist. Dabei kristallisieren sich zwei Hauptargumentationsmuster heraus, die das Kindeswohl einerseits letztendlich durch biologische, andererseits durch soziale Faktoren gefährdet sehen.

Das biologische Argument: Geschlechterdifferenz

Das biologische Argument gegen die Adoption durch eingetragene Partner_innen basiert auf der Koppelung des Kindeswohls an das sog. »natürliche Kindesverhältnis« (vgl. Botschaft: 1320). Dadurch wird es gerade nicht als gesellschaftlich bzw. kulturell mitbestimmtes, das demgemäß historisch und kontextspezifisch variieren kann, konzipiert. Es wird vielmehr naturalisiert, in dem es an eine biologisch verstandene bipolare Elternschaft geschweißt wird. In der Botschaft des Bundesrats wird dieser Zusammenhang folgendermaßen dargestellt:

> Von der Natur vorgegeben ist, dass jedes Kind einen Vater und eine Mutter hat, die für die Entwicklung des Kindes ihre spezifische Bedeutung haben. Das Kindesrecht des Zivilgesetzbuches versucht dementsprechend, möglichst jedem Kind auch rechtlich einen Vater und eine Mutter zuzuordnen und damit der Polarität der Geschlechter Rechnung zu tragen. (Ebd.)

Es fällt auf, dass das »natürliche Kindesverhältnis« hier bereits eine starke soziale Komponente aufweist: Vater- bzw. Mutterschaft werden über ein rein biologisches Verständnis hinausgehend gedacht. Aus der Tatsache der Notwendigkeit der Beteiligung zweier Personen unterschiedlichen Geschlechts an der Zeugung wird nicht nur automatisch geschlossen, dass diese aufgrund ihrer »spezifischen Bedeutung«, die offensichtlich über die Zeugungsfunktion hinausgeht, auch zum Aufziehen des Kindes notwendig sind. Aus diesem (vermeintlich rein) natürlichen Kindesverhältnis wird auch das rechtliche abgeleitet, das wiederum »der Polarität der Geschlechter Rechnung« tragen soll.

Im Falle der Adoption kommt es zum Ersetzen des natürlichen durch ein rechtliches Kindesverhältnis. Die biologische Abstammung verliert zugunsten der sozialen Beziehung gänzlich an Bedeutung. Das heißt, dass rechtlich gesehen zwar keine Identität zwischen biologischen und sozialen Eltern bestehen muss, wohl aber von einer Kontinuität hinsichtlich der Geschlechterrollen ausgegangen wird. Die Rolle des biologischen Vaters kann – rechtlich anerkannt – von einem sozialen Vater, die der biologischen Mutter von einer sozialen Mutter übernommen werden, nicht aber beispielsweise von zwei sozialen Vätern oder Müttern. Sex und gender werden also in einer derart starren, überindividuellen und transhistorischen Verbindung gedacht, dass einerseits von einer gleich bleibenden oder zumindest ähnlichen Ausgestaltung dieser Rollen durch unterschiedliche Personen desselben Geschlechts ausgegangen wird. Andererseits erscheint allein die Vorstellung, dass sich die Geschlechtsidentität nicht automatisch und immer aus dem biologischen Geschlecht ableiten lässt, gänzlich abwegig.

Diese heteronormative Koppelung des sozial gelebten an das natürliche Kindesverhältnis erweist sich für die Elternschaft gleichgeschlechtlicher Paare als fatal. Insofern nämlich als die Unmöglichkeit, gemeinsam ein natürliches Kindesverhältnis zu begründen, auch automatisch die rechtliche Verunmöglichung, ein soziales Kindesverhältnis abzusichern, nach sich zieht. Vor dem Hintergrund dieses Begründungszusammenhangs mutet es jedenfalls paradox an, dass in der Schweiz auch die Adoption durch Einzelpersonen gestattet ist. Denn diese Möglichkeit steht in eindeutigem Widerspruch zur angeblichen Notwendigkeit der Spiegelung des natürlichen Kindesverhältnisses durch das Recht und bricht die Verschränkung von natürlichen, sozialen und rechtlichen Faktoren auf.

Durch die Notwendigkeit der Koppelung von natürlichem, sozialem und rechtlichem Kindesverhältnis, die im Falle gleichgeschlechtlicher Elternschaft jedoch ungebrochen existiert, gerät zudem die – in Bezug auf das Kindeswohl vermeintlich nicht unwichtige – Frage, ob grundsätzlich von einer nachteiligen Entwicklung von Kindern, die in gleichgeschlechtlichen Beziehungen aufwachsen, ausgegangen werden kann, völlig aus dem Visier. Im Gegensatz zu Schweden, wo auf der Grundlage einer 2001 veröffentlichten Untersuchung über die Bedingungen des Heranwachsens von Kindern in homosexuellen Haushalten gleichgeschlechtlichen Paaren der Zugang zur Adoption gewährt wurde (vgl. Hochl: 76), scheint für den Schweizerischen Gesetzgeber die »Erziehungsfähigkeit« kein relevantes Kriterium in Zusammenhang mit dem Kindeswohl darzustellen. Folgende Aussage der Bundesrätin Ruth Metzler-Arnold bestätigt dies eindrucksvoll:

> Es geht hier nicht um die Frage der Erziehungsfähigkeit, sondern es geht um das Interesse des Kindes, es geht um das Kindeswohl, im Zusammenhang auch mit dem Kindesverhältnis, dem Kindesrecht, wo eben jedes Kind einen Vater und eine Mutter hat, damit es überhaupt auf die Welt kommen kann. (Amtliches Bulletin: N 1825)

Etwas drastischer noch – implizit auch in Hinblick auf allein erziehende Personen – aber mit dem gleichen Kerninhalt, formuliert es der Gesetzesgegner Christian Waber von der Evangelischen Volkspartei (EVP):

> Es ist unbestritten, dass auch ein gleichgeschlechtliches Paar den Kindern Liebe und Zuneigung zukommen lassen kann; das bestreitet ganz sicher niemand. Was aber nicht vermittelt werden kann, ist die Vielfältigkeit, die Andersartigkeit von Mann und Frau in ihrem schöpfungsbedingten Dasein. Das sind arme Kinder, die sich nur an einer Person, an einem Geschlecht, orientieren müssen oder können. (Amtliches Bulletin: N 1824)

Zurückzuführen ist diese Vernachlässigung der Erziehungsfähigkeit als Kriterium für die Gewährleistung des Kindeswohls m. E. auf ein Urteil des Schweizer Bundesgerichts aus dem Jahr 1982. Im

Zuge eines Scheidungsverfahrens wurde ausdrücklich abgelehnt, der Mutter ihre Kinder nicht zuzuteilen, weil diese in einer lesbischen Beziehung lebt (vgl. BGE 108 II 371 f. zit. nach Hochl: 65). Daher kann die sexuelle Orientierung in Bezug auf die Erziehungsfähigkeit nicht mehr als Argument gegen die Elternschaft gleichgeschlechtlicher Personen herangezogen werden.

Anstelle empirischer Studien über das Aufwachsen von Kindern mit gleichgeschlechtlichen Personen finden sich in der Botschaft des Bundesrats aussagekräftige, wissenschaftlich nicht belegte populärpsychologische Allgemeinplätze wie folgender:

> In unserer Zeit und in unserer Gesellschaft haben Kinder Rollenbilder von Mutter und Vater als Personen unterschiedlichen Geschlechts. Ein Kind kann zwar eine >Position< unter Umständen doppelt besetzen. Das Kind kann zwei Väter haben, nämlich den leiblichen Vater und den als psychosozialen Vater erlebten Stiefvater, oder es kann, nach dem Tod der Mutter und der Wiederverheiratung des Vaters, die leibliche Mutter und die Stiefmutter als eben zwei Mütter erleben. Die >Position< eines Elternteils in der Vorstellungswelt des Kindes kann aber nicht ersetzt werden durch eine Person, die dasselbe Geschlecht hat wie der sorgeberechtigte Elternteil. Aus entwicklungspsychologischer Sicht bestehen hier wesentliche Unterschiede. Ob sich die Situation mittelfristig ändern wird, kann nicht abschließend gesagt werden. Derzeit sind diese Unterschiede aber nicht zu übersehen. (Botschaft: 1322)

Einzig der erste und die beiden letzten Sätze relativieren die in dieser Passage deutlich durchscheinende unausweichliche Notwendigkeit einer als konstant empfundenen naturalisierten Geschlechterdifferenz für das Kindeswohl. Paradoxerweise werden diese Relativierungen jedoch in der Folge als soziales Argument gegen die (Stiefkind-)Adoption durch gleichgeschlechtliche Paare ins Feld geführt.

Das soziale Argument: Stigmatisierung

Das soziale Argument findet sich in der Botschaft des Bundesrats neben zahlreichen anderen Argumenten, die die Problematik der Stiefkindadoption im Allgemeinen betreffen, also nicht auf gleichgeschlechtliche Paare beschränkt sind und daher in Hinblick auf das verfassungsrechtlich verankerte Diskriminierungsverbot von Art. 8 Abs. 2 BV nicht zur Legitimation für ein generelles Verbot der Stiefkindadoption durch gleichgeschlechtliche Paare herangezogen werden dürften. Das Argument lautet wie folgt:

> Bei den zur Diskussion stehenden Adoptionen haben die betroffenen Kinder als kritisches Lebensereignis bereits den Tod eines Elternteils oder die Trennung/Scheidung der Eltern erlebt. Meistens ist der Umstand, dass sich ein Elternteil als homosexuell ›outet‹, ebenfalls eine Belastung für diejenigen Kinder, die alt genug sind zu begreifen, was das bedeutet. Sie sind zusätzlich in individuell unterschiedlichem Ausmaß belastet durch die aktuell bestehenden, gesellschaftlichen Diskriminierungen gleichgeschlechtlicher Paare. Diese Diskriminierung und die damit verbundene Stigmatisierung der Kinder werden nicht geringer dadurch, dass sie moralisch verwerflich sind. Sie stellen eine Realität für die meisten Kinder dar, die mit gleichgeschlechtlichen Paaren leben. (Botschaft: 1323)

Die Kurzsichtigkeit dieses Arguments ist verblüffend. Denn bei der Stiefkindadoption geht es gerade um die Adoption von Kindern, die bereits mit einem gleichgeschlechtlichen Paar zusammen leben. Anzunehmen, dass sich deren Stigmatisierung dadurch erhöhen könnte, dass dieses Verhältnis rechtliche Anerkennung und einen rechtlichen Rahmen bekommt, ist schlichtweg absurd. Dass das Verbot der Stiefkindadoption, wie es hier begründet wird, mit dem Kindeswohl vereinbar ist, lässt sich ebenfalls nur schwer vorstellen. Viele kritische Kommentator_innen haben in diesem Zusammenhang angemerkt, dass eine Abwägung im Einzelfall mit Blick auf das Kindeswohl weitaus sinnvoller wäre, als ein generelles Verbot der Adoption durch gleichgeschlechtliche Paare (vgl. u. a. Hochl 2002; Cottier 2005; Copur 2007; Schwenzer 2007; Büchler/Schwenzer 2007; Stellungnahme LOS 2002).

Anstatt bestehende Diskriminierungen mit einem als konstant und allumfassend angenommenen status quo homophober gesellschaftlicher Verhältnisse zu rechtfertigen und diese damit fortzuschreiben, könnte hier genauso gut auf die »symbolische Wirkung des Gesetzes« gesetzt und versucht werden, mit Hilfe der rechtlichen Einfluss auf die gesellschaftliche Anerkennung zu nehmen. Denn, so heißt es an einer anderen Stelle der Botschaft:

> Von der Schaffung einer rechtlichen Regelung wird ein wesentlicher Beitrag zur Beendigung von Diskriminierungen sowie zum Abbau von Animositäten und Vorurteilen gegenüber der Gleichgeschlechtlichkeit

> in der Bevölkerung erwartet. Homosexuell zu sein und Homosexualität eines Familienmitglieds zu akzeptieren, kann leichter werden, wenn der Staat diesen Personen ein Rechtsinstitut zur Verfügung stellt. Zu bedenken sind deshalb nicht nur die realen, sondern insbesondere auch die symbolischen Wirkungen eines Gesetzes. (Botschaft: 1291)

4. Schluss

Wenn die Normativität der Heterosexualität darin besteht, dass »sich eine heterosexuelle Gesellschaft als die einzig existierende und vorstellbare Wirklichkeit profilieren kann« (Genschel/Lay/Wagenknecht/Woltersdorff: 168), dann ist unbestreitbar, dass dieser exklusive Status durch die rechtliche Anerkennung gleichgeschlechtlicher Partner_innenschaften unterwandert worden ist. Die Ehe ist nicht mehr die einzige Form der Beziehung im Normgefüge staatlicher Anerkennungsstrukturen. Allerdings ist sie, wie ich gezeigt habe, weiterhin die privilegierte Form. Dies sowohl in materieller, als auch in symbolischer Hinsicht durch ihre Bestätigung als Norm, von der das Partnerschaftsgesetz abgegrenzt wurde, dem sie zugleich aber auch als ideale Vorlage gedient hat. In diesem Sinne gilt es, die Wirkmächtigkeit von Heteronormativität weiter zu fassen, als dies im obigen Zitat der Fall ist. Neben rigiden Ausschlüssen aus dem Bereich des Intelligiblen müssen auch normalisierende Einschlüsse einer genaueren Analyse unterzogen werden (vgl. Engel 2002). Vor allem dann, wenn sich die Normalisierung als »hierarchisch differenzierte Integration«, als Anerkennung als *Anderes*, entpuppt, die die Privilegierung der Heterosexualität gerade nicht anficht, sondern stützt.

Die rechtliche Anerkennung gleichgeschlechtlicher Partner_innenschaften in der Schweiz hat zudem problematische ausschließende und normierende Effekte, da das Normalisierungsangebot des Gesetzes in zweierlei Hinsicht begrenzt ist. Zum einen richtet es sich in erster Linie an diejenigen, die imstande sind, der neuen »Homo-Norm« möglichst weitgehend zu entsprechen. Dies trifft vor allem auf vollerwerbstätige, kinderlose schwule Paare zu. Zum anderen erfolgt die Anerkennung unter den Bedingungen und Vorgaben eines grundlegend heteronormativen Rechtssystems, das wesentlich auf der Verdinglichung, Essentialisierung und Naturalisierung von Zweigeschlechtlichkeit, Geschlechterdifferenz und (heterosexuellem) Begehren basiert. Das Beispiel des Verbots des Rechts auf Adoption zeigt deutlich, dass die heteronormativen Vorannahmen – vielleicht gerade weil sie infrage gestellt werden – mit einer Vehemenz aufrechterhalten und reproduziert werden, die ihresgleichen sucht. Die politische Entscheidung des Ausschlusses eingetragener Partner_innen von der Möglichkeit zur Adoption und Inanspruchnahme fortpflanzungsmedizinischer Technologien verdeutlicht so gesehen die derzeitigen Grenzen der Normalisierung gleichgeschlechtlicher Paare in der Schweiz.

Tatsächlich könnte sich aber die von den Gegner_innen des Gesetzes so gefürchtete »Salamitaktik« in diesem Zusammenhang als wirksame Strategie entpuppen, den Handlungsspielraum innerhalb der vorhandenen Strukturen nach und nach zu erweitern. Dass das Recht in Bewegung ist und Normsetzungsprozesse nicht endgültig abschließbar sind, wird schließlich nicht zuletzt an den Rechtsentwicklungen in Deutschland, Schweden und Finnland, wo in letzter Zeit Nachbesserungen bezüglich des Umgangs mit dem Recht auf (Stiefkind-)Adoption stattgefunden haben, deutlich. Allerdings drängt sich in Anbetracht der Ambivalenzen der Normalisierung die grundsätzliche Frage auf, ob es nicht längst an der Zeit wäre, einen neuen Kuchen zu backen, statt ein Stück vom alten zu fordern.[15]

Bibliographie

Amtliches Bulletin – Die Wortprotokolle von Nationalrat und Ständerat. Eingetragene Partnerschaft gleichgeschlechtlicher Paare. Bundesgesetz http://www.parlament.ch/ab/frameset/d/s/4704/108009/d_s_4704_108009_108010.htm (24. 10. 2007).

Argumentarium Nein zum Partnerschaftsgesetz 2005: Referendumskomitee »Nein zum Partnerschaftsgesetz«, Stand: 11. 03. 2005, (Homepage gelöscht).

Baur, Francois E., Kap. 1. Historische Entwicklung, in: Ziegler, Andreas R./Bertschi, Martin/Curchod, Alexandre/Herz, Nadja/Montini, Michel (Hg.), Rechte der Lesben und Schwulen in der Schweiz. Eingetragene Partnerschaft,

15 Vgl. Bubeck (Hg.) 2000. Für weiterführende Gedanken über rechtliche Anerkennungsmöglichkeiten unterschiedlicher Lebens- und Beziehungsmodelle jenseits von Ehe und eingetragener (Lebens)Partnerschaft siehe u. a. Schenk 2005; Engel 2003; Ganz 2007.

faktische Lebensgemeinschaft, Rechtsfragen zur Homosexualität, Stämpfli Verlag, Bern, 2007, 1–15.

Boos, Astrid/Büchler, Andrea, Art. 27, in: Büchler, Andrea (Hg.), FamKomm Eingetragene Partnerschaft, Stämpfli Verlag, Bern, 2007, 425–452.

Botschaft 2002: Botschaft zum Bundesgesetz über die eingetragene Partnerschaft gleichgeschlechtlicher Paare vom 29. November 2002. http://www.admin.ch/ch/d/ff/2003/1288.pdf (27. 04. 2007).

Breining, Christine/Byers, Ann Marie, Verfassungs- und völkerrechtliche Aspekte, in: Büchler, Andrea (Hg.), FamKomm Eingetragene Partnerschaft, Stämpfli Verlag, Bern, 2007, 47–71.

Bubeck, Ilona (Hg.), Unser Stück vom Kuchen? Zehn Positionen gegen die Homo-Ehe, Quer Verlag, Berlin, 2000.

Büchler, Andrea, Eherecht und Geschlechterkonstruktion. Ein Beitrag zur Abschaffung der institutionalisierten Zweigeschlechtlichkeit, in: Verein Pro FRI (Hg.), Recht Richtung Frauen. Beiträge zur feministischen Rechtswissenschaft, Dike Verlag, Lachen/St. Gallen, 2001, 59–90.

Büchler, Andrea/Cottier, Michelle, Intersexualität, Transsexualität und das Recht. Geschlechtsfreiheit und körperliche Integrität als Eckpfeiler einer neuen Konzeption, in: Degele, Nina/Penkwitt, Meike (Hg.), Queering Gender – Queering Society. Freiburger Frauenstudien, Ausgabe 17, Jos Fritz Verlag, Freiburg 2005, 115–141.

Büchler, Andrea/Michel, Margot, Das Bundesgesetz über die eingetragene Partnerschaft gleichgeschlechtlicher Paare im Überblick, in: Wolf, Stephan (Hg.), Das Bundesgesetz über die eingetragene Partnerschaft gleichgeschlechtlicher Paare, Stämpfli Verlag, Bern, 2006, 1–52.

Büchler, Andrea/Schwenzer, Ingeborg, Vorbemerkungen zu Art. 27 und 28, in: Büchler, Andrea (Hg.), FamKomm Eingetragene Partnerschaft, Stämpfli Verlag, Bern, 2007, 417–425.

Bühler, Susanna, Elternschaft gleichgeschlechtlicher Paare? in: Familienfragen. Informationsbulletin der Zentralstelle für Familienfragen am Bundesamt für Sozialversicherung, Gleichgeschlechtliche Paare: Auf dem Weg zur Gleichstellung, Heft 2/2000, Bern, 2000, 17–20.

Bundesgesetz 2004: Bundesgesetz über die eingetragene Partnerschaft gleichgeschlechtlicher Paare vom 18. Juni 2004 http://www.admin.ch/ch/d/sr/2/211.231.de.pdf (05. 07. 2007).

Copur, Eylem, Die Elternschaft gleichgeschlechtlicher Paare, in: Ziegler, Andreas R. et al. (Hg.), Rechte der Lesben und Schwulen in der Schweiz. Eingetragene Partnerschaft, faktische Lebensgemeinschaft, Rechtsfragen zur Homosexualität, Stämpfli Verlag, Bern, 297–320.

Cottier, Michelle, Registered Partnerships for Same-Sex Couples in Switzerland: Constructing a New Model of Family Relationships, in: Machlean, Mavis (Hg.), Family Law and Family Values, Hart Publishing , Oxford, 2005, 181–201.

Danielczyk, Kati/Holzleithner, Elisabeth, Queer im medizinischen Diskurs, in: Czollek, Leah Carola/Perko, Gudrun (Hg.), Lust am Denken. Queeres im experimentellen Raum jenseits kultureller Verortungen, PapyRossa, Köln, 2004, 94–107.

Duggan, Lisa, The Twilight of Equality. Neoliberalism, Cultural Politics, and the Attack on Democracy, Beacon Press, Boston, 2003.

Engel, Antke, Wider die Eindeutigkeit. Sexualität und Geschlecht im Fokus queerer Politik der Repräsentation, Campus Verlag, Frankfurt/M., 2002.

Engel, Antke, Sandkastenträume – Queer/feministische Gedanken zu Verwandtschaft und Familie, in: femina politica Jg. 12 Heft 1/2003 Familienpolitik = Frauenpolitik?, Verlag Barbara Budrich, Leverkusen, 2003, 36–46.

Engel, Antke, Die Verschränkung von Sexualität und Ökonomie. Subjektkonstituierung unter neoliberalen Vorzeichen, in: Ernst, Waltraud (Hg.), Leben und Wirtschaften – Geschlechterkonstruktionen durch Arbeit, LIT-Verlag, Münster, 2005, 136–152.

Engeli, Isabelle/Tresch, Anke, Analyse der eidgenössischen Abstimmungen vom 5. Juni 2005, in: Analysen eidgenössischer Urnengänge, Juli 2005, Publikation Nr. 87, 2005. www.gfsbern.ch/pub/050506d.pdf (17. 04. 2008).

Foucault, Michel, Überwachen und Strafen. Die Geburt des Gefängnisses, Suhrkamp, Frankfurt/M., 1977.

Foucault, Michel, Sexualität und Wahrheit, Bd. 1: Der Wille zum Wissen, Suhrkamp, Frankfurt/M., 1983.

Freiburghaus, Dieter, Schweiz: Aktueller Stand der Diskussion über eine Gesetzgebung für gleichgeschlechtliche Paare, in: AJP 10. 2001. 1, Zürich, 2001, 243–252.

Ganz, Kathrin, Neoliberale Refamiliarisierung & queer-feministische Lebensformenpolitik, in: Groß, Melanie/Winkler, Gabriele (Hg.), Queer- /Feministische Kritiken neoliberaler Verhältnisse, Unrast, Münster, 2007, 51–77.

Genschel, Corinna/Lay, Caren/Wagenknecht, Nancy/Wolterdorff, Volker, Anschlüsse, in: Jagose, Annamarie, Einführung in die Queer Theory, Quer Verlag, Berlin, 2001, 167–194.

Gute Argumente für ein JA zum Partnerschaftsgesetz 2004: Verein JA zum Partnerschaftsgesetz, Stand 25. 08. 2004. http://www.sp-be.ch/aktuell/kampagne/20050605/ArgumentePGes_d.pdf (21. 12. 2007).

Hangartner, Yvo, Verfassungsrechtliche Grundlagen einer registrierten Partnerschaft für gleichgeschlechtliche Paare, in: AJP 10. 2001. 1, Zürich, 2001, 252–264.

Hennessy, Rosemary, Profit and Pleasure. Sexual Identities in Late Capitalism, Routledge, London/New York, 2000.

Hochl, Karin A., Gleichheit – Verschiedenheit. Die rechtliche Regelung gleichgeschlechtlicher Partnerschaften in der Schweiz im Verhältnis zur Ehe, Schriftenreihe des Instituts für Rechtswissenschaft und Rechtspraxis, Band 11, St. Gallen, 2002.

Holzleithner, Elisabeth, Recht Macht Geschlecht. Legal Gender Studies. Eine Einführung, WUV Universitätsverlag, Wien, 2002.

Lagebericht 1999: Die rechtliche Situation gleichgeschlechtlicher Paare im schweizerischen Recht. Probleme und Lösungsansätze, Bundesamt für Justiz, Juni 1999. http://www.ejpd.admin.ch/etc/medialib/data/gesellschaft/gesetzgebung/eingetragene_partnerschaft.Par.0013.File.tmp/vn-ber-d.pdf (17. 07. 2007).

Medienmitteilung EJPD 2000: Medienmitteilung des Eidgenössisches Justiz- und Polizeidepartement vom 25. 10. 2000. http://www.ejpd.admin.ch/ejpd/de/home/dokumentation/mi/2000/2000-10-250.html (17. 7. 2007).

Medienmitteilung Referendumskomitee 2005: Medienmitteilung des Referendumskomitees »Nein zum Partnerschaftsgesetz« vom 9. 5. 2005. http://www.livenet.ch/www/index.php/D/article/468/23562/ (22. 11. 2007).

Mesquita, Sushila, Liebe ist ... Visuelle Strategien der Normalisierung und das Schweizer Partnerschaftsgesetz, in: Paul, Barbara; Schaffer, Johanna (Hg.), Mehr(wert) queer. Visuelle Kultur, Kunst und Gender-Politiken, transcript Verlag, Bielefeld, 2009, 71–87.

Montini, Michel, Die eingetragene Partnerschaft: Abschluss, Auflösung und allgemeine Wirkungen, in: Ziegler, Andreas R. et al. (Hg.), Rechte der Lesben und Schwulen in der Schweiz. Eingetragene Partnerschaft, faktische Lebensgemeinschaft, Rechtsfragen zur Homosexualität, Stämpfli Verlag, Bern, 2007, 107–195.

Perspektive Schweiz 2005: Umfrageergebnisse. http://www.perspektive-schweiz.ch/05_d_kurz.pdf (3. 12. 2007).

Pressecomunique der Lesbenorganisation Schweiz (LOS) zur Verabschiedung des Partnerschaftsgesetzes im Nationalrat vom 03. 12. 2003. http://www.los.ch/artikel/artikel.php?ID=387&rubrik=143&archiv=1 (30. 4. 2008).

Schenk, Chris, Vom Ende der Eindeutigkeit und neuen Anstrengungen. Zu den politischen Folgen der Entgrenzung von Geschlecht, Sexualität und Beziehungsform, in: Degele, Nina; Penkwitt, Meike (Hg.): Queering Gender – Queering Society. Freiburger Frauenstudien, Ausgabe 17, Jos Fritz Verlag, Freiburg 2005, 141–169.

Schwenzer, Ingeborg, Art. 28. In: Büchler, Andrea (Hg.), FamKomm Eingetragene Partnerschaft, Stämpfli Verlag, Bern, 452–460.

Vernehmlassung Lagebericht 2000: Vernehmlassungsergebnisse. Bericht über die rechtliche Situation gleichgeschlechtlicher Paare im schweizerischen Recht, August 2000. http://www.bj.admin.ch/etc/medialib/data/gesellschaft/gesetzgebung/eingetragene_partnerschaft.Par.0010.File.tmp/ve-ber-d.pdf (17. 07. 2007).

Vernehmlassung Vorentwurf 2002: Vernehmlassungsergebnisse. Bundesgesetz über die registrierte Partnerschaft gleichgeschlechtlicher Paare, Februar 2002. http://www.ejpd.admin.ch/etc/medialib/data/gesellschaft/gesetzgebung/eingetragene_partnerschaft.Par.0007.File.tmp/ve-ber2-d.pdf (17. 07. 2007).

Stellungnahme LOS 2002: Stellungnahme zur Vernehmlassungsvorlage des Bundesrats vom 26. 02. 2002. http://www.los.ch/artikel/artikel.php?ID=101&rubrik=143 (17. 08. 2007).

Stellungnahme Schweizerische Bischofskonferenz 2002: Stellungnahme Schweizerische Bischofskonferenz zum Vernehmlassungsverfahren zum Bundesgesetz über die registrierte Partnerschaft gleichgeschlechtlicher Paare vom 19. 02. 2002. http://www.kath.ch/sbk-ces-cvs/text_detail.php?nemeid=6302&sprache=d (12. 10. 2007).

Stellungnahme SKG 2002: Stellungnahme der Schweizerischen Konferenz der Gleichstellungsbeauftragten zur Vernehmlassungsvorlage des Bundesrates vom 21. 02. 2002 http://www.equality.ch/d/archiv_stellungnahmen.htm (16. 01. 2009).

Woltersdorff, Volker, Zwischen Unterwerfung und Befreiung. Konstruktionen schwuler Identität im Coming Out, in: Helduser, Urte/Marx, Daniela/Paulitz, Tanja/Pühl, Katharina (Hg.), under construction? Konstruktivistische Perspektiven in feministischer Theorie und Forschungspraxis, Campus Verlag, Frankfurt, New York, 2004, 138–149.

Webseiten
Hosi Wien
http://www.hosiwien.at/wir-wollen-heiraten/europa-ubersicht/

Statistik Schweiz
http://www.bfs.admin.ch/bfs/portal/de/index/themen/01/06/blank/key/07.html

Jacob S. Guggenheimer

»Du bist Deutschland«
Psychohistorische Überlegungen zu einigen Zusammenhängen von Großgruppenphantasien von Körper, Nation und Geschlecht, am Beispiel zweier Werbekampagnen

Spätestens seit den zum Klassiker avancierten *Männerphantasien* von Klaus Theweleit (1977/78) herrscht weitgehend Einigkeit darüber, dass nationale Phantasmen nicht isoliert in Erscheinung treten, sondern begleitet werden von teils monströsen[1], geschlechterdichotomen Körperwahrnehmungen und -vorstellungen. Zur Diskussion steht nach wie vor ihr Verhältnis zueinander. Wer oder was ist Ursache und was Wirkung? Und wie wirken die Großgruppenphantasien von Körper, Nation und Geschlecht aufeinander ein? Diese Fragen werden dann ganz besonders aktuell, wenn in der Öffentlichkeit das eine *ohne* das andere gefordert wird: nationales Wir-Gefühl ohne Diskriminierung, schon gar nicht nach sexuellen Kategorien. Zwar scheinen die Filter der *political correctness* ein gewisses Unbehagen nicht beseitigen zu können, doch der Kritik seitens GenderforscherInnen scheint dieses Begehren dadurch entrückt. Wie und weshalb solch scheinbar harmlosen feel-good-Offensiven geschlechterdemokratische Anliegen zuwiderlaufen können, soll hier anhand einiger Überlegungen zu zwei eher ungewöhnlichen Werbekampagnen skizziert werden.

Titelgebend war dabei jener Medienfeldzug, der im Spätherbst 2005 (beginnend mit dem 26. September) die deutschen Werbeeinschaltungen und Plakatwände beherrschte. Wer organisatorisch hinter der »Du bist Deutschland«-Kampagne stand, war etwas schwer zu recherchieren. Offiziell trat eine eigentümliche »Initiative« in dieser Rolle auf, die sich »Partner für Innovation« nannte. Letztlich wurde aber immer offensichtlicher, dass es die Bertelsmann-Stiftung war, die diese Vereinigung trug. Das rechnerische Volumen der Kampagne entsprach 30 Millionen Euro, doch die insgesamt 24 Medienunternehemen (darunter alle gro-

1 Vgl. Perko/Pechriggl (1996).

ßen deutschen Fernsehanstalten) stellten ihre Leistungen offenbar ebensowenig in Rechnung, wie die zahlreichen prominenten Personen, die für den im Mittelpunkt stehenden Werbespot vor die Kamera traten. Und wozu das Ganze? Um in Deutschland einen »Bewusstseinswandel für mehr Selbstvertrauen und Motivation anzustoßen«, wie es in einer Pressemitteilung hieß.[2] Kernstück der »Du-bist-Deutschland«-Kampagne stellt das gleichnamige, sog. »Manifest« dar. Für den zweiminütigen TV-Spot[3] (Regie Clarissa Ruge[4]) wurde sein Text in kleine Passagen zerlegt und häppchenweise in die Münder prominenter Deutscher, wie unbekannter EinwohnerInnen gelegt. In einer rhythmischen Montage mit Musikunterlegung erlangt die Lyrik wieder ihre Vollständigkeit. Sie lautet:

Du bist das Wunder von Deutschland

Ein Schmetterling kann einen Taifun auslösen. Der Windstoß, der durch seinen Flügelschlag verdrängt wird, entwurzelt vielleicht ein paar Kilometer weiter Bäume. Genauso, wie sich ein Lufthauch zu einem Sturm entwickelt, kann deine Tat wirken. Unrealistisch, sagst du? Warum feuerst du dann deine Mannschaft im Stadion an, wenn deine Stimme so unwichtig ist? Wieso schwenkst du Fahnen, während Schumacher seine Runden dreht? Du kennst die Antwort: Weil aus deiner Flagge viele werden und aus deiner Stimme ein ganzer Chor. Du bist von allem ein Teil. Und alles ist ein Teil von Dir.

Du bist Deutschland.

Dein Wille ist wie Feuer unterm Hintern. Er lässt Deinen Lieblingsstürmer schneller laufen und Schumi schneller fahren. Egal, wo du arbeitest. Egal, welche Position du hast. Du hältst den Laden zusammen. Du bist der Laden.

---

2 Pressebüro »Du bist Deutschland« (2005/1).

3 Download unter: www.du-bist-deutschland.de/opencms/opencms/Kampagne/TVSpotsAnzeigen.html (am 25. 08. 06).

4 Pressebüro »Du bist Deutschland« (2005/2).

Du bist Deutschland.

Unsere Zeit schmeckt nicht nach Zuckerwatte. Das will auch niemand behaupten. Mag sein, du stehst mit dem Rücken zur Wand oder dem Gesicht vor einer Mauer. Doch einmal haben wir schon gemeinsam eine Mauer niedergerissen. Deutschland hat genug Hände, um sie einander zu reichen und anzupacken. Wir sind 82 Millionen. Machen wir uns die Hände schmutzig. Du bist die Hand. Du bist 82 Millionen.

Du bist Deutschland.

Also: Wie wäre es, wenn du dich mal wieder selbst anfeuerst? Gib nicht nur auf der Autobahn Gas. Geh runter von der Bremse. Es gibt keine Geschwindigkeitsbegrenzung auf der Deutschlandbahn. Frage dich nicht, was die anderen für dich tun. Du bist die anderen.

Du bist Deutschland.

Behandle dein Land doch einfach wie einen guten Freund. Meckere nicht über ihn, sondern biete ihm deine Hilfe an. Bring die beste Leistung, zu der du fähig bist. Und wenn du damit fertig bist, übertriff dich selbst. Schlag mit deinen Flügeln und reiß Bäume aus.
Du bist die Flügel, du bist der Baum.

Du bist Deutschland[5]

Im Winter 2005/06 blieb das mediale Echo der deutschen Intellektuellen erstaunlich leise. Ein möglicher Grund dafür mochte sein – auch wenn er sich nicht beweisen lässt –, dass die Bertelsmann-Stiftung, als größter und einflussreichster Besitzer deutscher Fernsehanstalten und Printmedien, ihren Einfluss als Schalldämpfer geltend machte. Ein anderer Grund könnte aber auch darin liegen, dass, trotz aufkommendem Unbehagen, das vorhandene kritisch-intellektuelle Instrumentarium an dieser Art nationaler Propaganda nicht zu greifen im Stande war.

Scharfe Kritik erhoben lediglich zwei kleine Kommentare in der ZEIT: Dort fand Jens Jessen (41/2005), etwa 2 Wochen nach Beginn der Kampagne, starke Worte und nannte den TV-Spot – wie ich finde zurecht – einen Werbefeldzug des Kapitalismus, der, wi-

5 http://www.du-bist-deutschland.de/opencms/opencms/Kampagne/Manifest.html (abgerufen am 20. 08. 06).

der jede Vernunft, versucht die Folgen des Ungleichgewichts von Angebot und Nachfrage des Produkts Arbeitskraft, auf fehlenden Optimismus zurückzuführen. Als zynisch und geschmacklos bezeichnet er dann noch das Film-Motiv, das Schwule und Behinderte am Holocaustdenkmal darstellt; es wäre ehrlicher gewesen, so Jensen, »einen schneidigen SS-Offizier mit der Unterschrift ›Du bist Deutschland‹ zu zeigen«, auch um auf die historischen Konsequenzen hinzuweisen, die es mit sich bringt, wenn man »allzu viel Trost aus dem Nationalstolz« zu beziehen versucht.

Sechs Wochen darauf – im zweiten ZEIT-Artikel[6] –, war dann das Déjà-vu-Erlebnis perfekt, als ein Foto aus den Jahren 1933/34 durch die Medien ging: darauf prangte, anlässlich einer Kundgebung der NSDAP in Ludwigshafen, über dem Transparent mit dem Schriftzug »Denn Du bist Deutschland« das Konterfei Hitlers.

Kurz schien es, als könnte man über die Medien eine Art Schrecksekunde in der deutschen Öffentlichkeit wahrnehmen. Aber vielleicht weniger, weil man unverhofft den alten Gespenstern neuerlich verfallen war – denn die Faschismus-Tauglichkeit des Slogans hatte man ja, wie oben gezeigt, schon längst erkannt – sondern weil man sich beim heimlichen Genuss von Verpöntem *ertappt* fühlte. Die Straferwartung war jedenfalls schon recht groß, wie mir schien. Doch die beschwichtigenden Worte der Gewissenshüter folgten umgehend. Historiker wie Hans Mommsen sprachen von einer »zufälligen Analogie« und auch Hans-Ulrich Wehler hatte nichts gegen die Wiederverwendung des Slogans einzuwenden.[7] Damit war die Debatte abgeschlossen, noch ehe sie begonnen hatte.

Etwas hatte sich offensichtlich seit Anfang der 80er Jahre verändert. Damals hätte m. E. die öffentliche Reaktion noch ganz anders ausgesehen. Vielleicht in der Art, wie es der italienische Psychiater Silvano Arieti (1979) formulierte. »Wie kann man einen so bizarren Gedanken erklären? Wie kann ein Mensch ein Land sein?«[8] Diese Worte fand er angesichts einer kurzen Fallvignette des

---

6 Erenz (48/2005).

7 Vgl. ORF-ON vom 25. 11. 05 unter: www.orf.at/051125-93747/index.html (zuletzt abgerufen am 21. 08. 08).

8 Arieti (1979), S. 83.

[Abb. 1]

Psychiaters Paul Eugen Bleuler [1857–1939]. Der berichtete 1911 von einer schizophrenen Patientin, die von sich sagte: »Ich bin die Schweiz.«

Aber auch Anfang der 90er Jahre wäre zumindest im psychoanalytisch tangierten Umfeld – ein solch offensiver Versuch Zusammengehörigkeitsverlangen zu erzeugen, hoch oben auf der Vorwarnstufenskala für sozialpsychologische Bedrohungsszenarien bewertet worden. Werner Bohleber (1992) schilderte damals, in einer Fallvignette, einen deutschen Achtzehnjährigen mit starkem Drang nach Zugehörigkeit[9]. Diesen Drang deutet der Analytiker als Ausdruck jener diffusen Angstzustände, wegen denen der junge Mann bereit, war therapeutische Hilfe anzunehmen, und die sich im Therapieverlauf als »eine alles durchdringende Angst, ausgeschlossen zu werden«[10], konkretisieren ließen.

> Peter fühlt sich immer als Teil einer Gruppe oder ungetrennt von anderen Personen. Seine inneren Objekt- und Selbstgrenzen sind fließend. Er kann die Eigenschaften oder die Geschichte eines anderen problem-

9 Ebda., S. 698.
10 Bohleber (1992), S. 696.

los seinen Selbst-Vorstellungen einverleiben. [...] Peter partizipiert an den Erfolgen und Leistungen andrer Deutscher: ›Wenn der X das erfunden hat, muß ich es nicht mehr tun.‹ [...] Durch die Ausbildung eines deutschen ›Gruppen-Selbst‹, durch die magisch-illusionäre Einheit mit anderen, an deren Kraft und Macht er partizipieren kann, ist er allen (ödipalen) Auseinandersetzungen und Ambivalenzen enthoben.[11]

Bohleber kam in seiner Analyse zu folgendem Resultat:

Das Individuum ist in einzigartiger Weise in das unauflösliche und unanalysierbare organische Ganze eingebunden. So wird die Nation zu einer metaphysischen Wesenheit und zur Quelle der Schöpferkraft ihrer Mitglieder. Sie bestimmt die Tiefe ihrer Gefühle, ihre Individualität und ihre reale und affektive Verbundenheit mit den Angehörigen der Nation.[12]

Bei Menschen wie im Fall Peter werden, laut Bohleber, die Ich-Grenzen des Individuums verschoben, begleitet von einem »ozeanischen Gefühl der Erweiterung«[13]. Eine, wie er es nennt, illusionäre, omnipotente, *narzisstische Dualunion*[14] *mit dem nationalen Phantasma* wird angestrebt, wie sie sonst für Kinder in einer frühen Entwicklungsphase spezifisch ist und die sie mit ihrer wichtigsten Bezugsperson verbindet (Mutter-Kind-Dyade). Ein Stabilisierungsversuch, der, aufgrund seiner regressiven Tendenzen, in der Psychoanalyse als *Schiefheilung*[15] bezeichnet wird.[16] Und genau darin sieht Bohleber die Attraktivität nationalistischer Appelle, die besonders bei Menschen mit durchlässigen, nicht gefestigten Ich-Grenzen offene Türen einrennen.

Das »Du-bist-Deutschland-Manifest« richtet sich ganz offensichtlich an jene Verschmelzungswünsche und Omnipotenzphantasien von denen Bohleber spricht. Es stellt sich aber die Frage, ob sie nur bei Menschen mit der Persönlichkeitsstruktur eines »Peter«

11 Ebda.

12 Ebda., S. 703.

13 Ebda., S. 702.

14 Ebda., S. 704.

15 Freud (1921), S. 132.

16 Die Entwicklungsphase der Mutter-Kind-Dyade verortet Mahler (1968) zwischen dem 3. Lebensmonat (Mahler [1968], S. 16) und dem 36., wobei der anschließende Loslösungsprozess des Kindes um den 18. Monat herum durchschnittlich seinen Höhepunkt erfahre (Mahler [1968], S. 27).

fruchtbaren Boden vorfindet. Wäre dem so, müsste man, angesichts der ausgebliebenen kritischen Reaktionen, annehmen, dass sich unlängst eine enorme Persönlichkeitsveränderung innerhalb einiger Bevölkerungsschichten vollzogen habe, zumindest unter jenen Deutschen, die sich noch vor wenigen Jahren über einen solchen Werbefeldzug lautstark brüskiert hätten. Zielführender, als eine solch gewagte Pathologisierung von abertausenden Menschen halte ich es hingegen zu fragen *wie und mit welchen Mitteln* es dieser Kampagne neuen Typs gelingt, jene regressiven Stabilisierungsstrategien beim Publikum zu reaktivieren, ohne auf erheblichen Widerstand zu stoßen.

[Abb. 2 bis 4]

»Confusion Technique in Hypnosis«

Eine Teilantwort mag in der Struktur der Kampagne zu finden sein, denn es lassen sich einige Gemeinsamkeiten mit Techniken der klinischen Hypnose ausmachen, wie sie Erick Erikson (1967) operationalisiert hat. Diese »Confusion Technique in Hypnosis« fasst Josef Berghold (1986) folgendermaßen zusammen:

> Wie aus Ericksons Darstellung hervorgeht, baut die hypnotische Konfusionstechnik vor allem auf der schnell aufeinanderfolgenden Präsentation von Gesprächsansätzen auf, die aus scheinbar ernsthaften und sinnvoll zusammenhängenden, tatsächlich aber unbegreifbaren bzw. unzusammenhängenden Mitteilungen bestehen, die die so angesprochene Person zum aussichtslosen Versuch drängen [...] ›sie zu einer einzigen Bedeutungsgesamtheit zu verbinden, die für eine Erwiderung dienlich wäre bzw. eine Erwiderung buchstäblich nötig machen würde. Aber die Schnelligkeit der Mitteilungen blockiert jedes echte Verstehen, verhindert dadurch Erwiderungen und hat einen Zustand der Verwirrung und Frustration (d. h. im Englischen auch: Aussichtslosigkeit, Ohnmacht) zur Folge‹ [...]. Auf der Grundlage dieser permanenten Dialog-Verweigerung werden dann vereinzelt eingeflochtene Suggestionen – als gewissermaßen ›endlich einmal‹ deutlich zu verstehende Aussagen bzw. Direktiven – um so nachdrücklicher und bereitwilliger aufgenommen und verwirklicht.

Berghold folgert daraus: »[...] wer durch die Verweigerung des Dialogs als irrationale Autorität zu wirken sucht, zielt auf der einen Seite auf die Untergrabung des Ichs betreffender Individuen [...] und bietet sich ihnen auf der anderen Seite (vor allem auf unbewusster Ebene) als ›magisches Objekt‹ für ein suchtartiges Bedürfnis nach Allmachtsgefühlen an, das über eine regressiv identifizierende (Ich-Grenzen auflösende) Beziehung eine partielle Befriedigung finden kann [...].«. Letztlich ist der hypnotische Prozess also nicht anders zu begreifen denn als aktives *(oder reaktivierendes)* Ausagieren einer despotischen Macht-Ohnmachts-Beziehung, die zu einer erzwungenen Perspektivenübernahme führt, wie sie im Zuge einer *Identifizierung mit dem Angreifer typisch ist.*

Als plakativste Illustration kann man sich das so genannte Stockholmsyndrom[17] in Erinnerung rufen: jene Beobachtung, dass Opfer von Geiselnahmen häufig dazu neigen, die Ziele und Werte ihrer Entführer zu übernehmen und sich auch noch nach dem durchlebten Martyrium mit den Tätern freundschaftlich verbunden fühlen.

Freud (1921) bemerkte zur Hypnose:

> »Durch seine Maßnahmen weckt also der Hypnotiseur beim Subjekt ein Stück von dessen archaischer Erbschaft, die auch den Eltern entgegenkam und im Verhältnis zum Vater eine individuelle Wiederbelebung er-

17 Vgl. Gufler (2008).

> fuhr, die Vorstellung von einer übermächtigen und gefährlichen Persönlichkeit, gegen die man sich nur passiv-masochistisch einstellen konnte, an die man seinen Willen verlieren mußte und mit der allein zu sein, ›ihr unter die Augen zu treten‹ ein bedenkliches Wagnis schien.«[18]

Wie ich meine, erfüllt der Text des Werbespots die Kriterien, sowohl um im Sinne Eriksons, als auch im Sinne Freunds hypnotische Wirkung zu erzielen. Denn interessant an der Überlegung Freuds ist, dass sie jene grausame Machtbeziehung, an die jene der Hypnose anknüpft, nicht in der *tatsächlich* durchlebten Kindheit des Hypnotisierten verortet, sondern *außerhalb* des elterlichem Umfeldes. Freud vermutet den übermächtigen Despoten im historisch-gesellschaftlichen Umfeld. Doch schiebt er ihn auf der Zeitachse in mythisch prähistorische Entfernung, in die etwas eigenartige und viel kritisierte Vorstellung einer Urhorde.

Im Fall der »Du-bist-Deutschland«-Kampagne fühle ich mich dazu gedrängt in der Geschichte nicht so weit zurück zu gehen, um nach der »übermächtigen Persönlichkeit«, von der Freud spricht, zu suchen. Es lässt sich schon erahnen: Das große »Du« der Werbekampagne (zum Teil mit Fingerzeig auf den/die BetrachterIn) richtet sich gar nicht an das rezipierende Subjekt, wie man/frau zunächst annehmen möchte. In Wirklichkeit ist es längst besetzt, wie aus dem Slogan der NSDAP deutlich wird. *Deren* »Du« am Transparent wendet sich nicht als Anrede an Schaulustige, sondern an ihre Führerfigur.

Liest man das »Manifest« als Anrufung eines solchen Hitler-Gespenstes, verliert der Text ebenso schnell seinen »aufmunternden« Charakter, wie er an Plausibilität gewinnt:

> [...] Weil aus deiner Flagge viele werden
> und aus deiner Stimme ein ganzer Chor. Du bist
> von allem ein Teil. Und alles ist ein Teil von Dir.
> [...]
> Dein Wille ist wie Feuer unterm Hintern. Er lässt
> Deinen Lieblingsstürmer schneller laufen und
> Schumi schneller fahren. Egal, wo du arbeitest.
> Egal, welche Position du hast. Du hältst den

---

18 Freud (1921), S. 118.

Laden zusammen. Du bist der Laden.
[...]
Du bist die Hand. Du bist 82 Millionen.
[...]
Du bist die anderen.
[...]
Schlag mit deinen Flügeln und reiß Bäume aus.
Du bist die Flügel, du bist der Baum.
Du bist Deutschland[19]

Weil diese These vielleicht, angesichts der schmeichelnd sanften Kameraeinstellungen und der herzergreifend flauschigen Musikuntermalung[20] im TV-Spot, allzu harsch klingt, ist es wohl notwendig, sie noch mit anderen Zugangsweisen zu stützen: Eine davon kann darin bestehen, in Anlehnung an Lloyd deMause (2000), zu versuchen, dem unbewussten Fantasiegehalt des Textes auf die Spur zu kommen. Lloyd deMause schlägt dazu eine Reihe von Dechiffrierungsmaßnahmen vor, die weitestgehend jenen der Freudschen Traumdeutung entsprechen (u. a.: Streichen aller Negationen; Streichen aller Subjekte und Objekte; Verzeichnen aller Arten von Körpersprache, alle Anklänge an starke Gefühle und aller starken emotionalen Zustände, etc.). Folgt man seinen technischen Anweisungen reduziert sich der Text in etwa wie folgt:

> ...Wunder... ...Deutschland ...Taifun auslösen... ...Stoß... ...Schlag... ...verdrängen... ...entwurzeln... ...einen Sturm entwickeln... ...realistisch... ...feuern... ...Mannschaft... ...wichtig... Fahnen schwenken... ...die Antwort... ...viele Flaggen... ...Stimme... ...Chor... ...ein Teil... ...ein Teil... Deutschland... ...Wille... ...Feuer unterm Hintern... ...laufen... ...fahren... ...arbeiten... ...Position... ...Laden... ...zusammen... ...Laden... ...Deutschland... ...schmeckt nach Zuckerwatte... ...behaupten... ...mit dem Rücken zur Wand... ...Gesicht zur Mauer... ...gemeinsam... ...niederreißen... ...Hände... anpacken... ...82 Millionen... ...Hände... ...schmutzig... ...Hand... ...82 Millionen... ...Deutschland... ...anfeuern... ...Gas... ...runter... ...Begrenzung... ...fragen was tun... ...Deutschland... ...Land... ...Freund... ...meckern... ...Hilfe... ...übertreffen... ...schlagen... ...reißen... ...Deutschland.

19 http://www.du-bist-deutschland.de/opencms/opencms/Kampagne/Manifest.html (abgerufen am 20. 08. 06).

20 Die, wie ich auf www.wikipedia.de lese, der Filmmusik von Forrest Gump (Regie: Robert Zemeckis, 1994) entnommen ist.

Ich will diese Technik hier nicht überstrapazieren, aber der auf diese etwas eigenwillige Weise destillierten *fantasymassage* haftet eine extrem aggressionsbereite Wortwahl an, die ich in jenen Tagen eher in kriegstreibenden Fernsehansprachen eines George W. Bush vermutet hätte. Es lässt sich aber de facto eine eindeutig deutsche Prägung erkennen; nicht weil der Landesname so oft wiederholt wird, sondern weil in einigen Worten, wie »Gas« und »Wille« so eindeutig deutsche (Kriegs-)Geschichte nachklingt. Sie sind mit solchen (unbewussten) Assoziationen verwoben, dass die hier beschworene Wut auch sogleich eine Furche zu ihrer Kanalisierung findet, hin zu bekannten Ventilen an denen sie sich eventuell zu entladen habe.

Die weibliche Position im hypnotischen Prozess

Doch noch etwas fällt auf: In die hypnotische Machtbeziehung zwischen übermächtiger Autorität und (männlichem) Opfer mischt sich regelmäßig eine dritte schemenhafte Position ein.

[Abb. 5]

Henry F. Ellenberger (1973) bemerkt in seiner Aufarbeitung des historischen Materials zur Charcots Hypnose-Vorführungen Ende des 19. Jahrhunderts, dass die Machtdemonstration sich längst nicht auf das Verhältnis zwischen Arzt und Hysteriepatientinnen beschränkte – wenn überhaupt. Denn der kleine Kreis an immer und immer wieder auftretenden Patientinnen wurden im Vorfeld intensiv von eingeschüchterten Studenten auf ihren Auftritt vorbereitet, bis man annahm, dass ihre »spontanen« Symptombildungen den Erwartungen des Lehrmeisters entsprechen würden.

»Eine höchst eigenartige Atmosphäre der psychischen Suggestion entwickelte sich zwischen Charcot, seinen Mitarbeitern und seinen Patienten, die sicherlich einer genaueren soziologischen Analyse wert wäre«, schreibt Ellenberger und regt Elisabeth Bronfen (1998) zu ihrer Theorie an, dass es vielmehr die Hysterikerinnen waren, die ihren Arzt manipulierten, als umgekehrt. Schließlich waren sie ja eingeweiht, in das, was von ihnen erwartet wurde.

Dass es wohlmöglich gar nicht die Hysterikerinnen waren, auf die Charcots Hypnose letztendlich wirkte, darin stimme ich mit Bronfen überein. Ich glaube jedoch, dass es vielmehr das (männliche) Auditorium war, bei dem Charcots Autoritätsanspruch keineswegs seine Wirkung verfehlte.

Besonders anschaulich wird diese dritte, *weibliche* Position im hypnotischen Prozess in Thomas Manns *Erzählung Mario und der Zauberer*. Für jene, denen die Geschichte im Augenblick nicht präsent ist, will ich den Handlungsstrang kurz zusammenfassen:

1933 verbringt eine gutbürgerliche, deutsche Familie ihren Urlaub in einem kleinen italienischen Fischerdorf. Der überall spürbare Faschismus steht kurz vor seinem politischen Durchbruch und kündigt sich, einem Gewitter ähnlich, durch eine extrem angespannte und bedrohliche Atmosphäre zwischen den Einheimischen und den Touristen an. Letztere werden Zeugen eines hypnotischen Schauspiels, als ein Zauberer in das Dorf kommt und in seiner Vorführung all jene, die er auf die Bühne holt, dazu bringt sich seiner Autorität zu unterwerfen. »Ambivalente Gefühle unter den Besuchern begleiten seinen Auftritt, schwankend zwischen widerständischer Verachtung des Despoten für die nie fehlende Demütigung aller Individuen, an denen er seinen Willen demonstriert, bis hin zur uneingeschränkten devoten Bewunderung«[21]. Zum krönenden Abschluss seiner Demonstration gerät die Hypnose des jungen Kellners Mario, den er dazu bringt den Magier für das Mädchen zu halten, dass er so heiß wie unerwidert liebt:

> [...] ›Es ist Zeit, daß er's sieht und begreift, mein Erwählter! Es ist Zeit, daß du mich siehst und erkennst, Mario, mein Liebster ... Sage, wer bin ich?‹
>
> Es war gräulich, wie der Betrüger sich lieblich machte, die schiefen Schultern kokett verdrehte, die Beutelaugen schmachten ließ und in süßlichem Lächeln seine splittrigen Zähne zeigte. Ach, aber was war während seiner verblendenden Worte aus unserem Mario geworden? Es wird mir schwer, es zu sagen, wie es mir schwer wurde, es zu sehen, denn das war eine Preisgabe des Innigsten, die öffentliche Ausstellung verzagter und wahnhaft beseligter Leidenschaft. Er hielt die Hände vorm Munde gefaltet, seine Schultern hoben und senkten sich in gewaltigen Atemzügen. Gewiß traute er vor Glück seinen Augen und Ohren nicht und vergaß eben nur das eine dabei, daß er ihnen wirklich nicht trauen durfte. ›Silvestra!‹ hauchte er aus tiefster Brust.
>
> ›Küsse mich!‹ sagte der Bucklige. ›Glaube, daß du es darfst! Ich liebe dich. Küsse mich hierher‹, und er wies mit der Spitze des Zeigefingers, Hand, Arm und kleinen Finger wegspreizend, an seine Wange, nahe dem Mund. Und Mario neigte sich und küßte ihn.[22]

Anhand dieser Szene bei Thomas Mann kann man m. E. recht gut erkennen, wo diese dritte Position ihren Ursprung nimmt: Es bedarf unter Umständen gar keiner realen Frau wie bei Charcot, »sie entsteht fast von selbst im unsichtbaren Zwischenraum des hypnotischen Prozesses«.[23]

Freud würde diese Frauenfiguren wahrscheinlich als einen, von den Männern »losgelösten Komplex« begreifen, eine Materialisation einer – wie er es nennen würde – »passiv-masochistischen« oder »femininen Einstellung«[24] gegenüber der despotischen Autorität.[25]

---

21 Guggenheimer (2008), S. 142.

22 Thomas Mann (1930), S. 104.

23 Guggenheimer (2008), S. 146.

24 Vgl. Freud (1919), S. 256.

25 Das Attribut »feminin« ergibt aber wohl erst dann Sinn, wenn man annimmt, dass die im autoritären Verhältnis erworbenen Selbstrepräsentanzen der Hilflosigkeit in einen weiblich besetzen »Container« ausgelagert werden.

Was diese Männer dann noch verbindet mit diesem »losgelösten Komplex« ist eben jene eigentümliche Form einer narzisstischen Liebe, die für Außenstehende vielleicht als »unsinnig zwanghaft«[26] erscheinen mag. Als narzisstisch will ich diese Art der Abhängigkeit nicht nur deshalb bezeichnen, weil sie sich auf einen projizierten Anteil des eigenen Selbst dieser Männer bezieht. Dieser Vorgang wird auch für jede andere Form der Verliebtheit angenommen, schließlich geht man – zumindest in der Psychoanalyse – davon aus, dass das Liebesobjekt an die Stelle des eigenen Ich-Ideals tritt. Mit anderen Worten: dem oder der Geliebten werden Eigenschaften zugeschrieben, die den Idealvorstellungen des eigenen Ich entsprechen. Doch was hier wie Verliebtheit aussieht ist anders strukturiert: diese weiblichen Phantasmen werden zwar begehrt und verehrt aber nicht aufgrund der ihnen zugesprochenen Eigenschaften oder Fähigkeiten, *sondern ihrer Funktion wegen.*

Denn erst das Zu-ihr-hingezogen-Fühlen schafft die bestimmte Illusion männlicher Identität[27], die den einzelnen mit dem männerbündischen Gruppen-Selbst verbinden kann. Gleichzeitig gelingt es mit diesem spezifischen Mechanismus einer Männlichkeitsinszenierung das ihr zugrundeliegende Macht-Ohnmachtsverhältnis zu verleugnen. Der Furcht einflößende Magier wird in Thomas Manns Erzählung für die Augen von Mario unsichtbar. Die Unterwerfung und der Wunsch sich unterzuordnen tarnen sich. Mario wird *demontiert* und im gleichen Akt zweifach neu zusammengesetzt. Anstatt dem Despoten tritt er dem Depot seiner eigenen Ohnmacht gegenüber. Das heißt aber auch: Der neu montierte heterosexuelle Mann, als der Mario diesem Phantasma gegenübertritt, hat keine Erinnerung an seine Manipulation. »Mann sein« hieße in dieser Version sich der eigenen Vergangenheit zu entledigen.

Die Strukturen die Christa Rohde-Dachser (1995) als Folgen einer solchen Bemächtigungserfahrung bei BorderlinepatientInnen

26 Vgl. Freud (1919), S. 256.

27 Von der Greenson (1963) noch sagte: »So scheint es sich bei den sogenannten normalen Menschen [er bezog sich allerdings ausschließlich auf Männer] in unserer Gesellschaft zu verhalten« (S. 148).

beschreibt, lassen sich, wie ich finde, vor dem Hintergrund dieser Art von Geschlechterkonstruktionen lesen:

> Die Patienten entwickeln auf Basis oberflächlicher Identifizierungen nach außen hin eine Fassade angepaßter Verhaltensweisen, hinter der sich das ›wahre Selbst‹ so vollkommen verbergen kann, daß es keinen Kontakt zur Realität mehr findet. Es kommt auf diese Weise also zu einer Spaltung von zwei Selbstrepräsentanzen, die sich immer weiter auseinanderentwickeln. Das von der Realität abgeschnittene ›wahre Selbst‹ verflüchtigt sich immer mehr zu einer für den Patienten oft kaum mehr faßbaren megalomanischen Phantasie, während die ursprünglich als Schutz des wahren Selbst intendierte ›falsche‹ Fassade immer mehr Raum gewinnt und den Patienten dem unlösbaren Zweifel ausliefert, inwieweit er mit dieser äußeren Schicht seines Selbst nun wirklich identisch ist oder nicht.[28]

Die Unterscheidung zwischen »wahrem« und »falschem Selbst« halte ich für recht problematisch, auch wenn die Worte unter Anführungszeichen stehen. Viel entscheidender ist der Umstand, dass es ständiger Aktivitäten bedarf, um diese Identitätsfassade aufrecht zu erhalten. Anderenfalls löst sie sich auf und die realen oder erfahrenen Machtverhältnisse nehmen wieder Gestalt an.

Der psychoanalytische Anthropologe David Gilmore (1990) hat an einigen Beispielen sehr anschaulich gezeigt, dass gewisse hypermaskuline Identitätskonstruktionen von eben jenem Zweifel geprägt sind, den Rohde-Dachser bei ihren PatientInnen vorfand. Ebenso wie sie verlangen diese Geschlechtsidentitäten nach ständiger und zwanghafter Neukonstruktion. Gilmore schreibt: »der bewunderte ›vortreffliche‹ Mann [ist] nicht notwendigerweise ein ›guter‹ Mann in irgendeinem abstrakten moralischen Sinn. Vielmehr ist er *gut darin, ein Mann zu sein.*«[29] Und an anderer Stelle ergänzt er: »In Spanien existiert keine formelle Anerkennung der Männlichkeit. Es gibt keine Initiationszeremonien, keine sichtbaren Embleme, keine ›öffentliche Verbeugung‹. Mehr übertragen als verliehen, bleibt Männlichkeit für immer in Frage gestellt, tägliche Demonstration ist unerlässlich«.[30]

---

28 Rohde-Dachser (1995), S. 108.

29 Gilmore (1990), S. 39.

30 Ebda. S. 62.

Auch im Fall der »Du-bist-Deutschland«-Kampagne tauchte im Umfeld ein solches Konstrukt einer Frauengestalt auf. Im Mai 2006, nur einige Monate nach deren Beginn, setzte eine andere Initiative, die sich »Deutschland – Land der Ideen« nannte, mit einer zweiten Werbekampagne nach. Getragen vom *Bundesverband der Deutschen Industrie* und der Bundesregierung, plakatierte man Claudia Schiffer als Personifikation Deutschlands, zuerst in Japan, später in New York, aber auch im eigenen Land.

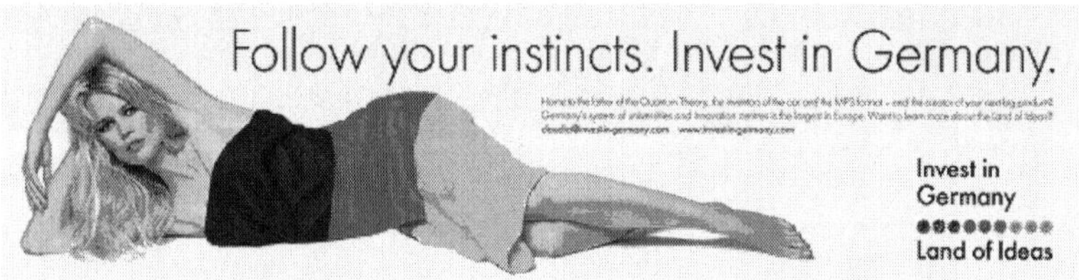

[Abb. 6] 1

Schiffer als Deutschland war bekanntlich längst nicht die erste weibliche »Allegorie des Territorialstaates«[31], doch ist hier nicht der Platz auf die historischen Vorläuferinnen genauer einzugehen. Nur so viel sei gesagt, dass die Figur der Germania spätestens seit Herders Gedicht aus dem Jahre 1789 »Deutschland schlummerst du noch?« von deutschen Nationalisten immer wieder heraufbeschworen wurde.[32] Und während der antinapoleonischen Kriege erfüllte Königin Luise von Preußen dieselbige Funktion – nach ihrem frühen Tod mehr noch als zu Lebzeiten. Kernelement des nationalpatriotischen Mythos um ihre Person wurde ihre Sarkophagstatue, die König Wilhelm III. gemeinsam mit einem Mausoleum, ihr zu Ehren errichten ließ.[33] An einem Beispiel[34] aus dem Ersten Weltkrieg, um 1915, wird die Konstruiertheit dieser Frauenfiguren besonders augenfällig:

31 Pechriggl (1997), S. 171.

32 Die Figur der Marianne in Frankreich, weist viele Gemeinsamkeiten mit der der Germania auf, hat aber doch andere Ursprünge (Vgl. Perko/Pechriggl 1996).

33 Vgl. Demandt (2003).

34 Eine Anlehnung an Ernst Moritz Arndts Kampflied »Was ist des Deutschen Vaterland« von 1813.

Das ganze Deutschland,
Hand in Hand,
Der Nord, der Süd ein Heer.
Was ist des Deutschen
Vaterland!
Wir fragen's heut nicht
mehr.
Ein Geist, ein Arm, ein
einzig Leib.
Ein Wille sind wir heut!
Hurra! Germania,
stolzes Weib, Hurra!
Du große Zeit.

[Abb. 7] 1

Schlussfolgerungen

Wenn meine, hier nur ansatzweise ausgebreiteten, Überlegungen zutreffen, dann sind bestimmte mediale Appelle dazu in der Lage, die Performanz von gewissen Geschlechterverhältnissen *auch dann* maßgeblich voranzutreiben, wenn sie auf bewusster Ebene alle Anforderungen Seitens geschlechterdemokratischer Kräfte erfüllen. (Kreativdirektor Oliver Voss, der für den Titel »Du-bist-Deutschland« verantwortlich ist, verteidigte seine Arbeit gegenüber dem *SPIEGEL-online:* »Unser Spot ist Multikulti vom Feinsten [...] wir haben sogar durchgestrichene Hakenkreuze verwendet, um unsere Position klar zu machen«[35]). Und es sollte hier deutlich geworden sein, dass simple Lernmodelle und unterkomplexe Performanz-Konzepte die Erzeugung von Geschlechterstereotypen ebenso unzureichend erklären können, wie deren Stellenwert in gesellschaftspolitischen Zusammenhängen.

Das »wohlig-warme« Zugehörigkeitsgefühl, dass die »Du-bist-Deutschland«-Kampagne zum Vorschein bringt, steht, wie ich

35 SPIEGEL-ONLINE (24. 11. 05).

meine, nur deshalb zur Verfügung, weil sich der TV-Spot einiger Mechanismen bedient, die ohne weit verbreitete und unüberwundene Macht-Ohnmachts-Erfahrungen (und seien sie auch der Eltern- und Großelterngeneration entlehnt), nicht zu wirken im Stande wären. Wenn dann noch an die Unterwerfung eine machtvolle Umarmungsgeste – wie hier durch Fernsehpropaganda – anknüpft, entwickelt sich offenbar nicht eine begrüßenswerte Widerstandsreaktion, sondern die an sich selbst erlebte passive Position wird abgespalten. Geschlechterdichotome Selbst- und Fremdbilder stehen in diesem Fall im Dienst der Spaltung von Selbstrepräsentanzen, die notwendig wurde um vorangegangene (primäre oder sekundäre) Bemächtigungserfahrungen zu bewältigen. Starr abgegrenzte Identitätskonstruktionen von Geschlechtern lassen sich in diesem Kontext auch als psychische Abwehrstrategie begreifen. Als bereitstehender »Container« für den dabei entstandenen passiv-masochistischen Komplex dienen in unserem kulturellen Umfeld (nicht nur Männern) Imaginationen des Weiblichen, die, so bringt es Alice Pechriggl (1997) auf den Punkt, »als Erd- bzw. *Chôra*-Prinzip bis hin zur Allegorie des Territorialstaates abseits von jeglicher handlungsbezogenen Bedeutungswirklichkeit in einen abstrakt- bzw. religiös-transzendentalen Raum extrapoliert [werden]«[36].

Doch es geht hier nicht um einen weiteren Aufguss des Appells gegen traumatische Kindheiten und der immer auch entschuldigenden Mahnung an deren gravierende Folgen. Was allerdings m. E. gefordert ist, ist eine größere Komplexität im kritischen Sensorium für zum Einsatz kommende Machtmechanismen, die sich solche psychischen Konstellationen zunutze machen. Denn auch wenn diese nicht unmittelbar Geschlechterasymmetrien benennen, oder auf diese abzielen, so bringen sie doch auch – quasi als eine Art psychisches Nebenprodukt – jenes Prinzip hervor, das »durch seinen ebenso monopolhaften Anspruch auf Weiblichkeitsdar- und –vorstellung jeglicher Effektivität und gesellschaftlichen Gestaltung seitens von Frauen entgegen[tritt].«[37]

---

36 Pechriggl (1997), S. 171 ff.
37 Ebda.

Bibliographie

Arieti, Silvano, Schizophrenie – Ursachen, Verlauf, Therapie, Hilfen für Betroffene, Piper Verlag, München 1993, 5. Auflage, 1979.

Ax, Martin, Wirtschaft übernimmt Verantwortung für dieses Land, in der Tageszeitung: Die Welt, Ausgabe 5. Dez. 05, abgerufen im Internet unter: www.welt.de/data/2005/12/05/813096.html am 20. 08. 06 (2005).

Bohleber, Werner, Das Phantasma der Nation, in: Mitscherlich, Magarete [Hrsg.], Psyche – Zeitschrift für Psychoanalyse und ihre Anwendungen, Heft 8/46. Jahrgang, Klett-Cotta, Stuttgart, 1992.

Bronfen, Elisabeth, Das verknotete Subjekt – Hysterie in der Moderne, Verlag Volk & Welt, Berlin, 1998.

deMause, Lloyd, Was ist Psychohistorie – eine Grundlegung, Hrsg. von Artur R. Boelderl, Psychosozial-Verlag, Gießen, 2000.

Demandt, Philipp, Luisenkult, Böhlau Verlag GmbH, Köln, 2003.

Ellenberger, Henry F., Die Entdeckung des Unbewussten, Diogenes Taschenbuch 1985, Lizenzausgabe des Verlags Hans Huber, Bern, 1973.

Erenz, Benedikt, Kreatives Grenzland – Die Kampagne »Du bist Deutschland« hat einen historischen Vorläufer, in: Die Zeit, 48/2005, online 25. 11. 2005: zuletzt abgerufen am 17. 08. 08 unter: http://www.zeit.de/online/2005/48/denn_du_bist_deutschland.

Freud, Sigmund, Das Unheimliche; in: Freud-Studienausgabe, Bd.IV, Fischer-Verlag, 1993 (1919).

Freud, Sigmund, Massenpsychologie und Ich-Analyse; in: Freud-Studienausgabe, Bd.IX, Fischer-Verlag, 1993 (1921).

Gilmore, David D., Mythos Mann – Rolle, Rituale, Leitbilder, Artemis & Winkler Verlag, München und Zürich, 1991 (1990).

Greenson, Ralph, Psychoanalytische Erkundungen, Klett-Cotta /J. G. Cotta'sche Buchhandlung Nachfolger, 2. Auflage, Stuttgart 1993 (1963).

Gufler, Michaela: Mythos Stockholm-Syndrom, Limbus Verlag, Hohenems, 2008.

Guggenheimer, Jacob S., Der Sand in den Augen E. T. A. Hoffmann und die Geburt einer deutschen Männlichkeit, Drava Verlag, Klagenfurt, 2008.

Jessen, Jens, Du bist Werbeagentur – Die Deutschlandkampagne; Die Zeit 06. 10. 2005 Nr.4; zuletzt abgerufen am 17. 08. 08 unter: http://www.zeit.de/2005/41/Spitze_41.

Mahler, Margaret S., Symbiose und Individuation – Psychosen im frühen Kindesalter, 7. Auflage, Klett-Cotta Verlag, Stuttgart, 1998 (1968).

Mann, Thomas, Mario und der Zauberer – Ein tragisches Reiseerlebnis, Fischer Taschenbuch Verlag, Frankfurt a. M., 1930.

Mosse, George L., Das Bild des Mannes – zur Konstruktion der Modernen Männlichkeit, Fischer Verlag, Frankfurt am Main, 1996.

Pechriggl, Alice, Die Formation der Körper. Zum formierten Männercorps als Grundgestalt politischer Gemeinschaft, in: Wiener Philosophinnen Club (Hg.), Krieg/War. Eine philosophische Auseinandersetzung aus feministischer Sicht, München, Wilhelm Fink, 1997.

Perko, Gudrun/Pechriggl, Alice, Phänomene der Angst. Geschlecht – Geschichte – Gewalt, Wiener Frauenverlag, Wien, 1996.

Pressebüro »Du bist Deutschland«, »Du bist Deutschland«: Deutsche Medienunternehmen starten gemeinsame Kampagne für eine neue Aufbruchstimmung, 17. Pressemitteilung 23. Sept. 05, abgerufen im Internet unter: www.du-bistdeutschland.de/opencms/opencms/PresseMeinungen/Pressemitteilungen/PM000001.html, am 20. 08. 06 (2005/1). – Regisseurin des Spots der Kampagne »Du bist Deutschland«, im Internet: www.du-bist-deutschland.de/opencms/opencms/PresseMeinungen/Pressemitteilungen.html, am 20. 08. 06 (2005/2).

Rohde-Dachser, Christa, Das Borderline-Syndrom, Nachdruck der 5. Ausgabe, Verlag Hans Huber, Bern, 1997 (1995).

Theweleit, Klaus, Männerphantasien – Frauen, Fluten, Körper, Geschichte/ Männerkörper, zur Psychoanalyse des weißen Terrors, einbändige Ausgabe, Stroemfeld Verlag, Berlin, 1986 (1977/78).

Abbildungsverzeichnis

Abb. 1: »NS-Kundgebung auf dem Ludwigsplatz in Ludwigshafen, um 1934: ›Denn Du bist Deutschland‹«, aus: Freiburg, Friederike/ Haas, Daniel: Echo aus der Nazi-Zeit; SPIEGEL-ONLINE vom 24. 11. 05; zuletzt abgerufen am 17. 08. 08 unter: http://www.spiegel.de/kultur/gesellschaft/0,1518,386544,00.html

Abb. 2 bis 4: Downloads aus dem Internet, unter: http://www.du-bist-deutschland.de/opencms/opencms/Kampagne/Pressemitteilungen.html (zuletzt abgerufen am 20. 08. 06)

Abb. 5: André Brouillet, Charcots Leçons de Mardi, in Bronfen, Elisabeth (1998): Das verknotete Subjekt – Hysterie in der Moderne; Verlag Volk & Welt, Berlin, S. 279.

Abb. 6: Download aus dem Internet, unter: http://www.land-der-ideen.de/CDA/bildarchiv,27,0,,de.html (zuletzt abgerufen am 20. 08. 08).

Abb. 7: »Das ganze Deutschland Hand in Hand«; Download aus dem Internet, unter: http://www.bildpostkarten.uni-osnabrueck.de/displayimage.php?album=89&pos=53 (zuletzt abgerufen am 20. 08. 08).

Marge Piercy | Oliver Ressler

Utopistische feministische Visionen

Das Projekt »Alternative Economics, Alternative Societies« (2003–2008) von Oliver Ressler fokussiert unterschiedliche Konzepte und Modelle für alternative Ökonomien und Gesellschaften, deren Gemeinsamkeit die Zurückweisung des kapitalistischen Herrschaftssystems ist. Zu jedem der insgesamt 16 Konzepte wurde ein Interview geführt, aus dem ein Video produziert wurde. Der folgende Text ist die Übersetzung der Transkription eines Video-Interviews, das Oliver Ressler 2003 mit Marge Piercy auf Cape Cod in den USA durchgeführt hat.

Mein Name ist Marge Piercy, ich bin Autorin und habe 16 Gedichtbände publiziert, meine Gedichte zählen zu den am meisten in Sammelbänden verwendeten und ich bin eine der am häufigsten zitierten SchriftstellerInnen Amerikas. Abgesehen davon wurden 15 Romane von mir veröffentlicht. Ein sechzehnter Roman, mit dem Titel »The Third Child« erscheint im November. Zu den bekanntesten meiner Romane zählen »Gone to Soldiers« (»Menschen im Krieg«), ein Buch über den Zweiten Weltkrieg, »Braided Lives«, das meine Kindheit in Detroit beschreibt, »Women on the Edge of Time« (»Frau am Abgrund der Zeit«) und »He, She and It« (»Er, Sie und Es«). Sie gehören zu meinen spekulativen Dichtungen.

Isaac Asimov ist der Meinung, dass die gesamte Science Fiction oder spekulative Literatur sich mit folgenden Fragen auseinandersetzt bzw. diese beantworten möchte: »Was wenn?«, »Wenn nur?« und »Wenn das so weitergeht?«. Grundsätzlich kann der Großteil von »Women on the Edge of Time« als ein »Was wenn«-Buch gewertet werden. Der utopische Roman ist ein altes Genre, dessen Anfänge bereits die »Republik« von Plato ausmacht. Die bekannten Klassiker dieser literarischen Gattung wurden zunächst von Männern geschrieben, die meist eine sehr rationale Gesellschaft entwarfen, in welcher alles bis ins Detail geplant und ausgearbeitet war. Die darin beschriebene Gesellschaftsordnung verkörperte oft eine sehr hierarchische Struktur, wobei die herrschende Kaste meist aus jener sozialen Schicht bestand, welcher auch der Autor angehörte. Alle anderen AkteurInnen waren dieser sozialen Gruppe gesellschaftlich untergeordnet. In den letzten 100 oder 110 Jahren schrieben dann auch vermehrt Frauen utopische Romane. Die meisten davon unterscheiden sich sehr stark von den ›männlichen‹ Klassikern – vielleicht mit der Ausnahme von Charlotte Perkins Gilman's »Herland«, das ein wenig hierarchisch angelegt ist, jedoch nicht so stark, wie die, die ich zuvor angesprochen habe, und das den Bereich der Sexualität ausklammert. Die utopistischen Autorinnen tendieren dazu, lockerere und anarchistischere Gesellschaftsstrukturen zu entwerfen. Die täglichen, einfachen Arbeiten in der Gesellschaft werden meist sehr prestigeträchtig dargestellt. Genauer gesagt sollten Kindererziehung, Krankenpflege, Hebammendienste, Hospiztätigkeiten, Sozialarbeit und Verhandlungsbemühungen als genauso wertvoll beurteilt werden wie jene Dinge, die in unserer Gesellschaft akzeptiert sind, zum Beispiel die ungleiche Verteilung von Reichtum oder Manipulationen an den Aktienmärkten, die feindliche Übernahme von Unternehmen und deren Verdrängung aus dem Markt etc. Grundsätzlich beschäftigen sich Utopien von Frauen vielfach mit dem Bewältigen von Einsamkeit, denn: Was ist Utopie? Eine Utopie ist das, was man nicht hat. Es sind diese Fantasien, die man sich ausdenkt, wenn ein fehlendes Element in der Gesellschaft wahrgenommen wird. Wenn man daher eine Utopie kreiert, in der alle mit Kindererziehung beschäftigt sind – das heißt, in der jeder die Last des täglichen Lebens teilt, die eine notwendige aber auch eine in der Gesellschaft am wenigsten wahrgenommene Arbeit darstellt –, so weiß man, dass diese Vision wahrscheinlich von jemandem geschaffen wurde, der in einer Gesellschaft lebt, in welcher Frauen alleine mit ihren Kindern in ihren kleinen Häusern oder Wohnungen eingepfercht sind und langsam verrückt werden, während sie spüren, dass die ganze Last auf ihnen ruht. Was immer sie machen ist falsch. Was immer sie machen, in fünfzehn Jahren wird ihnen irgendein Politiker sagen, dass es ihre Schuld ist.

In den meisten feministischen Utopien – wie in »Woman on the Edge of Time« – ist daher auch Sexualität niemals erzwungen und die Gesellschaftsform ist gewöhnlich nicht in Paaren strukturiert. Es gibt keine Serienmonogamie. Ich denke, in allen Utopien, die von Frauen geschaffen werden, existiert ein Zusammenleben in größeren verwandtschaftsbasierten Gruppen, wodurch der Mangel an Gemeinschaft und Kommunikation, an dem so viele Frauen leiden, aufgehoben wird. Sexualität ist ein Thema, das in manchen Utopien äußerst romantisch dargestellt wird, in anderen eher promiskuitiv, jedenfalls in sehr unkomplizierter Weise, die fast immer die Grenze dessen überschreitet, was in unserer Gesellschaft als normale heterosexuelle Aktivität verstanden wird. Feministische Utopien beschäftigen sich außerdem mit Sicherheit im normalen Alltagsleben. Die Autorin Joanna Russ imaginiert in ihrem Buch »The Female Man« (»Planet der Frauen«) eine zukünftige Gesellschaft, in der eine nackte Frau mit einem großen Smaragd um den Äquator wandern könnte, und niemand sie jemals belästigen oder Interesse dafür zeigen würde.

Gewöhnlich gibt es in feministischen Utopien keine Klassen mehr. Die Schwierigkeiten der Bedürfnisbefriedigung werden als erledigt angesehen. Niemand scheint besonders daran interessiert zu sein, stinkreich zu werden, gleichzeitig gibt es aber auch keine Armut. Alle Güter werden gerecht verteilt. Das ist charakteristisch für alle Utopien, die Frauen geschaffen haben. Die 1970er Jahre waren die Blütezeit feministischer Utopien. In den letzten Jahren ist die Veröffentlichung derartiger Werke zurückgegangen, was auf den verstärkten gesellschaftlichen Druck auf Frauen zurückzuführen ist. In den letzten Jahren werden Errungenschaften von Frauenbewegungen stark attackiert und Frauen sind so damit beschäftigt, das zu verteidigen, was sie einst erreicht haben, sodass weit weniger Energie zur Schaffung von Utopien übrig bleibt.

Kommen wir zu »He, She and It«. Es ist kein »Wenn nur«-Roman, und damit auch nicht utopistisch. Er folgt vielmehr dem »Wenn es so weitergeht«-Ansatz. In der Geschichte dieses Buches haben viele gegenwärtige Probleme bzw. Zustände eine weitere Verschlechterung erfahren – die Ozonschicht hat sich aufgelöst, sodass man nicht mehr ungeschützt nach draußen gehen kann; viele Reis- und Brotkörbe der Welt existieren nicht mehr, weil sie entweder von den ansteigenden Ozeanen überflutet wurden oder sich in Wüsten verwandelt haben; viele schreckliche Katastrophen sind passiert. Es ist ein Buch, in dem die großen internationalen Unternehmen die primäre Form der Macht und Regierung darstellen. Die Wahl von

Beamten wird als eine Art Sport und Spiel verstanden. Alle wirklichen Entscheidungen werden von multinationalen Unternehmen getroffen, und es sind tatsächlich keine Nationalstaaten übrig geblieben. Stattdessen gibt es große Unternehmen, deren gehobene Führungskräfte, das mittlere Management und Techniker in Gebäuden mit einem bewachten Umfeld leben, während der Großteil der Bevölkerung im so genannten »Glop« lebt, einem Ballungsraum, der sich in den USA vom heutigen Boston bis nach Atlanta erstreckt. Dieses Gebiet ist dicht bevölkert, stark verschmutzt und lebt eigentlich von recyceltem Müll. Es gibt ein paar freie Städte an den Rändern der Großunternehmen, und »He, She and It« spielt in einer solchen freien Stadt, genannt Tikva. Tikva ist eine anarchistische Stadt, ein grüner Fleck inmitten einer von Menschenhand geschaffenen Wüste. Wie die meisten Gemeinschaften, die Frauen sich vorstellen, ist auch diese geprägt durch einen lockeren Verband, in dem alles ausdiskutiert wird und in dem offen ist, wie Entscheidungen getroffen werden. Das Haus, in dem die Protagonistin Shira aufwächst, besteht aus einer matriarchalischen Familie. Sie wird von ihrer Großmutter in dem Glauben aufgezogen, ihre Mutter sei eine kleinliche Bürokratin mittleren Alters. Im Verlauf der Geschichte findet sie jedoch heraus, dass die Mutter in Wirklichkeit eine Daten-Piratin ist und sich dafür einsetzt, Informationen von den großen multinationalen Firmen zu stehlen und diese dem »Glop« zu liefern. Das Stehlen von Informationen und deren Freigabe ist eine sehr gefährliche Angelegenheit, für die sie jederzeit ermordet werden könnte.

In »Woman on the Edge of Time« ist mein Zeitreisender kein weißer Mann – wie in den klassischen Utopien. Es geht um eine Chicano-Frau, die ein sehr hartes Leben hinter sich hat, aber sie ist, was dort eine »Fängerin« genannt wird: eine Frau mit einem unglaublich offenen und aufnahmebereiten Wesen. Sie besucht die Zukunft, um der Agonie der Gegenwart zu entfliehen. Als die Protagonistin Connie das erste Mal in die Zukunft reist, wird sie extrem enttäuscht. In ihrer Vorstellung sollte die Zukunft von moderner Technologie bestimmt sein; doch der Ort, den sie antrifft, ist dörflich. Auf den ersten Blick wirkt alles sehr primitiv. Alle sind Bauern und es laufen Ziegen und Hühner herum. Bald erfährt sie jedoch, dass die mühevolleren Arbeiten – wie die Fabrikproduktion – mechanisiert sind, die landwirtschaftlichen Tätigkeiten hingegen nicht. Landwirtschaft und Pflegeaufgaben funktionieren völlig ohne Maschinen. Ich bin keine Autorin, die vor Maschinen per se oder jeglicher Technologie Angst hätte. Ich gehe davon aus, dass ich ohne Technologie nicht am Leben wäre.

»Woman on the Edge of Time« war der Versuch, viele neue Ideen zu konkretisieren, die mit den Neuen Sozialen Bewegungen entstanden sind: die Frauenbewegung, die Neue Linke, die Native American-Bewegung und manche andere. Ziel war es, diesen Ideen Leben einzuhauchen und sie leuchten zu lassen. »Woman on the Edge of Time« hat eine Struktur, bei der alle ProtagonistInnen im Rahmen der Geschichte der Gegenwart ein Pendant in der Zukunft haben. Die zukünftigen Gegenstücke unterscheiden sich ziemlich von den ProtagonistInnen der Gegenwart, denn ich habe versucht mir vorzustellen, wie Menschen sein könnten, die nicht in einer sexistischen, rassistischen und von Wettbewerb geprägten, imperialistischen Gesellschaft aufgewachsen sind. Wie würden sich diese Persönlichkeiten unterscheiden? Das ist die Art Spielplan hinter der spiegelbildlichen Darstellung von gegenwärtigen und zukünftigen Charakteren in diesem Buch.

Die Menschen in »Women on the Edge of Time« wählen ihren Arbeitsbereich grundsätzlich selbst. Es gibt eine ganze Menge notwendiger Arbeit, die zwischen den Menschen aufgeteilt wird. Sie beteiligen sich an der Kindererziehung als eine von drei »Co-Müttern« – was jedoch nicht verpflichtend ist. Irgendeine Art physische Arbeit ist jedoch für alle obligatorisch, jeder muss Dinge tun, die die Gesellschaft zusammenhalten. Alle beteiligen sich per Los an der Regierung (Demarchie). Grundsätzlich war ich immer der Meinung, dass eine Wahl durch Los nicht die schlechteste Form der Wahl sei, aber ich konnte niemals andere davon überzeugen. Als ich einmal in einer Reihe von Gremien zur Vergabe von Kunststipendien saß, machte ich den Vorschlag, die schlechtere Hälfte auszuscheiden und dann per Los zu entscheiden – um auf diese Weise unsere eigenen Vorurteile zu überlisten, durch die stets dieselben Künstler eine Förderung erhielten, weil dies als sichere Entscheidung gilt. Eine Regierung ist grundsätzlich immer käuflich.

Hat man genug Geld, kann man sich einfach einen Gouverneurs- oder Senatorenposten oder etwas Ähnliches kaufen. In diesem Fall überschwemmt man die Medien mit seiner Präsenz. In meinem Buch ist die Regierung durch das Los zusammengesetzt und wen das Los trifft, der oder die arbeitet ein Jahr in der Regierung. Es gibt eine Reihe von Dingen, die die ProtagonistInnen selbst auswählen, andere werden durch das Los entschieden. Die unterschiedlichen Ämter werden weitergereicht, einige, indem sie von Menschen ausgesucht werden, zu anderen Aufgaben müssen alle beitragen, und schließlich werden auch hier manche Fragen durch das Los entschieden.

Ich war sehr beeindruckt von einem Buch über die Pony-Indianer – »The Last World« – einige Jahre bevor ich »Woman on the Edge of Time« geschrieben habe. Der Autor dieses Buches ist ein Anthropologe, der alle noch lebenden Mitglieder eines kleinen Stammes interviewt hat, nachdem diese entwurzelt worden waren. Eines der Dinge, die ich von diesem Buch gelernt habe, ist, dass dieser Stamm, während wir ihn als technologisch rückständig bezeichnen würden, sozial sehr viel höher entwickelt war, als wir es sind. Der Stamm hatte Methoden mit sozialen Problemen umzugehen, die weitaus komplexer waren als unsere. Nehmen wir zum Beispiel an, jemand fühlt sich einsam und vernachlässigt. In diesem Fall würde man träumen, dass es Zeit wäre, eine bestimmte Zeremonie zu durchlaufen, und man würde sagen: Es ist Zeit für mich, diese Zeremonie zu machen, ich habe es geträumt und daher muss es so sein. Danach ist man für drei Tage die wichtigste Person im Dorf. Ein ähnliches Vorgehen gab es, wenn die Frauen, die für die Landwirtschaft zuständig waren, im Frühling von der harten Arbeit auf den Feldern zurückkamen, mit Schlamm und Dreck beschmutzt waren und froren. Dann mussten die älteren Männer des Dorfes auf die Dächer ihrer Häuser klettern, für sie singen und sie bei der Rückkehr begrüßen. Wenn jemand etwas von mir gestohlen hätte, würde ich ihm ein weiteres Geschenk machen. Denn der andere würde nur stehlen, wenn er fühlte, dass er nicht genug habe. Auf diese Weise würde einem das Gefühl vermittelt, man erleide keinen Mangel. In sozialen Belangen war der Stamm daher hoch entwickelt. Es war ein ständiges Streben, die Resozialisierung der Menschen voranzutreiben, damit sie gut zueinander sind und sozialer Zusammenhalt und Kooperation gewährleistet bleiben. In diesem Sinn hat mich der Stamm der Pony-Indianer als hochentwickeltes Gemeinwesen tief beeindruckt und geprägt. Ich dachte viel darüber nach, bevor ich »Woman on the Edge of Time« schrieb.

In den Büchern »Woman on the Edge of Time« und »He, She and It« liegt der Schwerpunkt bei der Kindererziehung und dem kollektiven Aufwachsen von Kindern, deren gemeinsamer Erziehung durch die Gemeinschaft sowie der geteilten Verantwortung. Dies ist in feministischen Utopien sehr verbreitet, sogar in solchen wie »He, She and It«, das eigentlich keine Utopie darstellt, aber eine hinreichend angenehme Sub-Gesellschaft aufweist. Die Kinder haben dort eine Menge Freiheit – die Freiheit zu lernen und die Freiheit, Dinge selbst kennen zu lernen. Ich sehe den Unterschied zwischen meiner eigenen Kindheit, in der ich einen Großteil der Zeit frei herumlaufen konnte, und der heutigen Zeit, wo Kinder von einer Aktivität zur nächsten gebracht werden – gewöhnlich von deren Müttern, aber auch von deren Vätern. Kinder gehen von den Fußballstunden zu den Sprachstunden, zum Nachhilfelehrer, zur Gesangsgruppe und so weiter. Ich lebe in einem Dorf und hier haben die Kinder noch immer mehr Freiheiten als die Kinder in den Vorstädten, wo sie überhaupt keine Freiheit mehr zu haben scheinen. Für mich war es sicherlich nicht schlecht, sozusagen wild aufzuwachsen. Natürlich bin ich auch in Gefahren geraten, aber ich habe gelernt, aus solchen Situationen wieder herauszukommen. Es ist ein sehr eingeschränktes und fantasieloses Leben, das die meisten Kinder heute führen. Ihre Gedanken werden durch Medien vorprogrammiert, und es gibt nur sehr wenige Möglichkeiten, selbst etwas zu erforschen und zu entdecken. Eine Ausnahme stellt das Internet dar. Das ist einer der Gründe, warum Kinder so viel im Internet surfen. Es ist der einzige Ort, an dem sie scheinbar autonom sind und die Möglichkeit des Entdeckens haben. In beiden vorgestellten Büchern habe ich mich mit der Bildung und Sozialisierung von Kindern auseinandergesetzt. In »He, She and It« beschäftige ich mich mit diesen zwei Bereichen vor allem im Rahmen der Gemeinschaft, die im Gegensatz zur hierarchischen Bildung in multinationalen Unternehmen steht. In »Woman on the Edge of Time« geht es stärker um den Bildungsprozess an sich. Formales Lernen oder das Ablegen von Tests spielen eine untergeordnete Rolle. Die Kinder verbringen einen Großteil ihrer Zeit mit Erwachsenen. Alle Kinder haben drei Mütter – unabhängig von deren Geschlecht. Diese drei sind gleichberechtigt für die Kinder bis zu einem Alter von 12 oder 13 Jahren verantwortlich – bis das Kind entscheidet, ein Jugendlicher zu werden. Dann werden die Kinder einem Initiationsritus unterzogen, und ihren Co-Müttern ist es drei Monate lang nicht erlaubt, mit ihnen zu sprechen. Stattdessen haben die Jugendlichen andere Erwachsene zur Seite, die ihre Fragen beantworten und ihnen Ratschläge geben, wobei sie jedoch keinerlei Autorität über die Jugendlichen haben und keinerlei Intimität mit ihnen teilen – wie früher die Co-Mütter. Es ist ein Befreiungsprozess, der versucht, den Zeitraum der Agonie beim Erwachsenwerden zu verkürzen, so wie wir ihn in unserer Gesellschaft – in der Kinder ihre Eltern in diesem Prozess sogar hassen und sie in manchen Augenblicken vor lauter Frustration und Angst umbringen wollen – erfahren haben.

Der Grund, warum man spekulative Geschichten schreibt, liegt zum Teil darin, dass wir uns nichts anderes vorstellen können. Alles, wonach man fragen kann, ist mehr vom Gleichen, wie *mehr* McDonalds, *mehr* und größere Geländewagen, *mehr* und größere Autobahnen, mehr und größere Einkaufszentren – daher ist auch alles, was man sich vorstellen kann, mehr vom Gleichen, größer und mehr. Teilweise schreiben Menschen also deshalb utopistische Literatur, weil sie auf mögliche Alternativen hinweisen möchten. Die Vorstellungskraft ist eine sehr mächtige Befreiungsmaschinerie. Kann man sich keine Alternative vorstellen, ist es nicht möglich, an der Veränderung der Gesellschaft zu arbeiten.

Übersetzung: Werner Raza, Oliver Ressler, Elisabeth Springler, Beat Weber

Aus: *Ressler, Oliver* (Hg.), Alternative Ökonomien, alternative Gesellschaften. Wien: Promedia Druck- und Verlagsges. m. b. H., 2008, 110–114.

AutorInnen

Jacob S. Guggenheimer, 1975, Koordinator und wissenschaftlicher Mitarbeiter des *Interfakultären Forschungsnetzwerks Kultur & Konflikt* an der Universität Klagenfurt, wo er auch unterrichtet. Er studierte Psychologie und Philosophie in Wien und Klagenfurt und promoviert derzeit zum Thema »›Große Politik‹ der Psyche«. U. a. erschien von ihm die Monographie *Der Sand in den Augen – E. T. A. Hoffmanns Sandmann und die Geburt einer deutschen Männlichkeit*, Drava, 2008.

Friederike Habermann, 1967, ist Volkswirtin und Historikerin. Zum Dr. phil. der Politischen Wissenschaft wurde sie durch ihre Dissertation *Der Homo Oeconomicus und ›das Andere‹. Hegemonie, Identität und Emanzipation* (2008), hrsg. v. Uta Ruppert und Brigitte Young als erster Band der Reihe *Feminist and Critical Political Economy* im Nomos-Verlag. Seit den achtziger Jahren ist sie in sozialen Bewegungen aktiv. Ihre jüngste Veröffentlichung ist das Buch *Halbinseln gegen den Strom. Anders leben und wirtschaften im Alltag – Anregungen und Reflexionen* (2009), hrsg. von der Stiftung Fraueninitiative im Ulrike-Helmer-Verlag.

Brigitte Hipfl, 1954, studierte Psychologie und Pädagogik an der Universität Graz und habilitierte sich für Medienwissenschaft an der Universität Klagenfurt. Sie ist Ao.Universitätsprofessorin am Institut für Medien- und Kommunikationswissenschaft der Alpen-Adria-Universität Klagenfurt. Ihre Arbeitsschwerpunkte umfassen Medien- und Rezeptionsforschung, theoretische und forschungspraktische Fragen zu Identitätsformationen, Cultural Studies, Gender Studies, postkoloniales Europa und Medien.

Utta Isop studierte Philosophie an der Universität Wien und ist seit 2005 Mitarbeiterin am Zentrum für Frauen- und Geschlechterstudien der Alpen-Adria-Universität Klagenfurt. Schwerpunkte des Engagements sind u. a. feministische und queere Zusammenhänge sowie das Thema der solidarischen Ökonomie. Sie ist Mitherausgeberin des Buches »Die Spielregeln der Gewalt. Kulturwissenschaftliche Beiträge zur Friedens- und Geschlechterforschung«.

Christine M. Klapeer ist »freie« Politikwissenschafterin, Dissertantin an der Universität Innsbruck und als Universitätslektorin an den Universitäten Wien und Graz tätig; sie ist Mitglied der Forschungsplattform »Geschlechterforschung« an der Universität Innsbruck und in unterschiedlichen feministischen, lesbischen und queeren politischen Zusammenhängen als »Praktikerin« aktiv. Ihre Forschungsschwerpunkte liegen im Bereich Sexual Politics und (sexual) citizenship, feministische, lesbische und queere Kritiken des Politischen, Demokratie- und Anerkennungstheorien, Lesben-, Schwulen-, und Queer-Bewegungen. 2007 veröffentlichte sie ihre Monografie »Queer. contexts« im Studienverlag.

Kirstin Mertlitsch studierte Philosophie und Gender Studies in Wien und Klagenfurt. Sie ist Mitbegründerin, -arbeiterin und Universitätslektorin am Zentrum für Frauen- und Geschlechterstudien an der Universität Klagenfurt. Derzeit promoviert sie zum Thema »Feministische Vergemeinschaftung«. 2008 hat sie gemeinsam mit Wilhelm Berger den Sammelband »Quer zu den Disziplinen. Gender in der inter- und transdiziplinären Forschung«, im Verlag Turia und Kant, herausgegeben.

Sushila Mesquita promoviert derzeit am Institut für Philosophie der Universität Wien zum Thema »Sexuelle Politiken an der Schnittstelle von Öffentlichkeit und Privatheit«. Ihre Arbeitsschwerpunkte und -interessen umfassen queer-feministische und postkoloniale Theorien sowie Gender und Cultural Studies. Zudem ist sie verstrickt in diverse queer-feministische, anti-rassistische und popkulturelle Zusammenhänge und Projekte.

Alice Pechriggl, 1964, studierte Philosophie, Politologie und Alte Geschichte in Wien, Florenz und Paris. Seit 2003 ist sie Universitätsprofessorin am Institut für Philosophie der Universität Klagenfurt, davor Gastprofessuren an den Universitäten Wien, Paris I, Sorbonne und Paris VIII, St. Denis. Zuletzt erschienen: Chiasmen, Transcript 2006 und Eros, UTB 2009. www.uni-kl.ac.at/philo.

Oliver Ressler (geboren 1970 in Knittelfeld, Österreich) lebt und arbeitet als Künstler in Wien und führt themenspezifische Ausstellungsprojekte, Arbeiten im Außenraum und Videos zu Themen wie Kapitalismus, Widerstandsformen, gesellschaftliche Alternativen, Rassismus und Gentechnologien durch. Ressler nahm an über 150 Ausstellungen teil, unter anderem an den Biennalen in Prag (2005), Sevilla (2006), Moskau (2007) und Taipei (2008). Sein Video »This is what democracy looks like!« wurde 2002 mit dem 1. Preis des Internationalen Medienkunstpreises des ZKM ausgezeichnet. 2008 erschien sein Buch »Alternative Ökonomien, alternative Gesellschaften« im Promedia Verlag in Wien. www.ressler.at